Max Barth · Flucht in die Welt

MAX BARTH

Flucht in die Welt

EXILERINNERUNGEN 1933–1950

Herausgegeben
und mit einem Nachwort
von
Manfred Bosch

WALDKIRCHER VERLAGSGESELLSCHAFT MBH

INHALT

Die schweizer Freiheit

Für die Südwestdeutschen, besonders den Oberbadener, ist die Schweiz das natürliche Zufluchtsland. Dort suchten die Achtundvierziger Asyl, als der Kartätschenprinz im Frühjahr 1849 die badische, von unfähigen Polen geführte Armee besiegt und der drei Monate alten badischen Republik ein Ende gemacht hatte. Die Schweiz, das Land der Freiheit, ist uns ein Teil der Heimat; Basel ist uns vertraut wie Freiburg; Zürich, Luzern sind uns bekannte Städte, das Tessin ist uns nicht fremd; wir sprechen den selben Dialekt nördlich und südlich des Rheins; viele von uns haben in ihrer Familie Schweizer und haben Familienmitglieder, die in der Schweiz verheiratet sind, fast jeder hat Freunde oder Bekannte in der Schweiz. Als es galt, dem nazistischen Deutschland zu entfliehen – ich hatte in Stuttgart bereits ein polizeiliches Verhör wegen »literarischen Hochverrats« durchgemacht – war es selbstverständlich, daß ich mich nach der Schweiz wendete.

Die Einreise war leicht. Ein Freund brachte meine Frau und mich nach Lörrach; dort stieg ich, ihrer Sicherheit wegen, allein in die Straßenbahn, während sie umkehrten und auf Umwegen Basel zusteuerten.[1] Mein Paß lief noch einige Monate; ich brauchte kein Visum, und es stellte sich heraus, daß die Durchorganisierung der Grenzkontrolle durch die neuen Herren in Deutschland noch unvollständig war: ich wurde nur vom schweizer Grenzbeamten kontrolliert und kam ungestört nach Basel. Eine Stunde später trafen im Wagen auch Frau und Freund ein. Es war ein unbeschreibliches Gefühl, aus der lauten, von Hakenkreuzfahnen strotzenden, von den Schritten der gestiefelten oder gamaschentragenden, geschwollen herumstolzierenden SA widerhallenden Atmosphäre Deutschlands auf den stillen, weiten Platz vor dem Badischen Bahnhof zu kommen, auf dem nichts weiter wehte als eine einsame Schweizerflagge, und dessen Halle von Menschen erfüllt war statt von Nazis.

Wir suchten einen ganz in der Nähe des Bahnhofs wohnenden schweizer Freund auf. Bei ihm blieb ich den ersten Monat, während mein Freund und meine Frau nach zwei Tagen zurückkehrten, ins Nazideutschland.

Ich meldete mich pflichtschuldigst bei der Polizei an und bekam sofort den ersten Vorgeschmack der Freiheit, die mich nun umgab wie frisches Wasser. Der Beamte warnte mich: »Sie dürfen aber in der Schwiz nichts veröffentlichen!« Ich sagte: »Ich will keine Redaktörstellung oder sowas annehmen.« Darauf er: »Das ist nicht genug. Sie dürfen überhaupt nichts veröffentlichen. Mr henn selber gar vil vu Ihre Branche.« Ich wunderte mich: »Wenn ich vom Ausland aus für ein schweizerisches Blatt schreibe, schickt Ihr mir das Geld ins Ausland; und wenn ichs von hier aus tun und das Geld hier im Land verbrauchen will, darf ichs nicht?« »Ja«, sagte er, »'s isch villicht kurios, aber so isch dr Buechstab.«

Diese feindselige Haltung der Schweiz gegen geflüchtete Intellektuelle unterschied sie während der ganzen Zeit, da es Deutsche im Exil gab, von der anderer Länder. Es war so gut wie unmöglich, in europäischen Ländern eine Stellung anzunehmen; denn alle hatten Arbeitslose und schützten begreiflicherweise ihre Staatsbürger. Aber man konnte Gelegenheitsarbeit tun, Stunden geben, Artikel veröffentlichen usw. Nur die Schweiz verbot dem Schreiber, als freier Mitarbeiter an Blättern zu arbeiten, und dem Maler, Bilder zu verkaufen – in einigen Fällen sogar, sie zu malen und bei sich daheim in die Ecke zu stellen, wie ausländische Zeitungen später berichteten.[2]

Die Schweizer Freiheit sah auf einmal fragwürdig aus. Ich ging zu einem Anwalt, den ich einige Jahre vorher auf einem Juristenkongreß in Berlin gesehen hatte, und fragte ihn, wie es eigentlich mit dem Asyl bestellt sei, das die Schweiz traditionsgemäß dem politisch Verfolgten gewähre. Er sagte: »Es gibt in der Verfassung nur einen einzigen Satz, der sich mit dem Asylrecht befaßt, und der ist negativ. Ich will ihn dir vorlesen.« Er nahm die Verfassung heraus und las: »Ausgewiesen werden kann jeder, dessen Anwesenheit für die Schweiz nicht notwendig ist.« Nun wußte ich Bescheid; aber man hatte keine große Wahl. Entweder konnte man sofort weiterziehen oder es darauf ankommen lassen. Ich ließ es darauf ankommen und ging im April 1933 nach Ascona.

Auf dem Weg nach Süden nahm ich in Zürich kurz Aufenthalt. Auf der Limmatbrücke begegnete mir ein alter Kamerad, den ich Jahre zuvor auf einer Tagung schweizerischer und deutscher Jugendgruppen kennengelernt hatte. Er war Sozialdemokrat und hatte nun einen Posten im Gewerkschaftsapparat. Ich begleitete ihn bis zu seiner Tür. Sein politischer Kommentar zur deutschen Situation war kurz und simpel: Als ich sagte, ich sei nun landflüchtig geworden, erklärte er: »Das henn'r jetzt vu Euerem Marxismus.« Die Sache selbst schien ihn nicht zu berühren; seine Reaktion bestand einzig im satten Triumph des Vorsichtigen und spießerlich Gemäßigten, der Recht behalten hatte. Hebbel sagte: »Der Spießer hat oft recht in der Sache, aber nie in den Gründen«, und so war es auch hier. Ohne den Marxismus wäre der Nazismus nie möglich gewesen. Daß der Marxismus den Staats- und Rechtsbegriff zersetzt hatte, gab dem Nazismus die Möglichkeit, sich einen soliden ideologischen Unterbau zu schaffen und seinen Staat und sein Recht durchzusetzen. Wenn man dekretiert, daß es kein objektives Recht gebe und daß das Recht nur »die Funktion der bestehenden Machtverhältnisse« sei, gibt es keine sittliche und allgemeinverbindliche Norm mehr; jedes vom jeweiligen Machthaber *gesetzte* Recht *ist* dann Recht. In der Tat, das war auch im pränazistischen Deutschland, als die Gefahr der Hitlerherrschaft immer näher rückte, die ausgesprochene Theorie kommunistischer Funktionäre gewesen: Wenn die Nazis siegen, ist das Nazirecht Recht; nach ihnen kommen wir an die Reihe, dann gibt es nur das »proletarische« Recht. Damals, in Zürich, war ich freilich noch Marxist und nahm die hingeworfene Bemerkung meines Bekannten nicht sehr gnädig auf.

Ascona war wie immer schön und wohltuend und ein Brackwasser. Rings um das (schweizerische) Nordende des Lago Maggiore saßen, auf der Locarnoseite, in pompösen Villen reiche Leute und in bescheideneren Häusern Künstler, Schreiber und solche, die sich für eines davon hielten. Eine Anzahl Anarchisten hatten ebenfalls dort ihre traulichen Heime, in denen sie platonisch von einer Welt träumten oder gar der Meinung waren, damit, daß sie, mit bescheidenem gesichertem Lebensstandard, ihr eigenes Kraut pflanzten, sei sie bereits begonnen. »Das ist das Unglück des marxistischen Sozialismus gewesen, daß er uns Anarchisten nicht beachtet und nicht auf uns gehört hat«, sagte mir eine bekannte Anarchistin. »Sehen Sie sich um: jetzt könnten hier am See dreitausend sozialistische Führer Zuflucht finden, wenn man sich rechtzeitig auf unsere Lebensweise eingestellt hätte.« Ich fragte nur, ob denn das das Ziel des Sozialismus sei, daß seine Führer in Zeiten der Gefahr am Lago Maggiore eine idyllische Zuflucht finden würden. Aber die Frage war rein rhetorisch. Auch wenn wir uns auf anarchisch oder anarchosyndikalistisch eingestellt hätten, hätten keine dreitausend oder auch nur dreihundert unserer Führer so ohne weiteres im Tessin ein Asyl gefunden: dafür hätte die Exilantenpraxis der schweizerischen Regierung gesorgt.

Ich lebte in Fontana Martina,[3] einer halbzerfallenen Häusergruppe kurz vor Brissago, die einem ebenfalls anarchistischen Schweizer gehörte. Möbel gab es so gut wie garnicht, aber es war warmer und sonniger Frühling, und es tat einem nichts. Man wusch sich im Freien, an der Leitung oder am vorbeifließenden Bach. Dann ging man die dreiviertelstunden hinab nach Locarno und lebte im Café Verbano, auf dem Saleggi (wie das Delta der Maggiamündung heißt) und am Strand. Ein etwas besser eingerichtetes Häuschen erhob sich dreißig Meter über unseren Halbruinen; dort hauste einige Wochen lang Gerhart Hermann Mostar, dann zog er glücklicheren Gefilden zu. Im Haus neben mir wohnte ein junger Architekt und Maler, ein Kandinskyschüler vom Bauhaus, mit dem ich rasch Freundschaft schloß. Später hatten wir in der Rue Daguerre in Paris eine Atelierwohnung, bis ich aufs Land zog. Er hielt es im Exil nicht sehr lange aus, sondern kehrte 1934 nach Deutschland zurück.

In Ascona bildete sich sofort eine kommunistische Zelle. Die Mitglieder waren meistens junge Studenten und Studentinnen aus Berlin. Wir waren fast geschlossen empört, als wir die parteioffiziellen Verlautbarungen lasen, die uns nach dem Machtantritt der Nazis durch unsere Presse zugeleitet wurden. Es fehlte an jeder Analyse der Situation; die pausbäckige Zuversicht, daß alles in Butter, der Nazismus nichts als die letzte konzentrierteste Form des Kapitalismus sei und mit Naturnotwendigkeit umkippen und programmgemäß durch unseren Kommunismus abgelöst werden würde, war Trumpf; es hatte sich um keine Revolution gehandelt, sondern nur um eine Neugliederung und Konzentrierung innerhalb des herrschenden kapitalistischen Regimes, man hatte aus Notwendigkeit eine straffere, fascistische Form gewählt, die geradezu schon die präkommunistische Form war. Als auf dem prompt abgehaltenen Weltkongreß des Ekkiplenums[4] der deutsche Kommunist Heckert[5] offiziell erklärte: »Wir haben keine Niederlage erlitten, sondern nur einen Tempoverlust« - eine schmeichelhafte, schachmeisterliche Analyse - waren wir ziemlich allgemein empört. Ein Mädchen und ich schrieben denn auch einen großen, von Theorie und Argumenten strotzenden Protestbrief an die schweizerische Rote Hilfe, die für uns Exilanten zuständig war, in dem wir besonders das Heckertreferat scharf angriffen. Die Empörer von damals sind später nach und nach alle zu Kreuze gekrochen, soviel ich weiß. »Laudabiliter se subjecit«, hieß es um 1910 herum, als sich die deutschen Modernisten Rom nacheinander wieder unterwarfen. Das Mädchen, mit dem ich gemeinsam protestiert hatte, sandte nachher der Partei meine Briefe aus Paris und führte dadurch meinen Hinauswurf herbei, gottlob!

Es sah aus, als sei in Ascona die ganze Emigration von Namen oder wenigstens, als passierte sie durch. Otto Braun, der ehemalige preußische Ministerpräsident, lebte in Moscia, eine Viertelstunde entfernt, am Weg nach Brissago; der frühere Justizminister Wolfgang Heine hauste irgendwo und kam gelegentlich ins Dorf; auf dem Monte Verità, über der Stadt, erschoß sich der Vorstand des Zeitungsverlegervereins, Carpe; Mitarbeiter der »Frankfurter Zeitung« saßen herum; Helene Stöcker[6] tauchte auf (sie war in Prag gewesen, als der Nazismus ausbrach); Magnus Hirschfeld erschien mit einem jungen Chinesen, seinem Sekretär und Schofför (das prächtige Auto gehörte Li, dem Schofför, selber); aus Berlin kam einer seiner Mitarbeiter, der sich später in Wien tötete. Er erzählte, wie in Hirschfelds sexualwissenschaftlichem Institut die plündernden Nazis Bilder von der Wand geschmettert hatten, darunter auch prominenteste »Arier«, und drolligerweise als einziges das von Kurt Hiller[7] gelassen hatten. Erich Maria Remarque lebte am See in einer schönen Villa, zu der ein gutes Stück Ufer gehörte; er sah etwas bequem, vom vielen Ruhen behaglich und leicht angefettet aus; Emil Ludwigs Villa lag hangaufwärts; zu ihm gab es kaum Zugang; man mußte an der Landstraße läuten, aus einem nahegelegenen Haus kam ein Pförtner ans Tor und fragte nach dem Begehr, dann telefonierte er hinauf und erkundigte sich beim Sekretär, ob der Kunde eingelassen werden könne. Immerhin überließ Ludwig Ernst Toller für einige Zeit ein Gartenhaus. Sonst hielt er sich von der Emigration fern. Ich erhielt bald darauf, in Paris, aus Amerika eine Nummer einer neuen, feudal aufgemachten Zeitschrift namens »Esquire«, und siehe da, in ihr fand sich auch ein Artikel von Herrn Ludwig, in dem er summarisch zu verstehen gab, daß alles, was da durch die Schweiz und durch Ascona komme, im Grunde nur verhindertes Nazistentum sei. Auf der während meiner Anwesenheit in Ascona stattfindenden hochgeistigen Woche in Locarno, einem jährlichen Ereignis, zeigte Herr Ludwig, wes Geistes Kind er war, indem er seinen angesetzten Vortrag über Goethe nicht, wie vorgesehen war, auf deutsch sondern auf französisch hielt. Weil die Ungoethischen jetzt in Deutschland das Heft in der Hand hatten, distanzierte sich der damals noch deutsche, später schweizerische Schriftsteller Ludwig von Goethe, indem er demonstrativ dessen Sprache verleugnete.

Wir begruben einen Toten. Ein berliner Schriftsteller namens Mendelsohn stürzte nachts nahe beim romantischen Dörfchen Ronco di Brissago die steile Wegböschung hinab und brach das Genick. Jemand stöberte statt eines Rabbiners einen protestantischen Pfarrer auf. Wir standen auf dem kleinen Friedhof, eine Schar Emigranten, meistens Juden, und ein Dutzend Bäuerinnen aus Ronco, die katholisch waren und kein Deutsch verstanden. Der Pfarrer, ein biederer Mann mit weißem Haar und gepflegtem weißem Schnurrbart (er war übrigens in Begleitung seiner Frau erschienen), las einige Gesangbuchverse vor, dann hielt er die Ansprache, die sich unerwarteterweise als ein Angriff auf den Unglauben erwies. »Da gibt es Leute, die behaupten, es gäbe keinen Gott«, sagte er. »Im Weltall sei kein Raum für Gott. Aber in diesem Weltall, da ist ein Loch, und dort hockt Gott!« Wir warfen einige Schollen auf Mendelsohns Grab und gingen ins Café Verbano.

Unter den Mitgliedern unserer Gruppe befand sich auch Edouard Ernst, ein Elsässer, der in Stuttgart Heimat gefunden und an stuttgarter Zeitungen gearbeitet hatte. Er war mit Schmugglern in der Nacht über die deutsch-schweizerische Grenze gegangen. Er erhielt als erster den Ausweisungsbefehl. Oder vielmehr die Aufenthaltsverweigerung. Die ordentliche Schweiz hatte, wie wir erfuhren, drei verschiedene Formen der Ausschaffung »nicht Notwendiger«: die einfache Aufenthaltsverweigerung (man konnte von neuem das Land besuchen), dazu eine schärfere Wegweisung (mit immer noch möglichem neuem Besuch) und einen definitiven Hinausschmiß, der einen für ewig aus ihrem Paradies ausschloß.

Nachdem das Eis gebrochen war, lief bei einem nach dem anderen die Aufenthaltsverweigerung ein. Sie war immer ganz verfassungsgemäß begründet: »La necessità della sua presenza non è dimostrata«, die Notwendigkeit seiner Anwesenheit ist nicht dargetan. Gemeint war natürlich nicht die Notwendigkeit für das Objekt des Befehls, sondern die Notwendigkeit für die Schweiz. Die Schweiz, rund heraus gesagt, brauchte uns nicht; sie konnte (und wollte) ohne uns leben.

Unser Glaube an die schweizerische Freiheit war im Laufe der drei Monate unseres Aufenthalts begreiflicherweise etwas sauer geworden; wir hatten uns innerlich darauf vorbereitet, anderswohin zu gehen, und das gegebene Land war für die meisten Frankreich. Ich machte noch einen Abstecher nach dem Luganer See und besuchte Hermann Hesse[8] in Montagnola, dann, Ende Mai 1933, fuhr ich nach Paris.

Paris 1933–1934

Das Visum nach Frankreich war leicht zu erhalten. Als man in Zürich meinen Paß sah, wurde man sofort kühl: »In Freiburg ausgestellt? Sie müssen zum Konsulat in Karlsruhe gehen.« Ich sagte, das könne ich nicht; ich ginge vorerst nicht nach Deutschland zurück. »O, Sie sind Flüchtling? Bitte sehr!« Ich wurde mit Vorrang abgefertigt.

In Basel machte ich einige Tage Station und besuchte unter anderem auch ein Lokal, das Treffpunkt der Kommunisten war, um mich über einen italienischen Genossen zu erkundigen, der in Locarno lebte und uns etwas fragwürdig erschien. Ich wurde an Abd-el-Krim verwiesen, einen jungen Genossen, der sich als Führer der italienischen Genossen herausstellte, und er versicherte mir, daß Aldo, jener uns fragwürdig vorkommende, ganz in Ordnung sei.

Ich fuhr mit dem Nachtzug nach Paris. In Mülhausen stieg ein Offizier in Begleitung eines blonden jungen Mannes ein. Sie unterhielten sich leise über mich, dann stellte der Jüngling halblaut aber sehr hörbar fest: »Un Italien.« Ich wurde mir nun erst bewußt, daß die tessiner Sonne mich weidlich gebräunt hatte.

Mehrmals war an unserem Abteil ein dunkler junger Mann vorbeigegangen und hatte mich dabei irgendwie freimaurerisch-vertraulich angesehen. Als die beiden Franzosen auf einer Zwischenstation ausgestiegen waren, kam er herein und redete mich an. Er war ein Italiener, der mich in Basel, im Parteihaus, gesehen hatte, und reiste mit zwei Kameraden, von denen der eine illegal aus Italien gekommen war, zu einem roten Bauernkongreß in Paris. Alle drei zogen in mein Abteil um. Sie benahmen sich hochkonspirativ; besonders der aus Italien Gekommene war – begreiflicherweise – sehr nervös und witterte hinter jedem Mitpassagier, der unsere Tür passierte, einen von Mussolinis Geheimpolizisten. Wir stiegen am Gare de l'Est aus und nahmen die Untergrundbahn, um in die Nähe der Roten Hilfe zu fahren, an deren Lage in der Rue Mathurin-Moreau ich mich noch von einem im Jahr 1926 abgestatteten Besuch her erinnerte. Da es noch früh am Tag war, verbrachten wir die Zeit bis zum Bürobeginn im Park Butte-Chaumont. Es war eine unruhige Zeit, da meine drei Kumpane eine Höllenangst davor hatten, als Führer falscher Papiere entlarvt und festgenommen zu werden. Als in der Ferne ein Mann mit Mütze erschien, hatte ich Mühe, eine panikartige Flucht zu verhindern. Die gefürchtete Erscheinung machte sich prompt an ihr amtliches Geschäft: das Aufsammeln von Papierfetzen, liegengelassenen Zeitungen und weggeworfenen Zigarettenstumpen.

Wir trennten uns schließlich im Büro der Roten Hilfe. Ich ging zu dem für mich zuständigen Genossen und meldete mich, indem ich meine Legitimation vorlegte. Der Leiter der schweizerischen R. H. hatte in Zürich ein formelles Überweisungsschreiben angefertigt; ich hatte es mit Rotstift unterschreiben müssen, in der unteren rechten Ecke, und in großen Linien. Die Unterschrift wurde dann mit der Schere durchgeschnitten; die obere Hälfte blieb auf dem Blatt, während ich den Eckzipfel mit der unteren erhielt. Dieser Zipfel war meine Legitimation. Der Mann auf dem pariser Büro hielt ihn an das ihm aus Zürich bereits zugegangene Schreiben, stellte fest, daß er paßte und erklärte mir feierlich, daß ich o. k. sei.

Auf das, was dann kam, war ich nicht gefaßt. Ich bekam die Adresse des von Rothschild finanzierten jüdischen Hilfskomitees und die Anweisung, mich dort zu melden. Ich war baß erstaunt, erstens weil ich als Nichtjude dort keinen Anspruch zu haben glaubte, zweitens weil es mein naiv-proletarisches Empfinden verletzte, daß ich zu einem weltberühmten Finanzhaus, einer der stinkendsten Institutionen des moralisch verfaulten und fascistisch-blutsaugerischen Kapitalismus gehen und mir Essen und Wohnung und Taschengeld geben lassen sollte. Ich traute meinen Ohren nicht; aber es stimmte: »Wir haben ein Abkommen mit Rothschild«, sagte mir mein Mitrevolutionär, »daß unsere Leute von seinem Komitee mitversorgt werden«, und ich ging hin und lebte die ersten fünf Wochen auf Rothschilds Kosten.

Man bekam einen Quartierzettel für eines der kleinen Hotels in den weniger feudalen Vierteln, einige Francs Taschengeld wöchentlich und außerdem Eßkarten, die auf kleine jüdische Wirtschaften ausgestellt waren. Mein Kamerad aus Ascona, der Maler, folgte mir bald nach Paris, und da uns das Herumhocken in lichtlosen engen Zimmern eines dunklen Montmartre-Hotels nicht behagte, suchten wir uns ein Atelier mit Nebenraum und Küche im Süden, im Montparnasse. Wir hatten ausgerechnet, wie wir durchkommen würden, wenn wir für einige Wochen noch das Taschengeld des Komitees einsteckten und im übrigen verzichteten. Nach einem Monat ungefähr würden wir unabhängig sein, dachten wir, und auch das Taschengeld nicht mehr brauchen. Wir informierten also das Komitee, daß wir Wohnung und Essenkarten nicht mehr haben wollten, und flogen prompt gänzlich aus seiner Fürsorge heraus, d. h. sie verweigerten uns auch das Taschengeld, welches wir einstweilen noch sehr nötig hatten. Grund: Wir hatten ohne ihre Einwilligung eine Wohnung gemietet. Zur Strafe dafür, daß wir ihnen einen Teil von dem schenkten, das sie für uns bereit hielten, nahmen sie uns auch den Rest der Unterstützung. Wir gingen aufs Büro, fanden dort einen Oberkommandierenden namens Wolf oder Wolff, eine Person, die sich wie der liebe Gott selber fühlte, und zwar wie der rauhe und strenge des Alten, nicht des Neuen Testaments, uns mit berlinerischer Mundfertigkeit und feldwebelhafter preußischer Kommißmanier anschnauzte und so weiter. Wir sagten ihm, er gehöre nicht nach Paris, sondern zu den Nazis, und machten auch sonst Krach. Dann gingen wir erleichtert und erfrischt heim auf den Boulevard Montparnasse, setzten uns in die Rotonde und tranken Kaffee. Die Bauchkriecherei vor dem Komitee und seinen unerquicklichen Bonzen war vorbei, gottlob!

Auf einem Kongreß »gegen Krieg und Fascismus«, einem der zahlreichen pseudoliberalen, scheinfreiheitlichen und scheinunparteilichen Unternehmen der Kommunistischen Partei, machte mir Doriot großen Eindruck. Neben seiner Dantonfigur und seiner ciceronischen Redegewandtheit, seiner Löwenmähne und seiner Löwenstimme des Volkstribunen und seiner Beherrschung aller emotionellen, ans Herz des Hörers greifenden Register, wirkte der alte Cachin klein, grau, pedantisch und trocken. Doriot trennte sich einige Monate später von der Partei, und als die Nazi kamen, wurde er einer der Ihren.

Paris war altmodisch und modern zugleich. Altmodisch geistig und kulturell. Die Zeit, da Frankreich die Nationen Europas mit Geist beliefert hatte, war dahin, seitdem Napoleon uns auf andere Gedanken gebracht hatte. Im Jahr 1934 war selbst die noch vor dem ersten Weltkrieg so exportfähige Manufaktur indezenter Verse nicht mehr auf der Höhe; im Gegenteil: aus allen Grammofonen erschollen die deutschen

Schlager der zwanziger Jahre, die hirnleeren, sexuell gefärbten, aber sehr melodischen Sänge, die wir nur noch als eine Art von Kindheitserinnerungen im Reservoir der Erinnerung herumtrugen. Sie waren blaß wie ausgegrabene und aufgewärmte Tote. Eine verkehrte Welt, in der Deutschland Frankreich Frivolität und Erotik lieferte!

Frankreich und im besonderen Paris ist nicht nur das Paradies der Bohème, sondern auch das Imperium der Klein- und Spießbürgerlichkeit in Rede, Lebensweise und Gedanken. Die Konvention ist absolute Herrin; man trägt das so, man ißt so und so, man wohnt so und nicht anders, und man denkt – nun, eben so wie man allgemein denkt, nämlich wie der Nachbar denkt und der Minister und der Straßenkehrer, kurzum: man denkt, wie es sich, laut Konvention, zu denken gehört. Der uniforme Individualismus der Franzosen (der sich bei den Amerikanern in einer anderen Tonart wiederholt) ist etwas Formidables, beinahe Ehrfurcht, auf alle Fälle aber Schauer Erweckendes. Somerset Maugham sagt (in »Of Human Bondage«): »In Frankreich hast du Handlungsfreiheit: du kannst tun, was dir paßt, und niemand schiert sich drum; aber du mußt denken wie jeder andere, in Deutschland mußt du tun, was jeder andere tut, aber du kannst denken, was dir paßt.« Die Bemerkung trifft den Kern der Sache; aber vielleicht unterschätzt Maugham die Macht der Konvention in Frankreich. Ich habe Leute, die auf einem Ausflug zwischen der normalen Mittags- und der normalen Kaffeezeit ihr Ziel, eine ländliche Pension, erreichten, hungern sehen, obgleich ihnen sowohl Essen als Kaffee angeboten wurden: Sie waren hungrig, aber der Gedanke, um drei zu Mittag zu essen statt um 13 Uhr oder Kaffee zu trinken statt gegen 17 Uhr, entsetzte sie. Sie warteten, bis es vorschriftsmäßig Zeit für den Kaffee war, das Mittagessen war für sie endgiltig dahin.

Es handelt sich hier nicht darum, die volle und lückenlose Ballade des äußeren und inneren Lebens zu singen. Frankreich war auf dem Weg durchs Exil nur eine Stufe, und nicht die wichtigste. Für mehr als drei oder vier bemerkenswerte Punkte ist hier nicht Raum.

Der Machtantritt der Nazis belebte auch in Frankreich die extremnationalistischen Bewegungen. Einmal, im Hotelzimmer des inzwischen verstorbenen Arthur Holitscher, sagte der französische Dichter Jean-

Richard Bloch: »Man redet überall davon, daß es auch bei uns kommen wird. Nur über die Person, die der fascistische Führer sein wird, ist man sich nicht einig. De la Roche, Kerillis, andere – sie sind alle irgendwie zu klein, zu hausbacken, zu kindisch. Was mich betrifft, so kann ich nicht sehen, woher ein Führer seine große Parole, den großen Appell an die Dummen nehmen würde: der Antisemitismus wird bei uns nicht ziehen; es ist komisch, sich vorzustellen, daß er die Seele einer politischen Bewegung werden könnte. Und sonst sehe ich nichts –«. Mir schien, daß die Xenophobie, die Fremdenfeindlichkeit, der Fremdenhaß in Frankreich die einzige erfolgreiche Parole würde abgeben können. Die Zeitungen ergingen sich mit Genuß in Ironisierung oder Befehdung der Fremden, die im Lande angeblich so gastlich aufgenommen waren, für es in Wirklichkeit aber eine große Einnahmequelle darstellten. (Das gilt besonders für die deutschen Emigranten. Wie mir Hellmut von Gerlach im Winter 1933 sagte, hatte der frühere Chefredaktör der »Vossischen Zeitung«, Georg Bernhard, schon damals ausgerechnet, daß von uns rund 4 Millionen Mark ins Land gebracht worden seien. Dazu kamen die Millionen, die wir als Einzelne von Verwandten oder Freunden regelmäßig aus dem Ausland erhielten, die Unterstützungen, die sozialistische, liberale, humanitäre Verbände nach Frankreich abführten und der Hauptteil der Zweimillionendollarspende der amerikanischen Arbeiterschaft. Auch zahlte jeder Flüchtling, auch der ärmste, seine 100 Franken für das erste Papier, das »Récépissé«, das noch bei weitem keine Aufenthaltserlaubnis bedeutete, und es kamen Hunderttausende durch Frankreich. Nur Journalisten und Studenten kamen mit einem Tribut von zwanzig Franken davon.) Durch die Straßen zogen die Studenten und demonstrierten gegen die Fremden, von den Anschlagsäulen herab riefen ihre Plakate zu Kundgebungen und Versammlungen gegen die »Metöken« auf.

Und dann platzte die Affäre Stavisky, bei der ein Sohn eines Eingewanderten und Naturalisierten Aktienschwindel im Großen betrieben hatte. Er starb, als man ihn verhaften wollte, angeblich durch eigene Hand. Die Zeitungen deuteten zwischen den Zeilen an, daß es mit Staviskys Selbstmord wohl nicht ganz sauber sei, und rückten den Namen des verhaftenden Kriminalbeamten – einen englischen Namen, Carpenter, wenn ich mich recht erinnere – in den Vordergrund. Aber natürlich verlief die Sache im Sande. Von den Nutznießern der staviskyschen Manipulationen wurden einige, die unwichtigeren, verurteilt, die Großen ließ man laufen. Sie waren Bürgermeister großer Städte, Abgeordnete, Präfekten, mindestens ein Minister. Stavisky, der gefährliche Hauptzeuge gegen sie, war tot. Wie in Deutschland Barmat und Kutisker, zwei Großschieber, zu Symbolen und Personifikationen des Judentums gemacht wurden, als die Nazis einen Sündenbock für Deutschlands ganzes Elend brauchten, so wurde Stavisky zum Typus und Repräsentanten des Fremden in Frankreich gemacht. Die Tatsache, daß bereits sein Vater Franzose geworden war und daß die ganze Galerie der hohen Verwaltungsbeamten und politischen Führer, für die er durch seine Schiebungen Millionen verdient hatte (und vielleicht gestorben war), kernfranzösische und waschechte Franzosen waren, tat dieser Antifremdenpropaganda nicht den mindesten Abbruch.

Unsere deutschen Genossen schätzten, daß Hitlers Herrschaft in zwei bis vier Jahren zu Ende sein werde. Der dem Marxismus inhärente und bei den Marxisten so beliebte Automatismus der sozialen Entwicklung (die sie, als echte Muddelköpfe, mit der politischen gleichsetzen) sagte ihnen, daß das Naziregime nicht länger leben »könne«. Meine Schätzung war sechs bis zwanzig Jahre; man nannte das eine konterrevolutionäre Ansicht, auch als ich noch Parteimitglied war. Ich gab dem System sechs Jahre, bis Hitler oder die anderen zum Krieg schreiten müßten, oder – falls diese Klippe umsteuert würde – zwanzig Jahre, um sich selbst auszuhöhlen oder sonstwie an sich selbst zugrunde zu gehen. Ich habe bei künftigen Ereignissen manchmal falsch, manchmal richtig vorausgesagt; in diesem Fall hat mich die geschichtliche Entwicklung brav gedeckt: nach sechs Jahren kam es zum Krieg, und die ganze Naziherrschaft dauerte 13 Jahre: den Durchschnitt meiner beiden gegebenen Termine.

Meine Loslösung vom Kommunismus, die sich Jahre später zum Bruch mit dem Marxismus überhaupt auswuchs, ging im Exil rascher vonstatten als daheim. Ich hatte mehrere Kardinalpunkte des Marxismus nie anerkannt, z. B. die kindische Staatsdefinition und die hirnlose Definition des Rechts, dieses gefundene Fressen für jeden Menschenfeind, Machtlüsternen, Reaktionär und Konterrevolutionär. In der Fremde enttäuschte mich die Partei noch mehr. Ihre läppische, fast frivol-tändelnde Auslegung der Vorgänge in Deutschland, die bewußte oder unbewußte Nasführung der Arbeiterklasse durch Vormalung eines freiheitlichen, gerechten, humanitären Zukunftsstaates und Vorspiegelung eines unter eisenbeschlagenen Stiefeln keuchenden und blutenden Proletariats im Abendland, eines Proletariats, das sein eigenes Blut und seinen eigenen Schweiß trank, sich mit den Hunden des Fabrikbesitzers um weggeworfene Knochen stritt und bestenfalls Wagenschmiere oder die ranzig gewordene Schuhcreme des Kapitalisten aufs Frühstücksbrot strich; die schrankenlose Anwendung des Grundsatzes, daß der Zweck das Mittel heilige; die Kenntnis des Intrigenwesens, das in der Partei über Menschenschicksale und über das Schicksal von Ideen entschied; der Mißbrauch der europäischen Parteien gegen die Interessen der Arbeiterschaft, die sie vertraten, als reines Werkzeug der Außenpolitik eines Staates, dessen fascistischer Charakter immer deutlicher zu werden begann – das sind nur einige der Faktoren, die mich das Interesse an der Partei rapid verlieren ließen.

Die Zelle oder Fraktion, in die ich geriet, war nicht dazu angetan, mich zu halten. Von den deutschen proletarischen Schriftstellern hatte ich keinen besseren Eindruck als etwa von den französischen Kameraden Aragon und Vaillant-Couturier. Die zwei einzigen, die mir als Menschen Substanz und Umriß zu haben schienen, waren unter den Deutschen Anna Seghers und Gustav Regler. Von Friedrich Wolf, den ich aus Deutschland her schon kannte, hatte ich weder einen starken persönlichen noch literarischen Eindruck; der »rasende Reporter« Egon Erwin Kisch war kläglich unerquicklich mit seinen kindischen Späßen, seiner im Grunde farblosen Persönlichkeit und seiner gerade für einen Reporter unerträglichen Unzuverlässigkeit. Er opferte der Pointe zuliebe die Wahrheit und Exaktheit, und das kann nicht verziehen werden. Einmal wurde auch eine besondere Sitzung abgehalten, weil Alfred Kantorowicz in einem Artikel gesagt hatte, nun, in der Emigration, könne sich der Schriftsteller endlich mehr als bisher seiner wirklichen Aufgabe, dem Schreiben, widmen. Dies, wurde ihm gesagt, sei ein falscher, konterrevolutionärer Zungenschlag, ein Verstoß gegen das heilige Gesetz, nach dem der schöpferische Mensch sich in Zettelkleben, Streikpostenstehen, Versammlungsreden, Zellensitzungen usw. usw. zu 99 % auszugeben hat, bevor er sich daran macht, das übrige eine Prozent in hochwertige Literatur umzusetzen. Besonders der Komponist Hanns Eisler schrie, mit aufgeregter Stimme, daß eine Äußerung wie die von Kantorowicz getane sozusagen Hochverrat sei. Kantorowicz wurde getadelt und steckte mit Ergebung und edler proletarisch-freier Unterwerfung unter die Autorität des die Versammlung leitenden Hüters der stalinischen Linie die Rüge ein. Sein williger Konformismus hat ihm denn auch Früchte getragen: er stieg und war eine Macht in Méjico, ist jetzt groß in der Sowjetzone, wie Fama meldet[9].

Ich begann den Sitzungen des »Bundes proletarischer Schriftsteller« fernzubleiben und mich an der ganzen kommunistischen Partei ausdrücklich zu desinteressieren. Einmal sprach ich Anna Seghers davon, daß ich mich vom Kommunismus überhaupt wegentwickle. Sie riet mir, einen Genossen zu sprechen, der für solche und ähnliche Dinge zur Zeit aus Moskau hier sei; sie könne mir eine Unterredung mit ihm verschaffen. Ich dankte. Um zum Beichtvater zu gehen, muß man gläubig sein.

Das Schicksal in Gestalt von Suse, einem Mädchen, das noch immer in Ascona saß, half nach. Sie schickte einige Briefe über die Partei, den erwähnten Kongreß »gegen Krieg und Fascismus« und anderes an die Partei. »Parteipflicht geht über Freundespflicht« (eines der Grundgebote, auf denen die fascistische Organisation ruht), schrieb sie mir. Ich hatte unter anderem an einer Stelle den Ausdruck »die korrupten Brüder vom ZK« gebraucht, und das war an sich allein schon Gotteslästerung genug. Kurz vor Weihnachten 1933 wurde ich durch einen eingeschriebenen Brief davon benachrichtigt, daß ich ausgeschlossen sei. Die Mitteilung klang in der Drohung aus: »Solltest du deine parteifeindliche Tätigkeit fortsetzen, so wird dein Ausschluß veröffentlicht«. Für den außenstehenden naiven Leser wird das unverfänglich klingen. In der Tat war es aber die Androhung einer Denunziation bei der französischen Polizei. (Denunziationen sind bei den roten Fascisten ebenso konstitutionelle Charakteristiken wie sie es bei den braunen oder schwarzen waren.) Die Kommunisten hatten es verstanden, der ganzen »bürgerlichen« Welt einzureden, daß sie ja garnicht so schlimm seien, daß aber alle Trotzkisten Mörder, Giftmischer und eine Gefahr für alle Throne und Altäre und Präsidentenstühle seien. Wenn einer in Ungnade fiel, wurde er darum als Trotzkist denunziert, und kein Hund nahm einen

Bissen von ihm; dafür war die Polizei auf seinen Fersen. (»Du wirst es noch spüren, was es heißt, von der Partei ausgestoßen zu sein«, hatte mir Suse, die Denunziantin, geschrieben.) Ich war natürlich vom Trotzkismus weit entfernt.

Ich nahm meinen Herausschmiß mit einem Gefühl großer Erleichterung auf. Ich hätte protestieren und ein Verfahren verlangen können; die Sache wäre vermutlich revoziert worden, denn Mitteilungen in Privatbriefen und an eine Genossin, also nicht einen Außenstehenden, dazu ohne daß irgendein Versuch gemacht worden war, eine Fraktion zu bilden, zum Austritt aus der Partei aufzufordern etc., wären kaum als genügende Gründe anerkannt worden, mich »parteifeindlicher Betätigung« zu bezichtigen. Auch die andere Hälfte der Begründung meines Ausschlusses, nämlich »unkommunistische Auffassungen«, stand auf schwachen Füßen. Dazu hatte man mich nicht vorher gehört; es war keine Anklage erhoben, kein Versuch gemacht worden, mich zum Widerruf zu bewegen etc. Ich war indessen froh, auf so schmerzlose Weise mit dem Verein fertig geworden zu sein und dachte nicht daran, mich anzuklammern. Jahre später, in Prag, trat man zweimal an mich heran, suggerierte, daß ich mit dem Genossen Soundso spreche, und gab mir zu verstehen, daß ich mit Leichtigkeit wieder Mitglied werden könne. In Paris, hieß es, sei eine große Anzahl unüberlegter Ausschlüsse erfolgt. Aber alle Bemühungen, mich in den Schoß der unheiligen Kirche zurückzubringen, waren Versuche am untauglichen Objekt. Ich war froh außen zu stehen und befand mich außerdem schon auf dem Weg vom Marxismus zum neuen Humanismus, wie wir später, in Norwegen und Schweden, die neue liberal-demokratisch-humanistische Haltung nannten.

Die rückständige, engstirnige, nationalistische Atmosphäre Frankreichs war auf die Dauer nicht erquicklich. Außerdem hatte ich immer fremde Länder sehen wollen und hatte nicht die Absicht, einfach auf der anderen Rheinseite Wurzeln zu schlagen und ein mehr oder minder behagliches Phäakenleben aufzunehmen. Ich beschloß, nach Spanien zu gehen, wo sich in dem katalanischen Küstenstädtchen San Feliú de Guixols Günter Bodek, ein mir befreundeter Arzt aus Berlin, niedergelassen hatte. Im August 1934 reiste ich ab.

Spanien 1934–1935

Das Visum nach Spanien zu erhalten, erforderte einige Frechheit. Ich hatte keinen giltigen Paß mehr; das deutsche Konsulat hatte mir begreiflicherweise die Verlängerung des alten abgelehnt, sodaß ich den Spaniern nur den alten vorzulegen hatte. Sie sahen ihn an und teilten mir mit, daß ich außerdem eine Empfehlung des deutschen Konsulats nötig hätte. Die könne ich nicht bekommen, sagte ich. Nun, in diesem Fall müßte mich das jüdische Hilfskomitee empfehlen. Ich sei aber kein Jude, wandte ich ein. Die Antwort war Schweigen und Achselzucken.

Also ging ich zum jüdischen Komitee und bekam bescheinigt, daß ich würdig sei, nach Spanien gelassen zu werden. Mit diesem Schreiben und meinem abgelaufenen Paß ging ich zum zweiten Mal zum Konsulat. Man war offenbar so leichtsinnig, als selbstverständlich anzunehmen, daß keiner wagen würde, mit einem ungiltigen Papier vor ihnen zu erscheinen - kurzum, ich bekam das Visum, und ich reiste südwärts, durchs Roussillon, über Narbonne, die Mittelmeerküste entlang nach Cerbère, der französischen Grenzstation, und über die erste spanische Station, Port Bou, nach der alten Bischofsstadt Gerona. Dort hatte ich eine Stunde Aufenthalt, dann führte mich ein lächerliches Kinderbähnchen nach San Feliú. Am Bahnhof empfingen mich Bodek, einer seiner spanischen Freunde, ein Korkfabrikant, und dessen Auto.

In San Feliú verbrachte ich einige Sommerwochen, ehe ich nach Barcelona umzog. Es war ein freundliches Küstenstädtchen, in dem man sich sofort zuhause fühlte. Mein Freund hatte mit einigen anderen Emigranten ein Unternehmen gegründet, das sich durch Reichhaltigkeit an Spezialitäten auszeichnete. Einer war Kaufmann und führte die Bücher, andere waren Ingeniöre und reparierten alles, vom Sockenhalter bis zur Dampfmaschine, Bodek war der Mann des Laboratoriums, aus dem eine der deutschen Nivea ähnliche Salbe hervorging, die guten Absatz fand.

Das Leben war billig und die Bevölkerung freundlich und entgegenkommend. Bodek als Arzt hatte viel Zuspruch, obgleich er nicht praktizieren und kein Geld annehmen durfte. Wenn die Behandelten hintennach Körbe mit Früchten und Gemüse oder andere Aufmerksamkeiten sandten, konnte man es natürlich nicht ablehnen. Morgens gingen die deutschen Familien in corpore zum Strand, in Morgenröcke gewickelt, und badeten öffentlich. Der umbretterte Badestrand war unmittelbar neben unserem Badeplatz; aber niemand nahm Anstoß an unserer Freibaderei. Im Unterschied zum Franzosen, der verlangt, daß man sich seinen Konventionen anpaßt, ist der Spanier tolerant: Er tut seine Sache so, und wenn der Ausländer sie anders tut, ist es halt seine Sitte und Gepflogenheit und wird akzeptiert. Während die Spanierin nicht allein in ein Café gehen kann, ohne ihren Ruf zu gefährden, findet man nichts dabei, wenn die Ausländerin es tut: bei den Fremden ist es halt anders, und man nimmt es als natürliche Sache hin.

Nachmittags fuhren wir oft einige Kilometer hinaus ans Meer, wo man in einer wellenbewegten Bucht, »Concha« (Muschel) genannt, badete. Wir ließen das Auto unbewacht an einer Straße, und zwar neben einem breiten Feigenbaum. Auf dem Hinweg wie auf dem Rückweg aßen wir die reifen, aufgesprungenen grünen Feigen, die auf der Zunge zergingen, dann führte ein Fußpfad an einem Weinberg vorbei, dessen rote Trauben auch schon reiften und süß und mild schmeckten.

In San Feliú sah ich auch den ersten spanischen Friedhof, eine geräumige Anlage aus weißen Mauern, zwischen denen Blumenbeete und andere Anlagen sich ausbreiteten, ein Wasserbecken mit Goldfischen lag usw. Die Mauern sind aus Backsteinen und vier Meter dick. Reihe um Reihe – drei, beziehungsweise vier, übereinander – liegen die Grabkammern. Sie gehen von beiden Seiten tief in die Mauer hinein und haben gerade Raum für einen Sarg. Wenn der Tote beigesetzt ist, wird die Öffnung durch eine Marmor- oder eine Steinplatte verschlossen, auf der die üblichen Personalangaben stehen. Die ganze Mauer ist also voller Waben, in denen die Särge liegen. Da sie porös ist und das Klima warm und trocken, wird der Tote vermutlich ausgetrocknet und mumifiziert. Dieser Friedhof, der von einfachen Handwerkern gebaut ist und erweitert wird und mit seinen sauberen Maßen und Linien, den schlichten Treppen, die von einem Geviert ins andere oder auch zur dritten Kammerreihe hinauf führen, den gefälligen Verhältnissen vollkommene naive Würde und ausgeruhtes Schönheitsempfinden ausstrahlt, hat mir erst das Verständnis für die Antike, besonders die griechische, gegeben. So handwerklich und natürlichem Bedürfnis dienend, so naiv und klar, so schlicht und in der Linie großzügig (und, nota bene, unter solchem Himmel und solcher Sonne!) müssen die Griechen gebaut haben. Nicht die intellektuelle Symbolik, sondern der natürliche Ausdruck, hergestellt mit gegebenen natürlichen Mitteln, liegen ihren Leistungen zugrunde. Der Friedhof war schlechthin klassisch.

Da für den vorliegenden Bericht nicht das Detail und die ununterbrochene Kette der täglichen Erlebnisse wichtig ist, sei kurz erwähnt, daß ich von San Feliú nach Barcelona ging und mit einem anderen Emigranten eine Buchhandlung, vorzugsweise Leihbuchhandlung, aufmachte, ein Unternehmen, das mir definitiv meine Ungeeignetheit zum Geschäftsmann bewies, da mir die Geheimnisse der höheren Arithmetik (d. h. sobald es sich um zweistellige Zahlen handelt) rigoros unzugänglich sind. Ich hatte von meiner Nichtbefähigung bereits in Paris eine Vorahnung erhalten, als ich mit negativem Erfolg von Tür zu Tür Wurst, Schokolade und Marzipan verkaufte, d. h. zu verkaufen versuchte.

Unser Laden bekam sehr bald und eigentlich ohne ersichtlichen Grund eine Nebenfunktion: Emigranten aus anderen Ländern trafen ein, in der Regel illegal, und wollten legalisiert werden. »Ihr seid ja hier das Komitee«, sagten sie. Sie kamen meistens aus Paris, aber auch aus anderen Gegenden, darunter zwei aus Kopenhagen. Einen traf ich später in Schweden wieder. Als ich im Lager Smedsbo eingesperrt war (1940), erhielt ich von ihm aus Stockholm einen Brief, in dem er, wenn es sich etwa um wirtschaftliche Garantie und Wohnung handle, sich bereit erklärte, mich zu übernehmen, falls man mich entließe, denn »ich habe nicht vergessen, wie ich zu euch nach Barcelona kam und innerhalb zwei Stunden ein Zimmer und meinen ersten Arbeitsauftrag hatte«. Solche Treue gibt es zumindest unter Landflüchtigen.

Wir erledigten unsere amtlichen Angelegenheiten mit Hilfe eines Polizeispitzels namens Kopilowski, eines Letten, der sich auf irgendwelche Weise einmal die uruguayische Staatsbürgerschaft beschafft hatte. In einem Land wie Spanien, in dem der bürokratische Apparat nicht aus eigener Natur wirklich funktioniert, tritt die Korruption als eigentlich bewegendes Agens, als das hilfreiche und erfolgssichere Nebensystem in Kraft. Man erledigt alles mittels Geld und Beziehungen, und alles, was man umsonst oder für eine Kleinigkeit zu erhalten Anspruch hat, wird einem von den Beamten über einen Zwischenmann gegen Summen verkauft, die sich nach der finanziellen Leistungsfähigkeit des Einzelnen richten. (Andererseits kann man auch ohne Geld, nur durch Beziehungen, – die nicht schwer zu erhalten sind – das meiste bekommen oder in Ordnung bringen. Aber das ist beinahe eine Geschichte für sich.)

Kopilowski also erledigte unsere privaten und geschäftlichen Schwierigkeiten mit den Ämtern, und wenn nun ein Emigrant illegal eintraf, ließen wir ihn kommen und beauftragten ihn, dem Mann die Aufenthaltsbewilligung zu verschaffen. Wieviel er von den Schmiergeldern selbst einsteckte, wieviel der jeweils zuständige Beamte bekam, wußten wir natürlich nicht. Mich hatte er auf 200 Pesetas eingeschätzt; soviel sollte meine »Cedula«, die Aufenthaltserlaubnis, kosten. Nach langem Ringen mit den Behörden – einmal war ich sogar bereits formell ausgewiesen – fand ich die richtige Beziehung und bekam sie für den gesetzlich vorgeschriebenen Preis von 2 oder 3 Pesetas. Der Beamte, der sie ausstellte, war derjenige, der, nach Kopilowski, 200 Pesetas haben wollte und wahrscheinlich den Löwenanteil dieser Summe eingesteckt hätte. Ich gab ihm einen Duro (5 Pesetas) und winkte großmütig ab, als er herausgeben wollte. Er sagte höflich danke und gab sich geschlagen; aber es ist so gut wie sicher, daß jener Sieg sehr viel daran mitschuldig war, daß ich einige Monate später doch aus Spanien abgeschoben wurde.

Barcelona war sehr lebendig; Katalanien überhaupt wird das Preußen Spaniens genannt, und was seinen Separatismus angeht, ist es auch das spanische Bayern. Der moderne Katalanismus ist kaum 100 Jahre alt; um 1830 machte ein katalanischer Höfling in Madrid ein Gedicht im Dialekt seines Landes – zur Belustigung der Hofdamen. Von da an datiert das katalanische linguistische und literarische Selbstgefühl. Aber noch zu meiner Zeit arbeiteten selbst viele Redaktöre der katalanisch erscheinenden Zeitungen mit einem kastilianisch (bei uns: spanisch)-katalanischen Diktionär; das beste Katalanisch, sagte man in Barcelona, schrieb Dr. Brachfeld, ein Ungar, der an der Sorbonne promoviert hatte, und nicht nur ungarisch und spanisch, sondern mindestens auch deutsch, französisch und englisch sprach. Damit nicht genug, wuchs er sich also auch zum Meister des Katalanischen aus, eines Dialekts, der im Grunde das alte Limousin oder Provençal der Troubadours ist und bis Toulouse gesprochen und verstanden wird, im Süden auch in Valencia und auf den großen Balearen.

Ich lernte durch Brachfeld einen Dr. Schäfer kennen, einen Schwaben von damals mehr als siebzig Jahren, der einen Direktorposten in einer Versicherungsgesellschaft hatte. Er war einmal in Überlingen am Bodensee Redaktör gewesen, lebte seit Jahrzehnten in Spanien und war eifrig damit beschäftigt, im Namen der deutschen Sprache die deutsche Sprache zu zerstören. Eine Zigarre nannte er eine »Braune«, eine Zigarette eine »Lüttje«, das Büro hieß »die Schreibe« und statt »es interessiert mich nicht« sollte man sagen: »es sagt mir nichts«. Er hatte seit vielen Jahren spanische Kunst gesammelt und war überzeugt, daß er nach dem Prado die meisten Velásquez hatte. Er lebte in einem von fünf schloßartigen Häusern, die er einst selbst hatte bauen lassen (es war eigens eine Straße für sie in den Fels gesprengt worden), und die harten Zeiten in Gestalt von hohen Steuern setzten ihm hart zu, sodaß er beschloß, aus seiner Sammlung eine Anzahl Bilder im Wert von $1^1/_4$ Millionen Pesetas nach Frankreich zu verkaufen. Das Morgenrot einer Provision von 10 %, in bar: 125 000 Pesetas, leuchtete vor mir auf, und ich unternahm über meine Frau, die in Paris lebte, den Versuch, sie anzubringen. Aber ach, obgleich es keine der vielen (umstrittenen) Velásquez waren, wies man sie mit beiden Händen von sich, weil niemand als ihr Besitzer von der Echtheit dieser Grecos, Riberas, Tizians usw. überzeugt sei. Die Bilder waren den Kunsthändlern in Paris wohlbekannt, und meine Kommission ging in Dunst auf.

Im Haus des Dr. Schäfer lernte ich auch seinen Schwiegersohn kennen, einen Herrn Egling, ja, ich speiste mit ihm am selben Tisch. Als der Francoaufstand losgebrochen war, veröffentlichten die deutschen Anarchosyndikalisten in Barcelona Dokumente, die sie im Nazikonsulat gefunden hatten. Ich sah darunter auch das Foto des Herrn Egling mit der Mitteilung, daß er Chef der Hafenpolizei gewesen sei; das hieß, daß ich mit dem Gestapoleiter Barcelonas zu Mittag gegessen hatte. Ich war nunmehr weniger überrascht, daß er mich wiederholt und eindringlich nach einem meiner früheren Schulkameraden gefragt hatte. Dieser war, wie Herr Egling selbst, im barceloneser Haus der Seidenfirma Gütermann angestellt, die mir natürlich gut bekannt war, da sie in Gutach, wenige Kilometer von meinem Heimatstädtchen Waldkirch im Breisgau ihren Hauptsitz hat. Bei Gütermann befand sich auch ein anderer, mir nach der Person und dem Namen, aber nicht persönlich, bekannter Herr, der in Waldkirch eine Baugenossenschaft gegründet hatte, die schließlich pleite ging. Ich sah ihn in Barcelona herumwatscheln, rundlich klein, entenhaft, mit hellen kurzen Gamaschen, die kokett aus den bebügelfalteten Hosen hervorlugten und den Oberteil der Schuhe bedeckten. Später fand ich in dem bereits erwähnten Buche seinen Namen als den des Literaturobmanns der Nazis. Wozu man es doch unter dem Dritten Reich bringen konnte!

Ich kam im Herbst 1934 nach Barcelona, kurz bevor die liberale Regierung Samper gestürzt wurde. Das war im Anfang des Oktobers. Nach Samper kam ein angeblich ebenfalls Liberaler dran, Alejandro Lerroux, unter dem die ersten Anhänger des Klerikalfascisten Gil Robles in einige Ministerien einrückten. Auf den Sturz Sampers antworteten freiheitliche Kreise mit einem Aufstand. Katalanien rief seine Unabhängigkeit aus, General Batet, der Führer der katalanischen Division in Barcelona, selber ein Katalane, verhielt sich diplomatisch vorsichtig. Es war ein Tag lang Taumel und Jubel. Abends ging ich durch die Stadt; auf der Plaza Cataluña standen hinter lächerlichen Caféladentischen Zivilisten und Polizisten und hatten die Gewehre vorgebracht gegen einen Feind, den sie vom Hafen her erwarteten; an den steinernen Umfassungsgeländern der Untergrundbahn lagen ein paar Zivilisten von der Esquerra (katalanisch für »Izquierda«, d. h. »Linke«, den Namen der liberalen Partei) schräg hintereinander auf dem Bauch, sodaß im Ernstfall diejenigen, die nicht durch Steinsplitter und Querschläger erledigt worden wären, von ihren Kameraden in den Kopf oder andere, weniger edle, rückwärtige Teile geschossen worden wären. Vor dem Gebäude der »Lliga Catalá« einer Rechtspartei, war eine Barrikade aus Pflastersteinen errichtet. Sie war bemerkenswert solid, im Gegensatz zu den operettenhaften Anhäufungen alter Bretter, einiger Sandsäcke, alter Möbelstücke und Matratzen, die ich in anderen Stadtgegenden gefunden hatte. Gegen Abend, als ich mit einem Mädchen den Paseo de Gracia gekreuzt hatte, waren wir gezwungen gewesen, uns hinter Steinbänken auf den Bauch zu werfen, weil Kugeln herumpfiffen; jetzt war die Stadt, abgesehen von der eigentlichen Hafengegend, still; zwar schlugen dauernd Kugeln in die oberen Teile der Hochhäuser um die Plaza Cataluña ein, aber die gellenden, scharfen Knälle waren nur ihr Aufschlagen und Einschlagen in die Wände, in den Straßen selbst lief man keine größere Gefahr, als von einer der Straßenpatrouillen, die einen an praktisch jeder Ecke anhielten, ausfragten und prüften, aus Nervosität niedergeknallt zu werden. Ich fragte mich bei den Verteidigern der Plaza hinter ihren papierdünnen Metalltischchen zurecht nach der Nummer eines Annoncenbüros und warf einen Brief, den mir ein (anderes) Mädchen mitgegeben hatte, in seinen Briefkasten, ein Bewerbungsschreiben auf eine ausgeschriebene Stelle. Dann ging ich heim, schlafen.

Am nächsten Morgen waren die Terceros, die gefürchteten Fremdenlegionäre, und andere Soldaten in der Stadt; die Regierung hatte gesiegt; General Batets Vorsicht war klug gewesen (Batet starb übrigens später als republikanischer General im Kampf gegen den Fascisten Franco); es gab noch einige Kämpfe, besonders ums Haus des Handlungsgehilfenverbands: die Handlungsgehilfen ergaben sich nicht; wir standen unter den Soldaten auf der Strasse, unter den Bäumen der unteren Rambla, während sie ergebnislos nach den Fenstern hinaufschossen und die Handlungsgehilfen ebenso ergebnislos zu uns herunter. Erst die leichte Artillerie brachte die Handlungsgehilfen zur Ergebung. Später sah man den langen Zug der Gefangenen, die teils auf die im Hafen eingetroffenen Schiffe, teils hinauf nach der über der Stadt liegenden Festung Montjuich gebracht wurden; es waren mehrere tausend. Der Aufstand war in zweien seiner Hauptzentren, in Andalusía und Catalũna, fast über Nacht niedergeschlagen; nur in Asturias wurde sechs Wochen lang gekämpft; dann war auch diese tapfere Provinz besiegt.

Mit dem Sturz der Regierung Samper hatte das langsame Sterben der Republik begonnen; der Aufstand beschleunigte es. Regierungsumbildungen folgten einander auf dem Fuße; jedesmal flog der eine oder andere zuverlässige Republikaner heraus, und ein Reaktionär ersetzte ihn. Dieser Prozeß wurde im Sommer 1935 durch die Ausbootung des letzten Republikaners, des ehemaligen Gouvernörs von Cataluña, Portela Valladares, beendet. Unter dem reaktionären und sich immer mehr reaktionisierenden Regime wurden die Ateneos, die Bildungsstätten der Arbeiter, geschlossen, weltliche Schulen in die Hände der Mönche und Nonnen gegeben, Freiheitliche aller Richtungen eingekastelt, in Katalanien, wie üblich, die Anarchisten. Seit Januar 1935 wußten wir, daß aus Madrid Anweisung gekommen war, zunächst in den kommenden Monaten ein Drittel aller Ausländer auszuweisen oder abzuschieben. Diese Maßnahme war klärlich auf die italienischen und deutschen Antifascisten gezielt, während wohlhabende Amerikaner, Engländer, Holländer usw. nach Berappung der erpresserisch hohen Aufenthaltsgebühr (unter dem System Kopilowski et al.) einstweilen weiterhin die Freiheit hatten, durch Verausgabung ihres guten Geldes den spanischen Finanzen aufzuhelfen.

Verhaftung

Ich war entschlossen, in Spanien zu bleiben und sogar eines Tages die Staatsangehörigkeit zu erwerben. Das Volk gefiel mir. Die natürliche Höflichkeit und Sitte auch des Ärmsten war bezaubernd. Das Leben war billig, das Land schön und warm, das geistige Klima in Katalonien ausgezeichnet. Barcelona war regsam und aktiv, immer lebendig; es war leichter als in Frankreich, mit Einheimischen Kontakt zu erhalten und selbst in ihr Heim Eingang zu finden. Ich war kaum eine Woche in Barcelona gewesen, als ich auch schon aufgefordert wurde, an einem der Zusammentreffen eines Intellektuellenklubs, des »Club de los Onze« (Klub der Elf) teilzunehmen. Gemessen am Franzosen war der Spanier weithorizontig, geöffnet, herzlich und aufnahmebereit, wobei letzteres sich sowohl auf Ideen als auf Menschen bezieht. Es wehte eine frische und europäische Luft in Barcelona – ganz anders als im verhockten, kleinherzigen, engstirnigen, muffigen Paris.

Im Hinblick auf meine spätere Naturalisierung holte ich mir Ende November 1934 bei einem Besuch in San Feliú ein wichtiges Papier: die »Cedula Personal«, ein Dokument, das bestätigte, daß ich Einwohner des Ortes sei und für das ganze, beinahe verflossene Jahr galt. Gleichzeitig ließ ich mir auch eine für meine Frau ausstellen, die noch in Frankreich war und Spanien nie gesehen hatte. Obwohl es bereits so aussah, als ob unsere Ehe nicht sehr lange fortdauern werde, wollte ich ihr doch immerhin und für alle Fälle ebenfalls Wohnsitz und Aufenthalt in San Feliú bestätigt haben. Diese Cedulas Personales gaben die Grundlage für spätere Einbürgerung; wenn man durch ihre Vorlegung nachweisen konnte, daß man zehn Jahre im Lande ansässig gewesen war, bekam man die Staatsangehörigkeit. Natürlich hatte ich nicht vor, so lange zu warten: wozu sind Beziehungen da! Kopilowski würde mir in etwa zwei bis drei Jahren ein Zwischenpapier verschaffen, das mich vor Ausweisung schützen würde, und in etwa fünf Jahren würde ich Bürger werden (und, wenn die Dinge recht verliefen, auch meine Frau, selbst wenn sie noch Jahre im Ausland bleiben sollte). So mindestens war es geplant.

Inzwischen hatte ich freilich um mein Dasein zu kämpfen. Das deutsche Konsulat – bei dem man sich nach den Vorschriften der spanischen Polizei ebenfalls zu melden hatte – hatte entdeckt, daß ich mir das Visum in einen abgelaufenen Pass hatte eintragen lassen, es benachrichtigte die spanischen Behörden, und das erste Resultat war, daß man von mir die bereits erwähnten 200 Peseten haben wollte, als Entgelt für meine Legalisierung. Ich brachte sie nicht bei, und eines Tages war ich ausgewiesen. Es mußten schleunigst Fäden gezogen werden, und schließlich erschien ich mit einem katalanischen Freund und dessen Freund, einem Kriminalbeamten, vor dem Chef der Fremdenabteilung (Brigada extranjera), Herrn Baquer, einem kleinen, würdevollen Aragonesen mit feingeschnittenen, adligen Gesichtszügen. Er ließ den Inspektor Barnés rufen, der, wenn ich Kopilowski glauben durfte, die 200 Pesetas hätte bekommen sollen (in der Tat war er auch der Mann, mit dem ich bis dahin über meine Papiere und meine Legalisierung verhandelt hatte, aber natürlich, ohne ihm gegenüber von jenem Schmiergeld zu reden). Der Chef wollte wissen, wie meine Sache stünde. Inspektor Barnés zuckte die Schultern: Ich war ausgewiesen, es war gezeichnet und besiegelt. Senõr Baquer konnte seinem Untergebenen nicht befehlen, Gesetze und Vorschriften zu verletzen; er fällte also den salomonischen Spruch, daß ich zwar ausgewiesen *sei* aber nicht ausgewiesen *würde,* d. h. daß die Ausweisungsverfügung bestehen bleibe, man sie aber nicht anwenden werde. Ich konnte ruhig weiterhin in Barcelona und Spanien leben.

Das war natürlich ein Damoklesschwert, das ständig über einem hing, selbst im günstigsten Falle. In Wirklichkeit war die Situation aber höchst gefährlich: ich war mir klar, daß am ersten Tag, da sein Chef einmal krank würde oder auf Urlaub ginge, Inspektor Barnés, der Mann, der kein Geld erhalten hatte, wahrscheinlich in die Schublade greifen und den Ausweisungsbefehl herausholen würde. In kürzester Zeit würde ich dann die spanische Grenze im Rücken haben. Diese Geschichte gefiel mir nicht.

Ich wurde schließlich durch Freunde einem Abgeordneten empfohlen. Er war Vertreter der rechtsstehenden, madridfreundlichen Lliga Catalá im Parlament zu Madrid, den Cortes. Von ihm erhielt ich eine Empfehlung an den Sekretär des Gouvernörs von Katalanien. Auf Anordnung dieses hohen Herrn (des Sekretärs) wurde ein für solche Protektionszwecke bestimmtes, säuberlich lithographiertes Formular ausgefüllt; das heißt, die Namen des Adressaten und des Protegés wurden eingesetzt, und das Schreiben war fertig und besagte, daß der Sekretär des Gouvernörs sich dem Herrn Garcés (der inzwischen Chef der Ausländerabteilung geworden war) empfehle und ihn bitte, dem Herrn MAX BARTH alles Entgegenkommen (todas las facilidades) zu gewähren. Ich ging zu Herrn Garcés und sein nunmehriger Untergebener, Herr Barnés, füllte meine Aufenthaltsgenehmigung aus und nahm mit höflichem Dank nicht 200 sondern zwei oder drei Pesetas »para los gastos« an (»für Unkosten«, die sanktionierte Form, in der man Beamten Trink- oder Schmiergelder verabreicht.)

Ich habe diese Geschichte nicht deshalb so eingehend erzählt, weil ich im Leser Empörung gegen das Korruptionswesen und eitlen Stolz auf unseren (mindestens vormals und hoffentlich auch heute wieder) unbestechlichen Beamtenapparat erwecken wollte. Ganz im Gegenteil: alle Selbstgerechtigkeit ist falsch am Platze. Die Korruption, wo sie so allgemein und so offen geübt wird wie in Spanien, hat etwas ungemein Menschliches an sich. Jeder, der eine Möglichkeit hat, hilft dem anderen, weil er dadurch den anderen verbindet und erwarten darf, daß der ihm ebenfalls einen Stein in den Garten wirft, wenn er Gelegenheit dazu hat. Und wie mein Beispiel zeigt, geht es im Notfall auch, ohne daß man zahlt: Beziehungen allein können einen zum Ziel bringen.

Natürlich war mir klar, daß bei sich bietender Gelegenheit die Herren Bürokraten mir in die Suppe spucken oder einen neuen Versuch der Erpressung machen würden und das umso mehr, als sie vom deutschen Konsulat nicht darüber im Zweifel gelassen worden waren, daß es nicht unglücklich wäre, wenn es mir schlecht ginge. Das Konsulat hatte, wie mir dort mitgeteilt wurde, einen Suchbefehl in den Akten. Der Vizekonsul (oder war er der Konsul selbst?) hatte mir großzügig einen Paß auf eine Woche oder zwei – und nur zur Rückkehr nach Deutschland – angeboten, damit ich heimgehen und mich von Beschuldigungen reinigen könne, oder aber eine Vernehmung an Ort und Stelle. »Allerdings«, sagte er, »können wir sie vorladen, aber nicht zwingen zu kommen.« Ich hatte geantwortet: »Ich würde bestimmt nicht kommen; das hieße ja die Herren, die jetzt dran sind, anerkennen.« Er hatte auf die Bemerkung sauer reagiert.

Die Zeit, da mir keine Aufenthaltsgenehmigung mehr half, kam im August 1935. Ich hatte Barcelona verlassen und war nach San Feliú zurückgekehrt. Eine Woche nach meiner Ankunft, an einem heißen Sommertag, als die ganze Familie meiner Freunde in den verschiedenen Zimmern der Wohnung verstreut herumlag und Siesta hielt, ich allein auf war, klingelte es. Vor der Tür stand ein junger Mann, der mich bat, zum Rathaus zu kommen und meine Papiere mitzubringen.

Das Rathaus war nur achtzig Schritte entfernt; es lag unserem Haus schräg gegenüber, an der rechten Seite des Marktplatzes. Wir trotteten im Schatten der dichtbelaubten Bäume hinüber und traten in eine Stube ein. Der junge Mann entschuldigte sich und ging ins Nebenzimmer. In der Tür des Nebenzimmers erschien der barceloneser Detektiv García Negre und trug mir majestätisch seinen Bauch entgegen.

Ich wußte, was die Glocke geschlagen hatte. García Negre gehörte zur Brigada extranjera und seine Spezialität war die Verfolgung der Antifascisten, insonderheit der deutschen. Unter anderem war er zur Zeit hinter einem aus Berlin stammenden staatenlosen jungen Genossen namens Rosner her, mit dem ich viel zusammen gewesen war. Es war in den meiner Abreise vorhergegangenen Wochen eine aufregende Sache gewesen: Rosner sollte 300 Pesetas bezahlen, um legal zu werden; er hatte 150 bezahlt, dann wollte er Farbe sehen statt leerer Versprechungen, und die Antwort war gewesen, daß er nicht länger geschützt sei, sondern verhaftet und abgeschoben werden würde. Dann gab man ihm wieder einen Tag Galgenfrist. Es war ein aufregendes Spiel. Manchmal kam die Polizei in unsere Buchhandlung, um nach ihm zu fragen, und ich hatte bei solchen Gelegenheiten Herrn García Negre das eine und andere Mal mit einem bedauernden Achselzucken geantwortet. Manchmal stöberten sie in seiner Wohnung nach ihm, und mindestens einmal ging er hinten durchs Fenster hinaus, als die Polizei vorne zur Tür hereinkam. Kurz vor meiner Abreise hatte sich Rosner definitiv geweigert, mehr Geld beizuschaffen außer gegen Garantien, und eines Tages war ihm mitgeteilt worden, daß er vom nächsten Mittag ab vogelfrei sei und bei Betreffen aufgegriffen und eingespunnt werden würde. Trotzdem lief er weiterhin ungefangen herum: in der Nacht, bevor ich Barcelona verließ, war ich noch mit ihm und einem berliner Rechtsanwalt, Götz Berg, auf dem Paseo de Gracia, im bekannten Café Panamérica gesessen.

García Negre kam also mit vorgewölbtem Wanst durch die Tür und sagte: »Barth!« Das ließ keinen Zweifel mehr: Wenn der Polizist sich den Genuß leistet, nach Herzenslust flegelhaft zu sein und mit Gusto die anständige Anrede »Herr« fortläßt, ist er sicher, daß er seinen Mann in der Hand hat und der ihm ausgeliefert ist.

Das erste, was mein Feind wissen wollte, war, warum ich unabgemeldet aus Barcelona weggezogen sei. Ich zeigte ihm mein Papier, auf dem alle meine Umzüge innerhalb Barcelonas wie auch mein Abzug eingetragen waren. Das war also in Ordnung; aber wegen einer solchen Kleinigkeit wäre er nicht eigens aus San Feliú gekommen, und erst recht nicht in Begleitung zweier Komplizen, die ihm aus dem Nebenzimmer nachgefolgt waren. Er ging zum nächsten Punkt über: »Sie sind Kommunist!« Das war eine leichte Frage – an sich: aber ich wußte, daß es vollkommen gleichgültig war, ob ich es sei oder nicht. Trotzdem sagte ich: »Ich war.« »Sie sind es«, erwiderte er. »Ich war«. Es ging eine Weile so weiter mit seinem *Es* und meinem *Estaba,* dann wurde es mir zu dumm; ich zuckte die Achseln und schaute hochmütig drein.

Nächste Stufe: »Wo ist der Vervielfältigungsapparat?« wollte er wissen. Ich stellte mich dumm: »Ich habe keinen Vervielfältigungsapparat«. »Sie haben einen; Sie hatten ihn in der Buchhandlung.« »O«, sagte ich, »der gehörte nicht uns«. »Wem denn?« »Einem Freund, der ihn uns geliehen hatte, damit wir unsere Prospekte und Bücherlisten damit vervielfältigen konnten.« »Welcher Freund?« Ich weigerte mich, den Namen zu nennen. »Wo ist der Apparat jetzt?« »Er wurde abgeholt.« »Von wem?« »Ich weiß nicht, wie er heißt; irgendein junger Mann war es.« Er gab das Verhör angeekelt auf; es war ergebnislos.

Nun ist das Drollige, daß meine Antwort fast alle wahr waren. Den Apparat hatte uns Dr. Brachfeld geliehen, und abgeholt wurde er später von einem jungen Mann, dem er in Wirklichkeit gehörte, und dessen Namen ich nicht kannte. Wir hatten ihn zur Herstellung unseres geschäftlichen Propagandamaterials geliehen bekommen. Es hätte keinen Sinn gehabt, Dr. Brachfeld zu nennen; er war unschuldig daran, daß auch politische Flugblätter darauf hergestellt wurden, und es hätte ihm große Unannehmlichkeiten bereitet, obgleich man ihm in seiner Position wahrscheinlich nichts hätte antun können. Immerhin hätte er den Eigentümer nennen müssen, und vielleicht hätte man ihm noch andere Informationen abgezwungen. Natürlich fragte García Negre auch nach den Flugblättern und warf mir direkt vor, sie hergestellt zu haben. Aber das war in Wirklichkeit Angelegenheit meines Partners, eines KPO-Mannes, gewesen. Ein junger Genosse aus einer spanischen Gruppe, die etwa die Ansichten unserer deutschen Rechtsopposition (KPO) vertrat, hatte auf der Maschine seine Flugblätter abgezogen. Die Ironie der Sache war, daß ich gar nichts mit der Geschichte zu tun hatte: wäre ich Kommunist gewesen, so wäre ich ein Todfeind jener Richtung gewesen, und in Wirklichkeit hatte ich weder mit der kommunistischen Partei noch mit jener Sondergruppe etwas zu tun. Abgesehen davon, daß man selbstverständlich nicht den anderen verrät, hätte es auch gar keinen Sinn und Wert gehabt, etwas zu sagen: »Da müssen Sie sich an meinen Partner wenden; dessen Angelegenheit war es«, denn nicht er war es, den sie ausweisen wollten, sondern ich. Wir wären halt beide hinausgeflogen.

Ich wurde in die Wohnung zurückgebracht. Sie waren insgesamt vier Mann und ein Schofför. García Negre repräsentierte die Brigada extranjera, ein anderer Dickwanst namens Cervera die Brigada criminal, der Säugling, der mich abgeholt hatte, war offenbar ein Lehrbub in ihrem trübseligen Geschäft, und dazu kam auch der örtliche Kriminalbeamte, ein junger, starker, offenbar im Gegensatz zu den beiden Dicken durch eine moderne Schule gegangener Bursche mit klar geschnittenem, hartem Gesicht. Man stöberte durch mein Gepäck, hieß mich es mitnehmen, und fort gings im Auto.

Zunächst nur zu einem alten Schulbus oder sowas. Ich wurde in ein kleines, nacktes Zimmer eingeschlossen und eine halbe Stunde allein gelassen. Als ich herausgeholt wurde, nahm mich García Negre vertraulich und allein auf die Seite und redete mir zu: »Wo ist Rosner?« In der halben Stunde hatten sie also Rosner gesucht. Es zeigte sich, daß sie seine Spur in Barcelona verloren hatten und glaubten, er sei mit mir nach San Feliú gekommen. Der Mann von der Kriminalabteilung war offenbar seinetwegen dabei. Und daran hängt eine andere Geschichte.

Rosner, der ein fixer und wacher Junge und aktiv wie ein Wiesel war, hatte nämlich seit einiger Zeit Material gegen einen Herrn D., einen Mann in den Fünfzigern, gesammelt, der den Hilfsfond der jüdischen Gemeinde verwaltete. Dabei war er, wie er versicherte, nicht nur Unterschlagungen auf die Spur gekommen, sondern hatte auch festgestellt, daß Herr D. in einigen Fällen angenehm aussehenden jüngeren jüdischen Emigrantinnen zwar Hilfe gewährt hatte, aber nur gegen eine Gegenleistung, die keineswegs auf finanziellem Gebiet lag. Eines Tages fand man Herrn D., der von Rosners Detektivarbeit Wind bekommen hatte, im Klosett erhängt vor. Als Rosner sich weigerte, weiteres Schmiergeld zu zahlen, und für vogelfrei erklärt wurde, erhob man gegen ihn, wenn auch anscheinend nicht vor dem Gericht, sondern nur in Polizeikreisen, als eine Art zusätzlichen Erpressungsmittels, die Bezichtigung, er habe den Mann ermordet. Es war kindisch, anzunehmen, der Federgewichtler Rosner hätte den zwei- bis dreimal so schweren D. ins Klosett gelockt oder gar geschleppt und an einem Nagel oder Fenstergriff, einige Zentimeter über dem Fußboden, befestigt; aber die Leute, die mit dieser Bezichtigung arbeiteten, erwarteten nicht, daß er oder wir sie ernst nähmen. Sie wußten und jeder von uns wußte, daß man sie nur als Vorwand gebrauchte, gegen Rosner besonders scharf vorzugehen, damit er entweder klein beigebe und mehr zahle oder abgeschoben werden könne, so daß es ihm unmöglich wäre, Lärm zu schlagen und publik zu machen, daß man ihm unter falschen Versprechungen 150 Pesetas abgegaunert hatte.

Als nichts verfing, machte García Negre im Vertrauen die Mitteilung, daß Rosner in Wirklichkeit aus der Kommunistischen Partei ausgeschlossen sei, in der Hoffnung, mich zum Sprechen zu bringen. Das ließ mich natürlich kalt, da ich es auch war. Aber *mein* Ausschluß, meinte er, sei in Wirklichkeit nur eine Finte: die Partei habe mich zum Schein ausgeschlossen, damit ich in Spanien ungestört wühlen könne. Es war alles aussichtslos; meine Gefährlichkeit stand fest und darum auch meine Abschiebung.

Kurze Zeit wurde ich unter der Hut des lokalen jungen Detektivs gelassen. Ich fragte, warum sie auf unschuldige Leute Jagd machten, statt auf Gauner? »Unschuldig?«, fragte er. *Einer* Sache sind Sie mindestens schuldig.« Ich ahnte nicht, was er meinte, und sagte wütend: »De nada« (»nichts«, »keiner Sache«). Er ließ sich nicht provozieren, sondern wiederholte ironisch: »De nada?« Ich schwieg; es hatte alles keinen Sinn. Ich wußte was mir blühte und daß die Frage meiner Schuld oder Nichtschuld so bedeutungslos war, als wäre ich in den Händen der Gestapo oder der Tscheka (oder wie immer die bolschewistische Gestapo zu jenerZeit gerade benamst sein mochte). Erst nach ungefähr einer Woche, im Gefängnis, verstand ich, was der Mann gemeint hatte, und sah, daß mindestens bei ihm ein Teil der Gutgläubigkeit mit im Spiel war: er hielt mich für einen politischen Mörder.

Es war später Nachmittag geworden, bevor wir reisefertig waren. Wir stiegen ins Auto, der lokale Berufsspitzel verabschiedete sich von seinen barceloneser Komplizen, und ich reiste im Staat zurück nach Barcelona: Ein schöner Wagen, ein Schofför, drei Kriminalbeamte – alle für mich allein! Wir kamen bei Dunkelheit in der Stadt an und fuhren direkt zur Jefatura, dem Polizeipräsidium.

Das spanische Gefängnis

Auf der Jefatura bat ich, austreten zu dürfen. Man ließ mich unbewacht hinausgehen. Nach einigen Sekunden folgte mir García Negre, stellte sich neben mich und begann, mich im Vertrauen, halb als Freund zu Freund, über Rosner auszufragen. Er betonte von neuem, der Gesuchte sei aus der Kommunistischen Partei ausgeschlossen worden. Ich zuckte die Schultern; es interessierte mich nicht. Wir gingen ins Büro zurück, und aus einer Mappe holte er einen schmalen Papierstreifen, der an Rosner adressiert, aber ohne Datum oder Unterschrift war und in konspirativem Tone etwa sagte, daß »die Freunde in Paris« ihm sagen ließen, sie wollten nichts mehr mit ihm zu tun haben. Das es mir völlig gleichgiltig geworden war, wofür mich die Krimschen hielten, sagte ich nach der Lektüre verächtlich: »Das ist eine Fälschung«. Natürlich bestärkte sie das in der Überzeugung, daß ich ein Kommunist sei, aber es kam ja nicht darauf an.

Lesen konnten die Gesellen den Wisch übrigens nicht. Sie konnten kein Wort deutsch. In San Feliú waren Sie mit ihren schmutzigen Fingern durch meine Koffer gegangen und hatten alle Papiere durchwühlt. Ein Brief von Hermann Hesse fiel García Negre in die Augen und Hände. Hesse benutzte, zu meinem Pech, damals eine Maschine mit Kursivschrift: »Ha, ein Flugblatt!« rief García aus. Ich zeigte ihm die Unterschrift, riet ihm, sich nicht zu blamieren, sondern einen gebildeten Menschen zu fragen, wer Hermann Hesse sei, aber er wies mich empört ab: »Sie werden mir doch nicht sagen wollen, daß ich eine Flugschrift nicht erkenne!« Ein Buch, das in rotes Leinen gebunden war, wurde vom ersten Erblicken an, trotz meiner Erklärung, daß es eine Hundegeschichte von Jack London sei, als »kommunistisches Werk« bezeichnet.

Auf dem Büro diktierte denn García Negre ein Protokoll, das ungefähr anderthalb Seiten eines Oktavblättchens füllte. »Wegen kommunistischer Umtriebe festgenommen«, »gedrucktes und Bildermaterial aufhetzenden Inhalts«, »kommunistische Flugblätter« usw. Ich sagte jedesmal, wenn er so eine Einzelheit diktierte: »Nicht wahr«, »eine Lüge« oder ähnliches; aber er ließ sich nicht aus der Ruhe bringen und diktierte weiter. Leider bat man mich nicht, den Wisch zu unterschreiben; ich hatte mich schon darauf gefreut, sie durch Verweigerung meiner Signatur in Verlegenheit zu bringen oder gar den Zettel zu zerreißen.

Schließlich führte man mich in die Wachstube hinunter, wo ich mein weiteres Schicksal abwarten sollte. Dort saßen zwei Uniformierte, ein fetter, lethargischer und ein dünner, lebendiger. Der letztere rief, als ich eintrat, sofort aus: »Ha, comunista!«, weil ich ein rotes Polohemd trug. »No soy comunista«, sagte ich, etwas gelangweilt; aber es hatte keinen Wert. Ich mußte meine Taschen leeren, und die verschiedenen Kleinigkeiten, außer Taschentuch, Uhr, Bleistift und einigen anderen harmlosen Dingen, wurden in einen Tuchbeutel getan und weggeschlossen. Ein dünnes, einklingiges, blankes Messer mit einer Inschrift erregte das augenblitzende Interesse des Mageren. »Ah, ein schönes Messer für mich!« rief er aus und steckte es in die Tasche. Auf diese Weise kam ein billiges Reklamemesser der Bier- und Limonadenfabrik Leicht in Vaihingen auf den Fildern in den Händen der spanischen Hermandad als etwas Besonderes und Hochzuschätzendes zu Ehren. Man stahl noch die eine und andere Kleinigkeit, z. B. einige Rasierklingen, aber es rief bei mir mehr Interesse und Vergnügen als Ärger hervor. Es war ergötzlich, zu sehen, mit welch kindlich naiver und offener Ungeniertheit sich Männer, deren Aufgabe es war, die Gesetze zu hüten und Gesetzbrecher zu verfolgen, als schamlose Diebe betätigten.

Man kam, mich abzuholen. Ich wurde über Stufen und durch einen engen Gang in die Unterwelt des Polizeigefängnisses geführt. Die Zelle war nackt; mein Bett bestand aus dicken Eisenstangen, die etwa in Kniehöhe begannen und bis über Mannshöhe reichten. Eine Steinbank lief im Winkel an zwei Seiten entlang. Tisch, Stuhl, Decke oder ähnlichen Luxus gab es nicht. Es war die Zelle und ich, und kein Firlefanz drumrum oder zwischen uns beiden. Das Fenster lag hoch; man sah davor einen meterbreiten zementierten Gang von Metertiefe; durch seine Mitte lief eine Rinne, in der von irgendwoher Urin abfloß; die Zelle roch danach. Die Wände waren nicht verschmiert. Die einzige Inschrift bestand in den zwei deutschen Parolen »Rot Front!« und »Freiheit!«, die in schöner Unparteilichkeit von der gleichen Hand untereinandergeschrieben waren – einer nichtdeutschen Hand, wie die Form des »F« zeigte.

Im Polizeigefängnis blieb ich drei oder vier Tage. Man hielt mich »incomunicado«, d. h. niemand durfte mich besuchen. Auf diese Weise war es der Polizei möglich, alle für meine Ausweisung notwendigen Schritte zu tun, ohne daß Freunde mit mir Fühlung nehmen und Schritte zu meiner Befreiung unternehmen konnten.

Die Behandlung war nicht schlecht, nur gleichgiltig. Man konnte sich jederzeit aufs Töpfchen führen lassen, ohne daß die Wärter ungeduldig waren. Man konnte sich, gegen Trinkgeld, Zigaretten oder Essen kaufen lassen. Man konnte singen und jodeln, wenn man Lust hatte, und viele in anderen Zellen hatten sie, so daß es nicht gerade der nervenberuhigendste Aufenthaltsort war. Manchmal wurde auch die Marseillaise gesungen. Einmal waren auf etwa zwei Stunden zwei Mädchen unsere Gäste. Sie beteuerten heftig, ihrem Gewerbe nicht in den Straßen nachzugehen, sondern nur im Café. Es war eine feine Frage sozialer Differenzierung innerhalb einer sozial nicht gerade an der Spitze stehenden Schicht. Sie betraten ihre Zelle, gerade als ich aufs Büro geholt wurde, und zogen sich sofort die Röcke aus. Unterröcke waren gut genug für Gefängniswärter und Gefangene, man schonte die teuren Stücke, und außerdem machte man sich dadurch die Wärter nicht zu Feinden. Eine der beiden, eine Blonde, gehörte zu den schönsten Frauen, die ich vorher und nachher gesehen habe. Ihr Mittagsmahl wurde ihnen nicht in der Zelle serviert sondern im Gang, wo, gerade neben meiner Zellentür, ein kleiner Tisch für die Wächter stand. Ich erhielt von der Blonden eine Lucky Strike und fühlte mich entsprechend beglückt. Allzubald wurden sie aus unseren Gefilden hinweggeführt. Die Monotonie unseres Alltagslebens begann wieder.

Keine Unterbrechung, sondern ein Teil dieser Monotonie war die tägliche Abholung zweier Mitgefangener zur Vernehmung. Beide waren große, schlanke Männer, der eine, ein Rumäne, Ende der Dreißig, der andere, ein Spanier, über Siebzig. Der Alte war knochig, gebückt und ungeschlacht. Beide waren gemeinsam angeschuldigt, wegen Vertrieb von Falschgeld, und nach jeder Vernehmung kamen sie mit blauen Flecken im Gesicht und zweifellos erst recht am Leibe zurück. Sie wurden regelmäßig mißhandelt; der alte Mann, der anfänglich trotz seiner gebückten Haltung fest und solid ausgesehen hatte, kroch schließlich wie ein Wurm, dem jede Bewegung weh tat, heim in seine Zelle; manchmal mußte er von einem der Wärter geführt werden. Daran zu denken, daß die Herren nichts gegen einen hatten, als daß sie einen loswerden wollten, ließ einen befreit und erleichtert aufatmen.

Ich wurde in die oberen Regionen geholt. Ein kauziger, kleiner bebrillter Mann fotografierte mich von vorn und von der Seite, mit Stoppelbart, was dem Bild sicher die gewünschte kriminelle Note gab, und nahm meine Fingerabdrücke. Er konnte sich nicht genug tun, seine freundliche Gesinnung zu beweisen, indem er mir ein Mal übers andere versicherte, daß Deutschland nun (d. h. durch Hitler) wieder groß werden würde. Dann wurde ich zu Herrn Garcés geführt, der einige Monate früher nach Durchlesung des vorgelegten hohen Empfehlungsbriefes mit höflichem Lächeln mir einen Sitz angeboten und seinen Untergebenen Barnés angewiesen hatte, mir die Cedula de Inscripción auszustellen. Er war diesmal alles Lächelns bar, kalt, geschäftsmäßig. Ich hatte ein Papier zu unterzeichnen, auf dem es unter anderem erlogener Weise hieß, daß ich darum gebeten hätte, nach Frankreich ausgewiesen zu werden. Da Frankreich mir lieber war als die andere Möglichkeit, Portugal, protestierte ich nicht, sondern unterschrieb.

Zuerst machte ich allerdings einen Scheingegenzug: Ich sagte, ich könne doch nicht ausgewiesen werden, ohne von einem Richter gehört worden zu sein. Señor Garcés bestätigte, kühl und höflich, daß ich das Recht hätte, richterliche Vernehmung zu verlangen; aber das halte die Sache nur auf. Nach *seiner* Methode käme ich rascher in Freiheit. Es war mir sowieso nicht ernst gewesen. Ich hatte schon in San Feliú, in Gegenwart der (nicht deutsch verstehenden) Beamten, meinen Freunden gesagt, ich würde nach Prag gehen. Also verzichtete ich auf den Richter.

Die Papiere waren nun fertig und zur Versendung nach Madrid bereit; man brauchte mich nicht mehr auf der Jefatura. Am nächsten Tag kam jenes Spezialauto, das in den verschiedenen Ländern verschiedene und doch ähnliche Namen trägt: »grüne Minna«, »grüner August«, »schwarze Marie« usw., und brachte mich ins Gefängnis, das Cárcel Central oder Cárcel Modelo.

Fröhliche Kumpanei

Es war anfangs August, als ich ins barceloneser Zentralgefängnis eingeliefert wurde. Ich hatte mein Gepäck mit mir; allerdings war es auf der Polizei etwas verringert worden; denn als ich es dort in Empfang nehmen wollte, kam zufällig einer der beiden Gesellen vorbei, die mich in San Feliú verhaftet hatten, nämlich der Inspektor Cervera von der Kriminalabteilung. Er sagte: »Das geht nicht: Einiges muß als Beweismaterial behalten werden.« Das Resultat war, daß irgendwelche damit Beauftragten wahllos einen Stoß Papiere und Zeitungsausschnitte stahlen, dazu natürlich auch den rotgebundenen Jack London. (Dies, nicht zu vergessen, war immer noch die alte, republikanische Polizei. Es hätte ebensogut die Tscheka, die Gestapo oder die Geheimpolizei des Diktators Franco sein können.)

Im Gefängnis wurde mir erlaubt, in die Zelle mitzunehmen, was ich wollte. Ich beschränkte mich auf einige Bücher, Taschentücher, ein zweites Polohemd und ließ den Rest, einschließlich der Schreibmaschine, aufs Magazin bringen (gegen Quittung). Ich erwartete, als Gefangener nicht viel Zeit für Muße und private Beschäftigung zu haben, sonst hätte ich alles mit mir genommen. Es war ein Irrtum; ich kannte das spanische Gefängnis nicht, wußte nicht, daß es sich im Gegensatz zu den »zivilisierteren« Ländern nach Möglichkeit darauf beschränkte, die verordnete Freiheitsberaubung vorzunehmen und im übrigen privaten menschlichen Freiheiten den im Rahmen der Anstalt möglichen freien Raum gewährte.

Man hatte mir gesagt, ich könne, wenn ich wolle, in den Hof gehen, und ich ging. Meine Zelle, 525, war zu ebener Erde, die Hoftür lag wenige Schritte entfernt und stand offen. Ich trat hinaus und stand auf den Stufen. Der zu unserem Flügel gehörige Hof war von 60 bis 80 Leuten belebt, die in Gruppen beisammenstanden oder -saßen, in Paaren herumspazierten, für sich saßen und lasen, auf der einen Hofseite gegen eine hohe Wand Pelota spielten usw.

Ein dünner Mann mit einem Menjoubärtchen trat auf mich zu und fragte: »De qué país?« »Alemania«, sagte ich. Er wies auf eine Gruppe hin und sagte deutsch: »Dort stehen die Deutschen«. Dieser Kumpan wurde Pepe (Sepp, Seppl) genannt; seinen wirklichen Namen kenne ich nicht. Er war ein Ungar mit portugiesischem Paß und vermutlich wegen eines nicht so leichten Verbrechens im Loch; denn wie ich später erfuhr, hatte er darum nachgesucht, als Kalfaktor verwendet zu werden, und diesen Druckposten bekamen im allgemeinen nur die mit langen Strafen. Von den beiden, die zu meiner Zeit in meinem Flügel Dienst taten, war der eine, wie es hieß, ein Mörder, der andere stand, nach langjähriger Haft, vor der Entlassung. Pepe hoffte, seine Stelle zu bekommen.

Pepe war der freiwillige maître d'honneur unseres Hofes. Er empfing jeden Neukömmling, fragte ihn auf spanisch nach seiner Nationalität und führte ihn mit einigen Worten in seiner Muttersprache ein. Bei Palästinensern sprach er den Anfang des Schma Jisroel, da er weiteres Hebräisch nicht konnte.

Ich ging die drei oder vier Stufen hinunter und sah mich um. Ein von Pepe informierter Herr um Sechzig, mit weißen Bartstoppeln, trat auf mich zu und stellte sich vor: »H. G.« Er war alter schwäbischer Adel, stammte aber persönlich aus Freiburg im Breisgau. Er erzählte mir sofort, daß er schon vor einem Jahr als unschuldig befunden worden sei, aber noch immer auf seine Freilassung warte. Ich war entsetzt. Die Berichte der Mitgefangenen über den Baron lauteten ein wenig anders als seine eigene Erklärung. Ihnen zufolge war er verurteilt worden, weil er Emigranten südamerikanische Pässe versprochen, das Geld eingesteckt und nichts geliefert hatte. Kurzum: der Baron sei ganz einfach ein gemeiner Betrüger, sagte man mir, und zu Recht eingekastelt, und von Freilassung sei auf lange Zeit keine Rede. Der Baron zeichnete sich vor uns anderen noch durch zwei weitere Züge aus: Er war am elendesten und schmutzigsten gekleidet. Wir gingen, nach Landessitte, alle in Hose, Hemd und Alpargatas (weißen Drillichschuhen mit Hanfsohlen) herum; aber der Baron steckte in dreckigen, zerrissenen Filzschlappen und trug ein immer schmutziges Hemd. Ferner hatte er die Gewohnheit, während er konversierend bei einem stand,nebenhin in sein Hemd zu greifen und von der Brust, ohne hinzusehen, Läuse abzupflücken. Mag sein, andere hatten auch welche – ich kannte keinen; aber keiner konnte sie blind aus dem Dickicht seiner Brusthaare zupfen. Der Baron ließ sie nonchalant in den Sand fallen und nahm sich oft nicht einmal die Mühe, sie zu zertreten.

Der Baron war ein naives Gemüt. Bevor ich entlassen wurde, nahm er mich auf die Seite und bot mir die Adresse seines Partners in Lyon an. Für 6000 bis 10 000 Franken könne der mir einen südamerikanischen Paß beschaffen. Ich fragte, von welchem Land. Das sei Geschäftsgeheimnis, sagte er. Der Paß sei aber bombensicher, mit englischem Visum drin. Ich fragte, was das zu bedeuten habe, und er klärte mich auf, daß ein englisches Visum eo ipso den Paß gut mache, da die Engländer am vorsichtigsten seien und andere Länder, wenn ihnen irgendein Paß zweifelhaft vorkomme, ihn dem nächsten englischen Konsulat vorlegten. »Wenn die Engländer ihn für echt erklären, erkennt ihn jedes Land an«. Ein englisches Visum würde also ohne weiteres als Beweis der Echtheit betrachtet. Ich lehnte dankend die Adresse des Partners ab.

Die Insassen unseres Hofes gehörten vielen Nationalitäten an. Ich traf einen Norweger, dessen Spur ich schon am Tag meiner Einlieferung, in einer Gemeinschaftszelle, wo ich über Nacht vorläufig untergebracht war, gefunden hatte. Dort hatte einer an die Wand geschrieben »Här satt en svensk sjömann«, und darunter stand von anderer Hand: »Ogsaa en norsk«. (»Hier saß ein schwedischer Seemann« und »Auch ein norwegischer«.) Der Schwede war schon abgeschoben, den Norweger fand ich noch vor.

Es waren 20 bis 30 Deutsche da, ferner der Norweger und ein Landsmann von ihm, ein amerikanischer Jude, der weder englisch noch deutsch noch spanisch konnte, sondern nur jiddisch; ein Holländer; ein brasilianischer Neger, Bobbie, ein ausgezeichneter Kamerad; nordafrikanische Neger; Argentinier, Spanier, Rumänen, Polen, Türken, ein Syrer, ein palästinensischer Jude, ein Belgier, Franzosen usw. Die Ausländer waren meistens zur Ausweisung da und, wie ich, vorläufig aufgehoben, bis ihre Papiere kamen; die Spanier und einige andere waren Kriminelle.

Einer von uns Deutschen, ein junger Seemann, war überzeugter Nazi, einem anderen, der demokratisch redete, mißtrauten wir aus Instinkt und hielten ihn ebenfalls für einen. Schulte, einer der besten Kameraden, war ein früh gealterter Mann, der fast keine Zähne mehr hatte. Er war vor mehr als 20 Jahren als Student nach Spanien gekommen und geblieben. Seines Zeichens Vagabund, dachte er nicht mehr daran, heimzugehen; seine Familie schickte ihm Geld, damit er fortbliebe. Ich hätte ihn hundertmal der (ungesehenen) Familie vorgezogen.

Fritz Hanke war nach seinen Erzählungen zwei Jahre im Propagandaministerium gewesen und hatte Schallplatten aufgenommen. Er kannte alle Nazigrößen. Eines Tages ging er stiften, wobei er zwei wichtige Platten mitnahm, die, wenn sie wirklich existierten (und seine Darstellungen klangen plausibel und glaubhaft), hohen Wert besaßen; beide waren auf Veranlassung Röhms gemacht, kurz bevor er ermordet wurde. Auf der einen unterhielten sich zwei Pupenjungen über ihre Beziehungen zu Hitler (was nach einer gestellten und verlogenen Sache klingt), auf der anderen adressierte Röhm selbst Hitler: »Weißt du noch, Adolf, wie wir ...?« Es war eine schonungslose Bloßstellung Hitlers und der Nazibewegung unter dem Titel: »Wie ich Hochverräter wurde«. Nach Hanke hatte Röhm die Platten nie zu hören bekommen; Röhm war nach Ungarn gereist, bevor sie gebrauchsfertig waren, dann kehrte er nach Wiessee zurück, wo er ermordet wurde. Die Platten, sagte Fritz, waren von Röhm zur Verwendung durch einen französischen Sender – er dachte an Straßburg – bestimmt, falls ihm etwas zustieße. Es seien zwei Exemplare hergestellt worden. Das eine habe der Rechtsanwalt Lütgebruene auf Röhms Anordnung hin nach Frankreich gebracht; er sei von Hitlers Leuten eingeholt und umgebracht worden. (Das ist die einzige Erklärung für das merkwürdige Verschwinden Lütgebruenes, die plausibel klingt, von allen, die ich bisher gehört habe. Ob sie richtig ist, wird sich vielleicht eines Tages herausstellen.) Die zweiten Platten habe er, Fritz Hanke, mit nach Spanien genommen.

Hanke war von uns allen vielleicht in der größten Gefahr. Die Nazi verlangten seine Auslieferung.[10] Er wandte sich aus dem Gefängnis an Hellmut von Gerlach in Paris, und später, nach meiner Abschiebung, erfuhr ich, daß auf Gerlachs Veranlassung die madrider Gruppe der Liga für Menschenrechte gegen ihn eine Anzeige wegen Diebstahls oder Betrugs erlassen habe, damit er nach Madrid gebracht wurde. Barcelona als Hafen – in dem schon viele deutsche Nazigegner eilends auf ein deutsches Schiff gebracht worden waren, das sie dann nach Deutschland verschleppte – war zu gefährlich; deshalb hatte man ihn durch die falsche Anklage in die Hauptstadt geschafft.

Was mit Hanke oder seinen Platten geschah, weiß ich nicht. Wir hatten, während wir noch beide im Gefängnis beisammen waren, ein merkwürdiges Erlebnis. Unter den spanischen Gefangenen befand sich auch ein junger Mann, das Haupt einer Verbrecherbande. Er war ein stolzer, hübscher, ernsthafter Mensch, der sich mit anderen nicht gemein machte und auch, wenn er sich mit ihnen unterhielt, seine Würde wahrte. Eines Tages standen wir zuhorchend bei einer Gruppe, die sich um ihn gebildet hatte. Ein anderer Gefangener erzählte, daß ein gewisser Antonio im Barrio Chino, dem Armen- und Unterweltsviertel Barcelonas, einen Koffer mit Dokumenten habe und Papiere mit eigenhändiger Unterschrift Hitlers, Goebbels, Görings und anderer Nazibonzen herumzeige. Fritz rief aus: »Meine Sachen!« »Was vorgegangen war, war klar: Hankes Rechtsanwalt, der sich sowieso schon kurzerhand dessen Möbel angeeignet hatte, sobald er ihn, seinen Klienten, sicher im Gefängnis wußte, war ein Freund des erwähnten Antonio, und offenbar hatte er diesen Gangster bei der Ausplünderung der Wohnung des Eingesperrten an der Beute beteiligt. Glücklicherweise gehörte Antonio einer mit unserem Gangsterhäuptling rivalisierenden Bande an; dieser war deshalb mit Freuden bereit, nach Fritzens Angaben für ihn in seiner sauberen spanischen Handschrift eine formelle Anzeige gegen den Anwalt und seinen Gangsterfreund zu schreiben, die Fritz dann an den Staatsanwalt sandte. Ergebnis unbekannt, da ich es nicht mehr miterlebte.

Ein anderer Fall platzte eines Tages in unserer Mitte: Es wurden vier Mann von unserem Hof weggeholt. Obgleich sie Gefangene waren, wurden sie von neuem verhaftet. Sie hatten – im Gefängnis – falsche Pässe hergestellt, kanadische; und mehrere ehemalige Insassen befanden sich bereits mit solchen Papieren unterwegs. Man bezahlte 70 bis 150 Pesetas für einen. Das Papier hatte sich einer von draußen kommen lassen; es war monatelang offen auf dem Tisch seiner Zelle gelegen. Ein handfertiger Argentinier hatte in Blechkapseln, die vorher Bierflaschen verschlossen hatten, aus Siegellack Stempel hergestellt. Die Vier wurden auf dem Büro zunächst halbtot geschlagen; dann wurde das Verfahren gegen sie begonnen. Ein Fünfter wurde nicht erwischt. Er lebte auch unter uns, hatte aber nur beim Verkauf der Pässe Mittelsmann gespielt. Er war ein spitzbärtiger Mann, der sich einen Assyrer nannte und für die notleidenden Reste assyrischer Christen Gelder gesammelt hat. Offenbar bestand die bedürftige Gemeinde nur aus ihm selber, oder aber es gab sie wirklich im Nahen Osten und er versäumte zu hartnäkkig, Postanweisungen zu schicken – kurzum, er residierte auf unserem Hof, weil man ihn wegen Betrugs geschnappt hatte.

Während meines Aufenthalts in der deutschen Kolonie bekamen wir zweimal Zuwachs. Beide Male waren wir hoch überrascht. Der eine war ein junger Mensch, der über sich selbst sehr hinter dem Berg hielt, zuletzt aber sagte, er sei Mitglied des Katholischen Gesellenvereins gewesen und verhaftet worden, als er harmlos auf einer Parkbank saß. Unser Tip war, daß man ihn im Park wegen homosexueller Selbstanbietung festgenommen hatte. Er war bodenlos dumm, hinter all seinem Mißtrauen gegen uns. Wir erzählten ihm auf seine Fragen hin die gräßlichsten Geschichten. Es war kaum einer unter uns, der nicht zu schweren Strafen verurteilt war, und zwar wegen unsagbarer Vergehen (die wir aber sagten, obgleich sie sich nicht drucken lassen). Der mildeste Fall war noch der Schultes. „Was ist mit dem dort?", fragte der Neuling, auf den herankommenden Schulte weisend. „Der war Kapitän und hat sein Schiff untergehen lassen", sagte ohne Zögern einer von uns. Der Neue staunte und wollte mehr wissen. Schulte war inzwischen herangekommen. In einer eingelaufenen Kumpanei sind keine Erklärungen nötig; auf Anhieb schlägt jeder ohne Vorbereitung in genau die Kerbe, die ihm vorbehalten ist. »Nicht wahr«, fragte jemand, »du hast dein Schiff untergehen lassen?« »Ja, ja,« seufzte Schulte mit gebrochener Miene, »ich werde nie darüber wegkommen. All die Menschenleben!« Der Neue wollte wissen, wie die Sache passiert sei. »Das weiß ich auch nicht recht«, sagte Schulte. »Ich fuhr da, es war Nebel, und mit einem Male sah ich es auf mich zukommen. Das Unglück war, daß ich *zwei* Schiffe sah, wo nur eines war. Ich wollte zwischendurchsteueren, und da fuhr ich direkt darauf. – Zweihundertzwanzig Menschenleben hab ich auf dem Gewissen.« Schultes Schultern sanken; er endete mit erstickter Stimme: »Zweihundertzwanzig Menschenleben«, und ging mit dem Schritt eines gebrochenen, alten Mannes davon. Schulte war kein Seemann, aber der Neue auch nicht. Dem fiel an der unfachlichen

Sprache des anderen nichts auf; er glaubte und riß die Augen weit auf. Einen Tag später mußte ihn aber jemand darüber aufgeklärt haben, daß wir ihm lauter Bären aufbanden, denn er lehnte fürderen Umgang mit uns ab.

Die andere Nudel war ein junger Stuttgarter namens N. Er erschien eines Tages und erzählte, daß er in Mallorca eine spanische Halbjüdin geheiratet habe, Vater eines Kindes sei und sich freiwillig zur Deportation gemeldet habe, um heimzukommen, sich wieder einmal satt zu essen und von seiner Familie eine Ladung Viktualien für Frau, Kind und Schwiegervater mit nach Spanien zu bringen. Sein Vater und sein Bruder, sagte er, seien bei Bosch, der Bruder aktiver Kommunist. Als wir ihm unser Erstaunen über seine Unkenntnis deutscher Dinge und Vorgänge bezeugten, war er extrem verblüfft: »Ja, das dürfen die doch garnicht. Das ist ja gegen das Gesetz!« Das war seine Reaktion auf die Kunde vom Treiben der Nazis.

N. war auch sonst naiv. Er hatte sich alles ganz einfach gedacht, war zur Polizei gegangen und hatte um Abschiebung gebeten. Man sagte ihm entgegenkommend: »Wenn Sie bereit sind, kommen sie.« Er tat's einige Tage später und fand zu seiner Überraschung, daß er von Kriminalbeamten aufs Festland transportiert wurde wie ein unerwünschter Ausländer und zu uns ins Gefängnis gebracht. Er kam ohne einen Céntimo an, und wir mußten ihm noch die Hoffnung zerstören, daß Frankreich ihn, wie er es angenommen hatte, kostenlos nach Deutschland schaffen werde. Das war spanische Praxis: Spanien brachte einen zur Grenze und schob einen ab; aber wenn die Franzosen einen aufgriffen, sperrten sie einen einfach eine Woche ein, sagten bei der Entlassung: »Machen Sie, daß Sie aus dem Land kommen!« und dachten nicht daran, einen zu befördern. Man mußte sich selber weiterhelfen, wurde das nächste Mal zwei Wochen eingesperrt statt einer, usw.

Ein Mann, der von daheim Geld bekam, war auch ein kleiner, bärtiger Holländer. Er war bereits einmal abgeschoben worden, aber zurückgekehrt, weil er sein Bankkonto in Barcelona abheben wollte, und war zum zweiten Mal erwischt worden. In solchem Falle bekam man automatisch ein Jahr. Das Jahr war aber in der Praxis ein sehr unbestimmter Begriff. Ein Österreicher, der eine spanische Frau und ein Kind in der Stadt hatte, war ebenfalls zurückgekehrt und wieder festgenommen worden. Er hatte von seinem obligatorischen Jahr schon mehr als vierzehn Monate hinter sich. Unser Holländer, der wie Schulte, von der Familie Geld bekam, war in seinem siebzehnten. Er hatte sich monatelang vom Besuch des Hofes ferngehalten. Er lag auf seiner Pritsche und las aus einer für Gefangene reichen privaten Bibliothek. Eines Tages trieb ihn ein Wächter auf den Hof, und von da an mußte er seine Tage unter uns, in frischer Luft, verbringen. Nur die Abende blieben ihm für beschauliche Lektüre in stiller Stube.

Im Souterrain unseres Flügels waren in Zellen, deren Fenster auf unseren Hof gingen, die Maricones untergebracht, die Homosexuellen, meistens mannmännliche Prostituierte. Sie hausten in ihren Zellen zu zweien und dreien und waren somit im ganzen Gefängnis die einzigen, die angemessenen, befriedigenden Geschlechtsverkehr hatten. Für sie war ein eigener kleiner Hof da. Wenn wir in die Kantine gingen, zum Einkaufen unserer privaten Bedürfnisse, sahen wir sie durchs Fenster. Sie spazierten Arm in Arm auf und ab, aneinander angeschmiegt und kurioserweise weniger wie Liebespaare als wie Paare von Backfischen wirkend, trotz der schwarzen Bartstoppeln. Sie streckten nichtvorhandene Brüste heraus, strichen sich kosend über den Brustkasten oder hoben das Polohemd, um die Brust zu entblößen. Aber es war immer eine Brust, nie ein Paar Brüste, und darum uninteressant.

Gefängnisleben

Die Zelle war, was niemand anders erwarten wird, mit eremitischer Schlichtheit und Würde ausgestattet. Das Mobiliar bestand aus Pritsche, Tischchen und Bett, der Komfort war in Gestalt einer funktionierenden Wasserleitung mit Waschbecken und eines Klosetts mit Wasserspülung vorhanden. Die Wand war bis über Mannshöhe mit olivgrauer Ölfarbe gestrichen. Auf der Pritsche war eine Matratze und eine Wolldecke, über dem Tisch ein schmales Brett als Regal.

Gegen Abend kam mein diensthabender Mithäftling, der Kalfaktor, und brachte mir ein Leintuch. Am nächsten Morgen bekam ich ein zweites; nachmittags stellte er mir eine Spiegelscherbe von Handgröße aufs Regal. Diese zusätzlichen Luxusobjekte waren, wie sich ohne weiteres verstehen ließ, geliefert, weil er mich auf Geld einschätzte und Trinkgelder erwartete. Eine voll ausgestattete Zelle zu überliefern, ist unklug: man liefert sie nackt, und jedes Stück, das man dann hinzufügt – Leintuch, Handtuch usw. – wird zur Gunst, für die mit Fug Dank und Anerkennung erwartet wird. Das Stück Spiegelglas in meinem Fall war bereits eine Extra-Extra-Sache. Es nützte mir freilich nicht viel, da man mir mein Rasierzeug abgenommen hatte: der diensthabende Wächter des Flügels fand es sympathisch und bat, es benutzen zu dürfen. Er hatte es in seiner Tischschublade auf dem Korridor. Als ich es bei meiner Entlassung zurückverlangte, gab ers nur mit Verwunderung und saurer Miene heraus.

In der ersten Nacht entdeckte ich zwei Läuse, vernichtete sie und blieb von da an völlig unbelästigt. Einige Flöhe hatten das gleiche Schicksal. In der zweiten Nacht wurde ich wach: die Wanzen waren in ihren Löchern zum Leben erwacht; Beute winkte; blutlustern machten sie sich ans Mahl – mich. In dieser und der nächsten Nacht rottete ich sie total aus; ich fand, daß die alten in den Fugen des Metallbetts, an den Stellen, wo die tragenden Stahlbänder sich überschnitten und in der Wand, wo die Eisenstangen, an denen das Bett hing, befestigt waren, ihre Niederlassungen hatten, und brannte sie alle ab. Dann stellte sich heraus, daß an der dem Bett gegenüberliegenden Wand, über dem Waschbecken, wo die Ölfarbe sich gelöst hatte und lose in vielen Blättchen herunterhing, unter den Blättchen die Kolonien des Jungvolks, der Wänzchen im Säuglings- und Knabenalter, saßen. Ich brannte sie nieder. Weitere Belästigungen erfuhr ich seitdem nicht; aber ich vereinbarte sicherheitshalber, daß man mir morgens früh immer Eimer, Schrubber und Putzlumpen hereingab, und wusch täglich nach dem Frühstück den Boden und die ölbemalten Wände, ohne mit Wasser zu sparen.

Es gab keinen Arbeitszwang – ja, sogar keine Arbeitsmöglichkeit außer etwa derjenigen Beschäftigung, die man aus Liebhaberei oder Erwerbslust trieb. Vor allem Kriminelle hatten sich gewisse Verdienstquellen geschaffen: Ein Schneider fertigte Anzüge an; ein Einarmiger kochte in der Zelle Kaffee und verkaufte ihn, die Konservenbüchse zu 20 Céntimos, im Hof; zwei Türken kauften an den Kantinentagen auf Vorrat Tabak, Streichhölzer und Briefmarken und verkauften sie uns, wenn unsere eigenen Lager ausgingen, mit Zuschlag; Bobbie, der brasilianische Neger, wusch anderen die Wäsche, usw.

Im Hof plauderte, rauchte, las man, spielte Schach, Tennis mit der bloßen Hand, ohne Schläger, und, ebenso mit der Hand, Pelota, ein Spiel, bei dem der Ball gegen eine Mauer geschlagen wird. Bei diesem Spiel taten sich merkwürdigerweise ein nordafrikanischer Neger, der im marokkanischen Krieg ein Bein verloren hatte, und Diablo, der Kaffeekocher, ein Spanier mit kohlschwarzem Bart und nur einem Arm, durch Geschicklichkeit und Geschwindigkeit hervor.

Zweimal wöchentlich ging man zur Kantine und kaufte ein. Es gab alles, was man brauchte: Schreibzeug, Briefmarken, Schokolade, Obst, Wäschestücke, Wurst, Käse, Brot, Kolonialwaren, Fleisch, Tabak, Streichhölzer, Kerzen, Gewürz, Gemüse, Essig und Öl, usw. Wer wollte und einen Kocher hatte oder kaufte, konnte sich in der Zelle kochen; viele machten sich Salat. In vielen Zellen brannten die elektrischen Birnen nicht, und so brannte man halt Kerzen. Durch die Kantine abonnierte man auch Zeitungen.

Briefe kamen, ohne daß ihre Zahl beschränkt wurde und ohne daß sie zensiert wurden. Man kontrollierte sie nur, um zu sehen, ob sie Geld enthielten. Zur Postzeit, zweimal täglich, erschien der Wächter auf den Stufen, die in unseren Hof führten, die Post in der Hand. Er las den

Namen des Adressaten vor; man nahm den Brief, öffnete ihn vor seinen Augen und der ihn umringenden Kameraden, zog den Inhalt heraus, und wenn Geld dabei war, übergab man es dem Wächter, damit es aufs Konto gutgeschrieben werde. Jeder hatte ein Konto bei der Gefängniskasse, auf das er von draußen Geld in unbegrenzten Beträgen senden lassen konnte. Für den Gebrauch gab es Karten, die in kleine Abschnitte perforiert waren, deren jeder auf 5,10 oder 25 Céntimos lautete. Damit kaufte man in der Kantine ein. Man hatte eine Kontokarte, in die der Wert der entnommenen Geldkarten eingetragen wurde; bei der Entlassung wurde einem der noch gutstehende Betrag ausgezahlt.

Man konnte nach Wunsch Briefe schreiben; man verschloß und frankierte sie, und sie gingen unzensiert mit der nächsten Post fort. Zweimal wöchentlich war Besuchstag, außerdem jeden zweiten Sonntag. Bei Besuchen ging es folgendermaßen zu: Es wurden beispielsweise zwanzig oder fünfundzwanzig Leute aufgerufen, die Besucher hatten. Man wurde in einem langen Raum geführt, in dem etwa dreißig Zellen in zwei Reihen angeordnet waren. Sie waren nach der Mitte offen und etwa anderthalb Meter tief, fast ebenso breit. Den Rücken kehrte man dem Mittelgang zu, in dem ein Wärter auf und abschritt. Die gegen die Wände gerichteten Zellenseiten waren von Brusthöhe an durch ein Drahtnetz verschlossen. Davor lag ein freier Gang von etwa einem Meter Breite. Jenseits dieses Ganges lagen Zellen gleicher Art, nur daß sie sich gegen die Wände hin öffneten und, dem Gefangenen zugewendet, ebenfalls ein Drahtgitter hatten. Man betrat die Zelle vom Mittelgang her, der Besucher kam in seine Zelle vermittels eines an der Wand entlanglaufenden Ganges. Man stand einander auf einen Meter Abstand gegenüber und sprach durch die Gitter miteinander. In Wirklichkeit freilich sprach man nicht, sondern schrie. Mindestens vierzig Leute hatten während etwa einer halben Stunde gleichzeitig zu reden, alle Zellen, oder besser Kabinen, waren nach einer Seite und außerdem oben offen, und der Raum hallte wieder vom Geschrei der Konversanten; jeder mußte den Nachbar und den Generallärm, der den Raum füllte, übertönen. Geheimnisse waren sicher; denn dem herumspazierenden Wärter wäre es kaum möglich gewesen, in dem Tohuwabohu einem Gespräch zu folgen. Und Ausländer waren natürlich erst recht sicher, da die Gefängnisbeamten nur spanisch und im einen und anderen Fall noch katalanisch verstanden. Ich war nur zwei oder drei Tage im Cárcel Modelo gewesen, als ich schon Besuch bekam. Ich fand, daß mein Besucher ein deutscher Sozialdemokrat war, den ich in der Freiheit nicht einmal sehr nahe gekannt hatte. Er hatte eine Zeitung – ich glaube, es waren die »Noticias« – bei sich und war in der Hauptsache gekommen, um mir aus ihr den Bericht über meine Verhaftung vorzulesen. Ich erfuhr daraus, daß ich ein guter Fang für die barceloneser Polizei gewesen sei: man hatte sehr belastendes Material bei mir gefunden – kommunistische Drucksachen und Fotos. Was die Fotos angeht, so hatte García Negre beim Durchwühlen meiner Koffer ein kleines Bild meiner Frau gefunden, das ich aufgenommen hatte, während sie sich wusch, einen Halbakt. »Sind Sie Nacktkulturler?«, hatte er gefragt. Für den Spanier seines Typs ist es, wie für gewisse Spießer in anderen Ländern auch, eine Obszönität, wenn man beim Waschen mehr als Gesicht, Hals und Hände entblößt. Indem er mir eine Art gesinnungsmäßige Vorliebe für den nackten Körper zuschrieb, zeigte er also einen überraschend hohen Grad von Vorurteilsfreiheit und Weltmännischkeit. Das Bild stahl er natürlich und behielt es für sich.

Das Interessanteste an dem erwähnten Zeitungsbericht war aber die Mitteilung, daß ich in Deutschland zum Tode verurteilt sei. Ich hielt es für eine Zeitungsente; aber einige Tage später bekam einer von unserem Hof Besuch, der ihn gleich fragte, ob auch ich mit ihm eingesperrt sei. Er habe in der »Frankfurter Zeitung« gelesen und im deutschen Rundfunk gehört, ich sei verhaftet, und dabei sei ebenfalls das Todesurteil erwähnt worden. Später erhielt ich aus den verschiedensten Teilen Deutschlands weitere Nachrichten, daß dort meine Verhaftung auf die gleiche Weise gemeldet worden sei. Ich weiß nicht, ob ein Nazigericht (»Gericht« nur lucus a non lucendo, nämlich weil es mit Recht nichts zu tun hatte) tatsächlich irgendwo einmal so ein Schnapsurteil gegen mich gefällt hat. Es interessierte mich damals schon kaum und tuts heut noch weniger, und soweit ich ein bißchen Neugier habe, betrifft sie nur eines: den *Grund* der Verurteilung. Ich wundere mich, was für einen Schwindel man zurechtgeschustert hat, um dieses Resultat zu erreichen.[11]

Das Leben im Gefängnis war, wie man sieht, zum Aushalten. Die Wächter ließen einen im allgemeinen in Ruhe. Aber wenn einmal ein Wärter seine Zeitschrift der Berufsbeamten ausgelesen hatte und sich langweilte, konnte er auf die sonderbarsten Einfälle kommen. Einmal fiel es einem jungen Burschen ein, die weniger sauber oder weniger gut Gekleideten unter uns zu waschen. Die Methode war sehr einfach. In einer Ecke des Hofes befand sich eine, durch eine brusthohe Mauer vor Sicht geschützte, Bedürfnisanstalt. Einige Steinstufen führten zu ihr hinauf. Die vom Wärter Ausgewählten mußten die Stufen hinaufgehen und sich hinter der Mauer ausziehen: dann goß ein Gefangener einen Eimer Wasser über sie aus. Sie ließen sich in der Sonne trocknen, dann zogen sie sich wieder an und waren gewaschen. Einem Norweger, der sehr schlecht gekleidet war, nahm man weg, was er hatte – Hose und Hemd, verbrannte sie und schickte ihn wieder zu uns herunter. Er lief eine halbe Stunde lang in edler Nacktheit an der Mauer auf und ab, bis man von irgendwoher ein anderes Hemd und eine andere Hose für ihn aufgegabelt hatte. (Die allerdings auch nicht besser waren als die verbrannten.) Nach dem, was mir die gedienteren Kameraden erzählten, hatte einige Wochen vor meinem Eintreffen ein Chinese sich gegen irgendeinen dummen Scherz eines Wärters zur Wehr gesetzt. Die Wärter waren mit ihren Knüppeln über ihn hergefallen. Er starb an den Folgen der Behandlung im Gefängnisspital. Menschlichkeit und Unmenschlichkeit lagen in Spanien dicht nebeneinander.

Beim nächsten Besuchstag präsentierten sich in der Gegenzelle ein Mädchen namens Susi und ihr Freund, ein junger deutscher Geschäftsmann, kein Exilant. Sie teilten mir folgendes mit: Sobald ich nach Frankreich abgeschoben sei, sollte ich mich nach der Grenzstadt Cerbère begeben und dort einen Mann aufsuchen, dessen Adresse man mir noch liefern werde. Ich solle mich auf einen Mann berufen, dessen Namen man mir gab: er war ein bekannter Führer der katalanischen Anarchosyndikalisten. Bei den französischen Freunden sollte ich warten, bis man mir einen Paß auf meinen Namen zukommen lassen werde, wahrscheinlich einen französischen, vielleicht auch einen spanischen. Dann könnte ich ohne Sorgen nach Barcelona zurückkehren. Das Überraschende an diesem Angebot war, daß ich mit dem Anarchisten oder Syndikalisten nie etwas zu tun gehabt hatte und daß sie wußten, ich war Kommunist gewesen. Sie waren weder auf Kommunisten noch auf ehemalige Kommunisten gut zu sprechen; aber trotzdem hatten sie auf die Nachricht von meiner Verhaftung hin sofort gehandelt. Sie waren die einzigen, von denen ein Angebot wirklicher, praktischer Hilfe kam.

Ich sagte, daß ich mit Dank annähme, mit dem Paß wahrscheinlich nach Prag reisen würde, statt nach Spanien zurückzukehren. Die nächsten Tage malte ich mir aus, wie ich als Franzose durch Deutschland fahren würde. Die Gelegenheit, Nazideutschland zu sehen, war einmalig, und der Gedanke, statt dessen sicher durch die Schweiz und durch Österreich zu reisen, erschien mir geradezu lächerlich. Ich war sicher, aus meiner Deutschlandfahrt viele Eindrücke und eine gute Reportage herauszuholen. Leider las ich einige Tage später in der »Vanguardia«, die ich im Gefängnis abonniert hatte, daß der anarchistische Führer, der mir das Angebot hatte machen lassen, wieder einmal verhaftet worden war, und als man ihn freiließ, war ich längst in Toulouse und bereitete meine Weiterreise nach der Tschechoslowakei vor. Die wunderbare Gelegenheit war dahin.

Ab nach Frankreich

So kurios es klingen mag – es ist doch wahr, daß ich ernstlich überlegte, ob ich nicht nach meiner Abschiebung zurückkehren, mich aufgreifen lassen und das fällig werdende Jahr Gefängnis antreten sollte. Ich dachte dabei folgendermaßen:

Das ruhige, gesicherte Leben im Gefängnis tat mir sehr wohl. Man hatte keine Sorgen; der Lebensunterhalt war gesichert, man hatte Wohnung und Essen. Man konnte sich Geld schicken lassen und sich alles kaufen, was man etwa zusätzlich noch wünschen mochte. Man konnte sich Zeitungen halten und auf dem Laufenden bleiben über das, was in der Welt vorging. Man bekam keine Unannehmlichkeiten mit den Wärtern, wenn man nicht ihnen welche bereitete. Die Umgebung, in der man lebte, war hochinteressant, sowohl institutionell als auch, was die Menschen betraf, mit denen man zusammenkam. Mein Pech war immer gewesen, daß ich das Leben dem Schreiben vorzog und reizvolles Erlebtes niederzuschreiben unterließ, weil ich lieber wieder hinausging und mich umsah nach anderen reizvollen Erlebnissen (die man niederschreiben könnte). Ich bin von Natur aus faul, und wenn ich etwas ausgedacht und mir im Kopf zurechtgelegt habe, wie es zu schreiben sei, graust mir davor, mich hinzusetzen und die Mühe der Niederschrift zu unternehmen. Im Gefängnis hätte ich ungestört arbeiten können, ich hätte meine Schreibmaschine in die Zelle nehmen dürfen und die Zelle zum Arbeitszimmer machen können, wann immer es mir gepaßt hätte. Da keine Möglichkeit bestand, auszugehen, wäre ich notgedrungen darauf angewiesen gewesen zu arbeiten, um der Langeweile zu entgehen. Ich hätte wunderschöne freie Zeit gehabt.

Dazu kam noch etwas anderes. Ich hatte Mengen von erlebtem Stoff und hätte sogar Artikel aussenden und Honorare empfangen können; das Gefängnis selber bot unendlich viel neuen Stoff; aber viel verlockender war noch die Aussicht, in Barcelona zu sein, wenn die Revolution käme. Denn es stand bei Anarchisten wie anderen Linken fest, daß es in einigen Monaten zum Aufstand gegen das immer reaktionärer werdende Regime käme – und da wollte man doch dabei sein. Am ersten Tag der Revolution wären wir frei geworden und mit den Aufständischen losgezittert: welch eine Chance für einen Journalisten, von Anfang an mitten drin zu stehen!

Wenn alles wie vorausgesehen verlaufen würde, würde also meine zweite Haft nur einige Monate dauern. Aber es blieb immer das »Wenn«. Wenn es nicht zum Aufstand kommen würde, würde ich vielleicht wie die Kameraden auf meinem Hof anderthalb Jahre oder mehr im Loch sitzen müssen, und diese Aussicht schreckte mich ab.

Die Revolution kam natürlich, aber von Rechts. Immerhin wäre ich mit den anderen sofort befreit worden. Es wäre also richtig gewesen, es zu riskieren; meine Kleinmütigkeit und Skepsis hat mich um ein großes und volles Erleben gebracht – vielleicht auch um einen frühen Tod; aber es wäre doch ein flammendes und ganzes Leben gewesen.

Die Ausweisungspapiere trafen Mitte März ein. Ich war glücklicher als viele der anderen, denn ich war nur etwa zwei Wochen eingesperrt gewesen. Es wurden fünf von uns auf einmal ausgewiesen. Zwei wurden an Handschellen gelegt und nach Cerbère geschafft, das am östlichen, dem Mittelmeer-Ende der Pyrenäen liegt; wir drei anderen, ein Grieche aus Marseille, ein Pole aus Paris und ich, wurden nach Puigcerdà abtransportiert, einem schöngelegenen Bergstädtchen ein Stück östlich der Grenze von Andorra. Beide Gruppen wurden von je zwei Guardias eskortiert, d. h. zwei Mitgliedern der Guardia Civil, jener in Katalanien allgemein verhaßten Gendarmerie mit den komischen schwarzen Lackhüten und dem beinahe zitronengelben Lederzeug. Der Unterschied in der Behandlung hatte seinen Grund im finanziellen Status der Einzelnen: Nach Cerbère kamen und mit Handschellen geschmückt wurden die beiden, die kein Geld hatten; nach Puigcerdà und ohne Handschellen reisten wir drei Exinhaber von Konten bei der Gefängniskasse.

Wir reisten mit unseren zwei Cerberussen normal im Schnellzug, bis wir auf einer kleinen Station in den Personenzug umsteigen mußten. Es war der Feiertag irgendeines Heiligen, und der Zug war mit Ausflüglern überfüllt. Wir wurden nebeneinander auf eine Bank gesetzt, die einige Spanier höflich geräumt hatten. Den Guardias machte keiner Platz, und so standen sie unbehaglich und ungeschickt in ihrer ungeliebten Uniform und mit ihren deutschen Achtundneunzigergewehren unter den lachenden und scherzenden Leuten herum und paßten auf uns auf, während wir mit unseren Gegenüberpassagieren über sie Witze und unanständige Bemerkungen tauschten und Wurst und Käse aßen, die man uns anbot.

In Puigcerdà wurden wir der Polizei, den Asaltos, übergeben und saßen mit ihnen eine Stunde oder so plaudernd herum, weil sie uns aus guten Gründen (nämlich damit wir nicht gleich hinter der Grenze wieder erwischt würden) erst gegen Abend abschieben wollten. Wir wechselten unsere Pesetas in Franken um, bekamen ein Viaticum – offenbar den für Handwerksburschen amtlich vorgeschriebenen Zehrgroschen – von anderthalb Pesetas, dann sagten die Polizisten: »Jetzt wollen wir losgehen«, und wir gingen durchs Städtchen, der Grenze zu, begleitet von zwei Asaltos.

Unterwegs erzählten wir unsere Lebensgeschichten, schimpften gemeinsam mit den Polizisten ein wenig auf die Regierung und die Guardia Civil, dann sahen wir eine Weggabelung. Rechts war ein Schlagbaum, den französische Grenzer bewachten. Die Asaltos und sie begrüßten einander kameradschaftlich durch Zuwinken, dann gingen wir den linken Ast der Gabel hinauf. Die Franzosen sahen genau, was los war; aber es war nicht ihre Sache einzugreifen: wir waren nicht auf ihrer Straße.

Diese strikte Beschränkung der Grenzbeamten auf ihr Stück Weg ist eines der größten Kuriosa, das mir je begegnet ist. Früher war ich manchmal Gast eines Freundes, der im Bayrischen Wald, an der böhmischen Grenze, Förster war. Ich ging wöchentlich mehrmals zum Rasieren nach Böhmisch Eisenstein und passierte dabei manchmal Grenzer, ohne daß mich einer anhielt. Einmal kam ich auf dem Rückweg an den Waldrand. Dort lag ein deutscher Grenzer im Graben an der Fahrstraße, die ich zu benutzen pflegte. Ich ging nicht an ihm vorbei, sondern fünf Schritte weiter rechts, einen Pfad entlang, wobei ich ihm ein »Guten Tag!« zurief. Er antwortete freundlich und kümmerte sich nicht im geringsten darum, daß ich vor seinen Augen über die Grenze nach Deutschland ging: Die Fahrstraße war der Gegenstand seiner Bewachung, der Feldweg daneben ging ihn nichts an.

Unsere Führer gingen mit uns etwa eine Viertelstunde einen ländlichen Fahrweg entlang, der schließlich an einem Bach entlanglief. An einer bestimmten Stelle hielten sie an und sagten: »Da liegen große Steine im Bach, da könnt ihr hinübergehen.« Jenseits des Wässerchens war ein Streifen Gras von etwa zwei Meter Breite, dann kam eine meterhohe Mauer, hinter der eine Wiese lag. Sie erstreckte sich bis an die Landstraße, auf der weiter hinten die französischen Grenzer warteten. »Über der Mauer ist Frankreich«, sagten unsere Asaltos. Wir schüttelten einander die Hände zum Abschied. »Buena suerte«, riefen sie, »gut Glück«, und wir sprangen von Stein zu Stein, kletterten übers Mäuerlein und wanderten durch die Wiese der Landstraße zu.

Über die Pyrenäen

Als wir die Landstraße erreicht hatten, schlug ich meinen beiden Schicksalsgenossen vor, uns auseinanderzuziehen. Ich wollte vorausgehen, der nächste sollte mir in zweihundert Metern Abstand folgen, der dritte in ebensolcher Entfernung den Schuß machen. Es war nicht nötig, daß wir alle drei geschnappt würden; würde ich angehalten, so konnten sie Reißaus nehmen. Wir zogen also in dieser lockeren Ordnung fürbaß, dem etwa zwei Kilometer entfernt liegenden Dorf zu. Als ich mich das erste Mal umsah, war der Pole mir auf hundert Meter Abstand nahegerückt, während der Grieche ihm in zwanzig Metern Abstand folgte. Das nächste Mal pilgerten sie Seite an Seite.

Am Eingang der Ortschaft, links von der Straße, lag die Eisenbahnstation. Das Schild besagte: »Ur«. Die Straße führte zwischen niedrigen Steinhäusern hin und spaltete sich bald. Ich bog nach rechts ein, weil ich dort einen Tabakladen sah, und kaufte mir ein Päckchen »Grauen«. Die Straße stieg an, ich folgte ihr. Von meinen Kollegen sah ich nichts mehr. Ich hatte von der Geographie der Gegend natürlich keine Ahnung und wußte nicht, wohin der Weg führte; aber ich wußte, daß ich von Süden kam, daß die Pyrenäen im Norden von Puigcerdá lagen und daß ich, solange die Sonne mir zur Rechten stand, in dieser Richtung marschieren würde – also Frankreich zu. Und natürlich wußte ich, daß der Weg bergauf gehen mußte, da zwischen Spanien und Frankreich das Gebirge lag.

Also ging ich die ansteigende Gasse hinauf. Es wurde mir wohl; denn ein Schwarzwälder ohne Berge lebt nur halb, und ich hatte lange keine mehr unter den Füßen gehabt. Bald blieben die Häuser zurück; Bäume waren selten, hörten schließlich ganz auf. Als ich durchs nächste Dorf kam, dämmerte es schon, das übernächste lag im Dunkel, nur hinter einigen Fensterläden schimmerte Licht; der Mond stieg auf. Steine und Felsen waren grau oder weiß: Kalk; die Luft wurde reiner und reiner. Es war eine schöne, klare Augustnacht; der Mond erleuchtete die Umgebung, die Hänge und Gipfel und das Tal, das tief rechts drunten lag, mit jenem Licht, das einem die Illusion gibt, es sei fast taghell, und doch alle Dinge außer denen im nächsten Umkreis unscharf oder verzerrt hervorhebt: man glaubt, alle Einzelheiten deutlich zu erkennen, und erkennt in Wirklichkeit nur unbestimmte und allgemeine Formen; erreicht man, was man von ferne im Auge behalten hat, so schaut es ganz anders aus, plastisch und detailliert, aber gar nicht so, wie es von weitem erschien. Die Sterne strahlten; ich konnte auf dem Marsch die sich windende Bergstraße hinauf immer kontrollieren, in welcher Richtung ich ging, und, abzweigende Wege mißachtend, mich an die allgemeine Nordrichtung halten. Die Luft wurde kühler, aber nicht kalt und unangenehm, und fast fühlbar dünner; in den Schluchten zwischen den Bergrücken fielen die steilen Hänge hunderte von Metern hinab und endeten in den schwarzen Furchen der Talgründe – mondlichthelle Bergflanken, bestreut mit Felsbrocken, weiß wie Totengebeine oder Grabsteine in der Nacht. Und über allem, wie eine gigantische, gläsern durchsichtige Glocke das Schweigen. Es war schön, so dahinzuwandern, nur die menschenlose Welt der Gipfel rundum, und das Gefühl im Herzen, es ginge immer so weiter hinauf und immer tiefer hinein in die weltferne, firmamentene Klarheit der durchsilberten Luft und der glänzenden Sterne.

Dann bog ich um eine neue Windung nach Westen, und auf einmal war fast keine Steigung mehr da. Noch ein kurzes Stück, und sie fehlte ganz, die Straße war flach; der Kamm war erreicht. Immer noch, wie beim Anstieg, waren Bäume nicht häufig; es waren nur Nadelhölzer, verwitterte Fichten und vom Wind niedergehaltene und verkrümmte Zirbelkiefern. Ich geriet in ein Gebiet, das von großen Granitfindlingen übersät war, ein Felsenmeer; als ich es hinter mir ließ, fand ich eine, für den von Frankreich herkommenden Wanderer bestimmte Tafel, die meldete, daß es sich um das »Chaos de Targassonne« handle. Die Straße lief nun völlig eben und am Rande eines sanft abfallenden Hanges hin; Bäume und Büsche wurden etwas häufiger, wenn sie auch keine Waldstücke bildeten; man sah links hinauf den Hang so ungehindert wie rechts hinab in ein tiefes und weites Tal. Das Tal war von mondlichtdurchzittertem hellem Nebeldunst erfüllt; draußen in der Ferne lag eine weite, ausgedehnte Ebene, und in ihr an einer Stelle ein dunkler Fleck, über dem ein schwacher Schein lagerte: eine Stadt. Ich ging fröhlich und leicht dahin; die Steigung lag dahinten, der ebene Weg war fürs freie Ausschreiten gemacht, und vor mir lag Frankreich, in das ich hinabstieg, ja, die Hangstraße fing schon an, ganz leicht abwärts zu gleiten.

Plötzlich wurde ich von hinten angerufen: »Halt!« Ich wandte mich um und sah zwei Gendarmen aus einem Gebüsch kriechen. Sie zogen ihre Uniformröcke straff und strichen sich die Schnurrbärte glatt. Einer war ein kleiner Dicker, der andere etwas größer und schlank. Sie kamen heran und besahen mich prüfend. Ich sah nicht sonderlich elegant aus: eine Woche Bart, Polohemd, Baskenmütze, Alpargatas und darin nackte Füße. Dazu ein Bündel, das meine paar Habseligkeiten enthielt: zwei oder drei Bücher, Rasierzeug, ein zweites Polohemd, ein großes buntes Bauerntaschentuch. Ich hatte das alles in eine Wolldecke gepackt, die mir Freunde ins Gefängnis geschickt hatten, und die Wolldecke war mit gewöhnlicher Schnur übers Kreuz zusammengebunden. Es gab Landstreicher, die feiner daherkamen.

Die Gendarmen wollten wissen, wohin ich ginge. Ich sagte, nach Perpignan. Und woher kam ich? Nun, zum Glück hatte ich einen Ortsnamen gelesen, und so sagte ich: »Von Ur.« »Ah«, rief der eine, »da sind Sie wohl mit der Bahn von Carcassonne gekommen?« Es war eine peinliche Frage, denn vielleicht stellte er mir eine Falle, vielleicht lag Carcassonne an einer ganz anderen Strecke. Aber ich hatte keine Wahl und durfte nicht verlegen zaudern, und so sagte ich prompt ja. Die Antwort war richtig; man hatte mir keine Falle gestellt. Dem Dicken war inzwischen einiges aufgefallen, und er sagte: »Sie sind Ausländer?« »O ja«, erwiderte ich leichthin, »ich bin deutscher Flüchtling und habe mein Récépissé von Paris.« Ich klopfte dabei auf meine Brusttasche, aber ich hütete mich, das Legitimationspapier herauszuholen, denn es war abgelaufen, ich hätte es, wäre ich in Frankreich geblieben, längst gegen meine Carte d'Identité einlösen müssen, die Legitimation für den fest in Frankreich Lebenden.

Um weitere kitzlige Fragen zu verhindern, ging ich zum Angriff über; denn es war ein unbehaglicher Punkt, da oben, nahe der Grenze: wurde man erwischt, so schoben sie einen prompt ab, zurück nach Spanien. Ich vertraute den Häschern also an, daß ich von Perpignan weiter wolle, nach Le Boulou und Le Perthus, und erkundigte mich nach den beiden Männern, an die ich Empfehlungen von José Pujol in der Tasche hatte –

spanische Empfehlungen, die ich natürlich auch nicht vorzeigen oder nur erwähnen durfte, ohne zu verraten, woher ich kam. O ja, die beiden kannten Herrn Roca in Le Boulou; er war ein bekannter Mann in der Korkbranche. Und erst den Bürgermeister Casademon in Le Perthus, den kannten die ganzen Pyrénées-Orientales! »C'est un radical!« Ich war gerettet.

Natürlich kam es den Gendarmen immerhin kurios vor, daß ich da in der Nacht durch die Pyrenäen stiefelte, und ich erklärte ihnen, was ich für Pech gehabt hatte: Der schöne Abend hatte mich verlockt, statt in Ur zu bleiben, ein wenig bergauf zu wandern und in irgendeinem anderen Dorf zu übernachten; ich war also weiter und weiter gepilgert, und auf einmal hatte ich entdeckt, daß die Dörfer aufgebraucht waren. Ja, das war lustig, und wir lachten über mein Mißgeschick. Sie teilten mir mit Bedauern mit, daß das nächste Gasthaus sich in Font-Romeu befinde, mehrere Kilometer weiter, wir schüttelten einander die Hände, und ich zog ab.

Ich schwebte auf Flügeln dahin; wer nie illegal war, kann wahrscheinlich nicht nachfühlen, welches beseligende Gefühl einen erfüllt, wenn man sich glücklich durch eine amtliche Reuse durchgequasselt hat. Auch war es wunderbar wohltuend, zu wissen, daß jeder Schritt mich von der Grenze forttrug; je tiefer in Frankreich drin, desto sicherer vor Abschiebung! Erst später, als ich auf der Karte meinen Weg nachprüfte, entdeckte ich, daß Font-Romeu so gut wie auf der Grenze liegt; es scheint, die Straße am Hang, die ich dahinging, läuft dicht neben der Grenze parallel zu ihr. Ich ging also in Wirklichkeit gar nicht tiefer nach Frankreich hinein. Erst von Font-Romeu ab ging es einwärts.

Von Font-Romeu sah ich nichts als ein Gasthaus; es sah aus, als ob es auch weiter nichts gäbe. Es lag rechts am Weg, sah aus wie ein feudales Höhenrestaurant, und ich dachte keinen Augenblick daran, es zu betreten – in meiner Aufmachung, ohne Papiere und mit wenig Geld. Ich wanderte weiter.

Die Straße senkte sich immer mehr, und schließlich kam ich ins Gebiet kleiner Dörfer mit Obstgärten und Wiesenland. Gegen Mitternacht, als ich das Dorf Cabanasse verlassen hatte, sah ich ein kurzes Stück vor mir eine »hochgetürmte Stadt« kompakt und spitz auf einem steilen Hügel aufragen. Ich ging die Viertel- oder halbe Stunde hinauf und fand mich vor einem verschlossenen, mächtigen Stadttor und der mittelalterlichen Mauer des mittelalterlichen Örtchens Mont-Louis – 400 Einwohner (wie ich später aus dem Larousse ersah), aber vergraben und verschalt und zusammengerollt in Abwehrstellung wie ein Igel.

Vor dem Ort, außerhalb der Stadtmauer, lag zwar ein Gasthaus. Es war dunkel, und ich hütete mich, jemand aufzuwecken: nichts riskieren, solange man der Grenze so nahe ist und nicht weiß, an wen man gerät! Also kehrte ich nach Cabanasse zurück und suchte mir eine vom Winde etwas geschützte Stelle, wo ich schlafen konnte. Es war nun nach Mitternacht und kühl, denn das Dorf lag immerhin noch 900 m über dem Meer. Hinter dem Bahnhof, vor der Güterhalle, stand ein Privatauto; aber es war abgeschlossen, so daß ich nicht darin Zuflucht suchen konnte. Ich setzte mich in den schmalen Durchgang zwischen Auto und Hauswand und packte mein Bündel aus. Die Kleinigkeiten, die ich eingepackt hatte, wurden in das riesige Bauerntaschentuch gewickelt und dienten als Sitzgelegenheit. Die Wolldecke zog ich unter mir durch, von hinten über den Kopf und auf der Erde über das von unten vorschauende Ende und setzte die Füße drauf. Kurzum, ich wikkelte mich, rundum und von allen Seiten von der Decke umhüllt, ein, so daß ich wie die Raupe im Kokon saß, und schlief ein. Gegen sechs Uhr morgens wachte ich, vom scharfen Frühwind geweckt, auf, wikkelte mich aus der Verpackung und machte mein Vagabundenbündel zurecht. Ich streckte mich, kämmte mir mit den Fingern das Haar und ging in den Bahnhof, um nach Zügen oder Autobussen zu sehen. Es fand sich, daß in einer halben Stunde ein Bus von Mont-Louis nach Perpignan fuhr, und ich machte mich auf die Socken, wieder hinauf zum alten Städtchen. Nach einer Weile kam der Bus an. Ich stieg ein, und wer saß da? Meine beiden Kumpel, der Pole und der Grieche.

Sie waren in Ur, wo ich nach rechts abbog, nach links gegangen und hatten sehr bald ein Auto getroffen, bei dessen Insassen sie sich nach dem Weg erkundigten. Ihr Glück wollte es, daß der Mann, den sie da befragten, ein Detektiv war. Indessen hatten sie Papiere, die in Ordnung waren und sie als Bonafide-Residenten Frankreichs auswiesen, und so geschah ihnen nichts; man gab ihnen Bescheid; sie hatten in irgendeinem Ort im Wirtshaus übernachtet, und am Morgen nahmen sie den Bus.

In Perpignan trennten wir uns. Ich suchte nach einem Frisör, der mir den roten Räuberstoppelbart abnehmen würde; aber es war irgendein Feiertag, alle Geschäfte waren geschlossen. Also ging ich zum Bahnhof und fuhr nach Le Boulou.

Die Reise nach Toulouse

Der Bahnhof von Le Boulou lag einige hundert Meter außerhalb des Ortes. Ich ging zwischen Feldern dem Dorfeingang zu, und wer beschreibt mein Glück, als das zweite oder dritte Haus sich als offenes Frisörgeschäft herausstellte! Ich ließ mich mit Wollust in den Stuhl nieder und sah mich gesäubert aus den Händen des kundigen Meisters hervorgehen. Die ganze Welt sieht schöner aus, wenn man wieder mit einigermaßen präsentabler Visage vor Menschen hintreten kann.

Ich nahm in einem kleinen Gasthaus ein Zimmer und entsandte eine eilende Botin, die zehnjährige Tochter des Wirts, mit meinem Empfehlungsschreiben zu Herrn Roca. Sie kam zurück und meldete, daß sie ihn gerade noch erwischt habe, als er auf ein Lastauto stieg, um nach Spanien zu fahren. Herr Roca war der Mäzen und Protektor des lokalen Fußballklubs und begab sich mit seiner Mannschaft zu einem Wettspiel in einen nordkatalanischen Ort. Er war bereits unterwegs, und es blieb mir nun in den Pyrénées-Orientales nur Herr Casademon in Le Perthus.

Den Rest des Tages verbrachte ich in Le Boulou. Ich aalte in der Sonne herum, strich durch die nahe Umgegend, sah den Frauen zu, die am Fluß Tech ihre Wäsche wuschen, und ging beizeiten schlafen. Am nächsten Morgen machte ich mich auf den Weg nach dem zehn Kilometer entfernten Städtchen Le Perthus. Es lag unmittelbar auf der Grenze; der größere Teil war französisch, der kleinere spanisch.

Ich fand Herrn Casademon in seinem Geschäft, oder vielmehr in einem seiner Geschäfte. Er schien eine Menge von Funktionen zu haben; neben seiner kleinen Bürgermeisterei hatte er noch eine Wechselstube, dazu mindestens noch *ein* anderes Geschäft – was es war, habe ich inzwischen vergessen. Er war freundlich, riet mir, schleunigst aus dem Département Pyrénées-Orientales zu verschwinden, da mich die Polizei sonst nach Spanien zurückschieben würde, und bot mir zwanzig Franken an, offenbar aus der Vagabundenkasse. Ich lehnte dankend ab und fragte, ob er mir das Geld auszahlen würde, wenn ich unserem gemeinsamen spanischen Freund eine Forderung zedierte, die ich in Barcelona hatte. Er sagte, er würde es tun, und ich schaute mich nach einem Telefon um. »Gehen Sie hinunter zu meiner Filiale«, sagte Herr Casademon, »die liegt auf spanischem Boden; da kostet es viel weniger, als wenn Sie von Frankreich aus telefonieren.« Ich ging die Landstraße hinunter in den spanischen Ortsteil, bat den jungen Angestellten des Bürgermeisters, der dort einsam thronte, den zweiten Hörer zu nehmen und mitzuhören, und rief San Feliú an. Ich zedierte meine hundert Peseten, ging nach Frankreich zurück, nahm von Herrn Casademon 200 Franken in Empfang und setzte mich vors Haus, um den Bus zu erwarten, der mich zurück nach Le Boulou nehmen würde.

Gegenüber, nur durch die nicht breite, ansteigende Land- und Hauptstraße von mir getrennt, lag das Zollamt. Ein beigefarbener Wagen stand davor, und ein Herr mit Brille, Reisemütze und langem Silberhaar kam mit dem Zollbeamten aus der Tür, um einzusteigen. Er redete französisch - auf englisch, und war offenbar ein Amerikaner. Die Nase seines Wagens zeigte nordwärts; er war also aus Spanien gekommen, während ich telefonierte, und ich sagte mir, daß es angenehmer wäre, mit ihm statt im Autobus nach Le Boulou zu fahren. Die Beamten stellten eine letzte Frage, offenbar nach Tabak; denn er sagte: „Non. Je ne fume pas; je suis célibataire" eine Antwort, die mich entzückte, obgleich es mir klar war, daß er meinte, er selbst rauche nicht und habe keine Frau, die etwa rauchen könnte. Ich ging über die Straße und fragte, ob er etwas dagegen hätte, mich mitzunehmen. Er wollte wissen, wohin und wie weit es sei. Ich sagte ihm, Le Boulou und zehn Kilometer. Wir fuhren los.

Mein Helfer war Mr. J. Koerpel aus New York. Ich nenne ihn „J.", weil er einen mit diesem Buchstaben beginnenden jüdischen Vornamen hatte, den er für die Dauer seines Aufenthalts in Frankreich in „Jacques" umgewandelt hatte. Er rühmte seinen Wagen, protzte, daß er ihn aus sozusagen Karriere auf acht Meter zum Stillstand bringen könne, schwärmte von den ausgezeichneten französischen Landstraßen, teilte mir mit, daß er im September auf einem Schiff der einzigen jüdischen Schiffahrtslinie, die es gäbe, von Belgien aus heimkehren werde. Ich erzählte ihm, daß ich stracks aus dem Gefängnis kam, wie es dort war, die Geschichte von Fritz und seinen Schallplatten. Er war sehr interessiert; die Schallplatten wären natürlich ein Fund gewesen und hätten Sensation gemacht; aber ich konnte ihm nicht mehr über sie sagen, als daß sie sich in Fritzens Zimmern befanden, als er verhaftet wurde, und in den Händen der spanischen Polizei oder des unehrlichen Anwalts und seiner Unterweltfreunde vermutlich ein unseliges Ende finden würden oder schon gefunden hatten.

Ich erfuhr, daß Mr. Koerpel nach Perpignan fuhr, und fragte, ob er mich mitnähme. Natürlich würde ers tun! In Le Boulou wartete er, bis ich mein Zimmer bezahlt und mein »Gepäck« geholt hatte. Es nahm nur ein paar Minuten in Anspruch; als ich wieder auf die Straße kam, fand ich den Wagen vor einem Restaurant. Ich warf mein Wolldeckenbündel in den Rücksitz und ging Mr. Koerpel holen. Er saß vor einem großen Glas Bier und aß Schinken. Ich markierte Entsetzen darüber, einen Juden trefer essen zu sehen; aber er winkte gleichgiltig und definitiv ab: in diesen Dingen war er kein Jude.

Wir ließen Le Boulou dahinten und Herr Koerpel gab Gas. Er war ein Mann in den Sechzig, sah mit seiner Brille und den weißen Haarsträhnen, die ihm unter der Reisemütze hervorstanden, wie ein Professor aus, aber er fuhr wie ein Wilder unter Zwanzig. Er zeigte mir, nur so zum Spaß, wie es war, wenn man 130 Kilometer fuhr, dann mäßigte er sich auf normal, d.h. auf 100. Im Durchschnitt fuhren wir mit 80-90 km Geschwindigkeit. Kein Wunder, daß Perpignan sich bald in der Ferne abzeichnete. Ich machte Anstalten, mich auf den Abschied vorzubereiten; aber ich fragte sicherheitshalber, wo er hinfahre. Siehe da, es war Narbonne, und ich konnte noch weiter mitreisen. Wir trennten uns erst in Carcassonne, wo er zunächst Station machte, während ich nach Toulouse weiterfuhr.

Von Herrn Koerpel habe ich eine Lebensweisheit mit auf den Weg bekommen, die er so formulierte: »Women are the mothers of nations and the flowers in a man's life – but never marry them!« Auf deutsch: »Frauen sind die Mütter der Völker und die Blumen im Leben des Mannes – aber heirate sie nie!« Es war ein typisch amerikanischer Haussegen, nur daß er nicht, wie bei unseren Spießbürgern, gestickt unter Glas an der Wand hing.

In Carcassonne kaufte ich mir Socken und ein paar graugrüne Segeltuchschuhe, sodaß ich die weißen und ziemlich angeschmutzten Alpargatas, die jetzt, in Frankreich, den Namen gewechselt hatten und Espadrilles hießen, einpacken konnte und etwas weniger südländisch-salopp aussah. Der Autobus brachte mich nach Toulouse. Ich nahm ein Zimmer in einem kleinen Hotel, dessen Inhaber mit seiner Familie katalanisch sprach, fand in der ersten Nacht der Wanzen wegen keine Ruhe und zog am nächsten Tag in ein anderes um. Bei der Eintragung schwenkte ich mein Récépissé, aber ich gab es nicht aus der Hand, damit man nicht entdeckte, daß es ungiltig war.

Toulouse

Das Hôtel Monbijou war eines jener kleinen Gasthäuser, die meistens von Dauergästen bevölkert sind, wie man sie in jeder französischen Stadt findet. Man mietet ein Zimmer, zahlt seine Miete, wohnt darin, und kein Mensch schiert sich weiter um einen. Ich bekam eine geräumige Dachkammer mit Mansardenfenster, durch das an den schönen Tagen jenes Augusts die Abendsonne schien. In den Nächten tönte von der Straße monotones Geklapper herauf; es waren die Schritte der Mädchen, die einige Häuser weiter wohnten und kundensuchend auf und ab spazierten. Wenn ich an Toulouse denke, kommt mir immer die klanglos-traurige, kindisch-trostlose Melodie dieser nächtlichen Dirnchenschritte ins Ohr. Sie war so nichtig und dünn und zugleich so ausdauernd in ihrer hölzernen Eintönigkeit.

Ich schrieb meiner Frau einen Brief an ihre Stadtadresse. Wir könnten unsere Scheidung besprechen, dachte ich. Einige Tage später kam sie von der Küste, wo sie mit Bekannten sommerfrischte, herein. Wir trafen uns ein paar Tage lang. Einstweilen wollte sie nicht geschieden sein, und so ließen wirs dabei. Ich erfuhr, daß sie bald Frankreich verlassen würde. Wohin würde sie gehen? Nach Prag. »Nun, dort wirst du mich wiedersehen«, sagte ich.

Unser katalanischer Freund in San Feliú hatte immer behauptet, er brauche auf seinen Geschäftsreisen bis Toulouse kein Französisch zu kennen (er sprach es fließend), weil er mit Katalanisch durchkomme. In der Tat redete das einfache Volk in dieser alten Gotenstadt katalanisch. Einmal vergaß ich mich im Café und bestellte »con leche«. Der Kellner verstand mich nicht. Aber ein Kollege, der mich im Vorbeigehen gehört hatte, übersetzte es ihm: nicht ins Französische, sondern ins Katalanische: »con llet«.

Ich saß, eine spanische Zeitung lesend, auf einer Bank der Place Wilson, als mich jemand auf die Schulter tippte. Es war einer von drei Brüdern Würfel, Österreichern, der bereits vor mir aus Barcelona abgeschoben worden war. Auch er hatte Zeitungen verkauft. Es scheint, daß die deutschen Zeitungshändler dem Nazikonsulat besondere Dornen im Auge waren: einer nach dem anderen flog heraus. Als ich meinen Stand übernahm, schüttelten alle die Köpfe: »Sie müssen ja blöd sein. Man wird Sie rausschmeißen«. Ich riskierte es, und so wurde ich der fünfte deutsche Zeitungsverkäufer, den man abschob.

Würfel hatte sich in Toulouse geschäftlich selbständig gemacht und schlug mir vor, sein Partner zu werden. Seine Branche waren Postkarten, die er von Tür zu Tür verkaufte. Er hatte sich zwei Schablonen aus Pappdeckel geschnitten, die er auf gewöhnliche Postkarten legte und mit einen Tuschpinsel überstrich. Die Resultate bestanden in einem Bild, das drei Tannensilhuetten auf einem Hügel zeigte, darunter einen See, und in einer zweiten, ähnlich unkomplizierten Landschaft, deren Aussehen ich vergessen habe. Er schuf sich einen neuen Vorrat, wenn ihm der alte ausging, begab sich auf die Tour und hausierte seine Ware, und wenn er genug beisammen hatte, um die Unkosten des Tages bestreiten zu können, hörte er auf und privatisierte bis zum nächsten Morgen. Ich lehnte ab, mitzumachen, da ich meine unglückseligen Erfahrungen als Hausierer lebhaft in Erinnerung hatte.

Wir gingen von da an fast täglich miteinander essen. Er suchte, wenn er einen geschäftlich schlechten Tag hatte, die Kaserne auf, wo ihm die Soldaten aus der Küche reichlich und gut auftrugen. Ich brachte es nicht über mich, mitzugehen, weil ich mich dummerweise genierte. Meistens aßen wir aber in einem kleinen Wirtshaus in einer ärmlichen Gegend. Dort gab es billig, gut und viel, und wenn wir das Glück hatten, die Mutter des Wirts allein anzutreffen, waren unsere Portionen gargantisch. Da kam die sowieso sehr umfängliche Schüssel mit der ausgezeichneten Brotsuppe zweimal voll herein, und Fleisch wie Gemüse wuchsen zu Bergen. Es waren fette Mahlzeiten für einen Emigranten. In den ersten Tagen meines Aufenthalts, als ich mit knapper Barschaft begann und mit keiner endete, schob ich regelrecht Kohldampf. Einmal ging ich über eine Brücke und kam auf eine Insel oder Halbinsel an der Garonne. Unter hohen Bäumen wuchs saftiges, langes Gras, und ich legte mich an den Fuß eines Stammes und hörte meinem Magen zu, wie er knurrte. Plötzlich entdeckte ich neben mir im Gras eine Pflaume und dann eine zweite, dritte, vierte. Jemand, der dort gepicknickt hatte, hatte sie wohl weggeworfen. Sie waren nicht faul oder sonstwie schlecht. Ich rieb sie ab und aß sie, und sie schmeckten, wie keine andere Pflaume je geschmeckt hatte. Sie waren an jenem Tag meine einzige Mahlzeit.

Nun, da ich den stadtkundigen Würfel getroffen hatte, war die Essensfrage nicht mehr so schwer zu lösen. Ich hatte inzwischen auch einiges Geld bekommen, aus Paris und Prag.

Ich ging zur Polizei, um mich anzumelden. Dem Beamten gegenüber war ich völlig offen; ich zeigte ihm mein Récépissé, erzählte ihm meine spanischen Schicksale und fragte, ob ich meine Carte d'identité, das eigentliche und definitive Ausweispapier, das ja inzwischen ausgefertigt sein mußte, erhalten könne. Er sagte: »Ihre Identitätskarte liegt in Paris; die müssen Sie dort abholen. Aber Sie sind illegal im Land, weil Sie Frankreich verlassen haben und ohne Visum zurückgekommen sind.« Ich beteuerte, daß ich mich nicht hätte abmelden müssen: abzumelden hatte man sich, nach den Bemerkungen auf der Rückseite des Récépissés nur, wenn man das Land verließ »sans esprit de retour«. Ich hätte immer die Absicht gehabt, nach Frankreich zurückzukehren, sei nur zum Besuch eines Freundes nach Spanien gegangen und halt länger geblieben, als ich beabsichtigt hatte. Er lächelte nur: das zog nicht; ich war illegal im Lande. »Nehmen Sie sich in acht«, sagte er, »daß die 'Sûreté' Sie nicht erwischt, sonst werden Sie bestraft und haben damit noch lange nicht die Aufenthaltserlaubnis.« Es war wohltuend: der eine Zweig der Polizei warnte mich, ich solle mich vor dem anderen hüten. Ich dankte und ging und blieb noch einen weiteren halben Monat in Toulouse.

Die Weiterreise mußte »organisiert« werden. Ich war mit wenig Geld eingetroffen und brauchte viel, um leben und weiterreisen zu können. Ein Versuch, bei der »Dépêche de Toulouse« mitzuarbeiten, mißglückte: die Redaktion hatte bereits mit zwei Emigranten[12] in Paris Verträge und brachte regelmäßig ihre Artikel; mehr Raum für Nichtfranzosen hatte sie nicht. Ich ging zum Journalistenverband, der natürlich eo ipso helfen würde... nach seinen beschränkten Möglichkeiten. Der Sekretär, einer der Redaktöre eines Rechtsblattes, war sehr nett. Ich mußte meine Geschichte erzählen, und er hatte viel Spaß daran. In jenen toulouser Wochen hab ich meine spanischen Erlebnisse rechts und links auskramen müssen; wenn die Hälfte der journalistischen

Hörer sie gedruckt hätten, hätte ich meine Reise nach Paris samt dem Aufenthalt in Toulouse davon ohne Mühe bestreiten können.

Ich erwähnte, daß meine Schreibmaschine noch in Spanien sei. Das interessierte den Kollegen. Er, sagte er, schreibe nur mit der Hand. Schreibmaschine – das sei ihm unmöglich. Zu mechanisch. Einige Tage vorher hatte ich in der »Dépêche« das Ergebnis einer Rundfrage bei französischen Schreibern gelesen: die weitaus größte Mehrheit lehnte die Maschine ab. So also auch der Kollege Sekretär.

Damit ich die übliche Beihilfe bekommen könnte, mußte außer diesem Redaktör noch ein anderes Vorstandsmitglied unterschreiben. Er schickte mich zum Chef des lokalen Royalistenblattes, der geradezu scharmant war. Man vergißt allzuoft, daß politisch Rechtsstehende, »Reaktionäre«, auch Geist und Humor haben können. Dieser Mann, groß, mit Glatze und Knebelbart, war ein entzückender Plauderer mit geistvollem Witz und viel Ironie. Er machte weder sich noch mir Illusionen über die Bedeutung und das Ansehen der royalistischen Bewegung. »Uns halten sie ja für Narren – «, sagte er fröhlich, mit einem hellen und weisen Glanz im Auge.

Monsieur Ballut, einer der Redaktöre der »Dépêche«, war Kassierer des Journalistenverbands. Von ihm würde ich 100 Franken bekommen. Seine Dienststunden lagen in der Nacht, und die beste Zeit ihn zu sehen, war Mitternacht. Um 24 Uhr stieg ich die weiten und halbdunklen Treppen in der »Dépêche« hinauf. Das weite Gebäude war still, keine Seele begegnete mir. Im zweiten (oder dritten? ich erinnere mich nicht genau) Stock fiel aus einer offenen Tür einiges Licht auf die Läufer. Ich trat ein und fand einen jungen Mann, der das Telefonsystem bediente. Er wies nach einer Tür, die seitlich offenstand. Starker, heller Lichtschein floß, fast greifbar, heraus. Drinnen saß hinter einer sehr starken Lampe Herr Ballut.

Es war Herr Ballut senior; auch sein Sohn war einer der Redaktöre. Das Zimmer war klein. Herr Ballut war ein kleiner, zartgebauter Mann mit schneeweißem Bart und feinen Gesichtszügen. Seine Bewegungen waren langsam und diskret – genau wie sein Lächeln. Er las Heinrich Manns Buch »Haß« oder vielmehr die französische Ausgabe »La haine«. Ich mußte meine Geschichte wieder erzählen, und Herr Ballut wurde von Zeit zu Zeit von einem stillen, vergnüglichen Lachen geschüttelt. Die Erinnerung an jene Nachtstunde mit dem alten, weise und aristokratisch wirkenden Manne gehört zu den unvergeßlichen Freuden der Erinnerung.

Durch meine Frau lernte ich Silvio Trentin kennen. In Rom war er, bis der Fascismus ihn zur Emigration zwang, *der* Rechtsfilosof gewesen; nun hatte er eine Buchhandlung. Er war Neukantianer, Naturrechtler, ein fruchtbarer Schriftsteller. Eines seiner Bücher ist später für mich von großer Bedeutung geworden; nicht daß es durch seine Argumentation meine Loslösung von Marxismus herbeigeführt hätte; aber meine kritische und ablehnende Besprechung des Werkes war meine letzte Verteidigung des Marxismus. Ich entdeckte hintennach, daß ich in Wirklichkeit auf Trentins Seite stand.

Mit Trentin blieb ich jahrelang in Verbindung. Er sandte mir auch seine neueren Veröffentlichungen nach ihrem Erscheinen zu. Erst als ich in den Vereinigten Staaten lebte und das Briefschreiben eine hoffnungslose Sache geworden war, weil das, was nicht auf versenkten Schiffen unterging, von der amerikanischen Geheimpolizei, der FBI, beschlagnahmt oder vom Zensor zurückgewiesen wurde, weil man z.B. geschrieben hatte, daß es ein sonniger Tag sei (was als Wetternachricht verboten war), hörte ich zu schreiben auf. Und jetzt ist Trentin tot.

Toulouse hatte eine rote Stadtverwaltung; beide Parteien waren an ihr beteiligt: die linke sozialdemokratische und die damals noch als links geltende kommunistische. Als ich abreisebereit war, ging ich zu Silvio Trentin. Er hatte noch einen Genossen gebeten zu kommen, und der erschien in Gestalt eines jungen Lehrers, der, wie Trentin, Sozialdemokrat war. Er hieß Mr. Marcellin. Trentin nahm Hut und Stock und wir machten uns auf, zum Rathaus.

Wir gingen zum Adjudant du Maire, dem Ratschreiber. Er war ein breiter, glattrasierter Herr in elegantem grauem Anzug. Trentin setzte sich in Positur und hielt eine kleine Rede: »Herr Adjudant, Herr Barth ist ein deutscher Flüchtling, der aus Spanien ausgewiesen wurde. Er möchte zum Zentrum der Emigration in Prag reisen und braucht eine Karte nach Paris.« Der Herr Adjudant griff nach dem Telefon, rief ein Zimmer im unteren Stockwerk an und sagte: »Da kommt ein deutscher Genosse, der bekommt eine Karte nach Paris«. Er wandte sich zu mir: »Gehen Sie auf Zimmer soundsoviel und melden Sie sich an. Wenn Sie dann reisefertig sind, können Sie sich dort die Karte abholen.« Es war wunderbar, einmal die Unseren am Ruder zu sehen. Es war das erste Mal, daß mir von Amts wegen eine Gunst zuteil wurde, weil ich links stand.

Einige Tage später fuhr ich nach Paris.

Von Paris nach Wien

In Paris wohnte ich bei jungen Künstlern, die ich von Stuttgart her kannte, einem Surrealisten namens Schäfer und seiner schweizerischen Frau. 1950, nach der Heimkehr nach Deutschland, erfuhr ich, daß sie später freiwillig aus dem Leben gingen. Sie hatten in einem Haus auf Montparnasse ein großes Atelier mit einer Galerie, die weit genug war, selbst ein Zimmer zu sein. Montparnasse war irgendwie Heimatboden. Ich streifte durch die vertrauten Gefilde, schaute in meine kleine Rue Daguerre hinein, in der ich eine Zeitlang gelebt hatte, begrüßte den Löwen von Belfort, ging wieder an der unheimlichen Mauer der Santé entlang, saß in der »Rotonde«, gegenüber dem Café du Dôme. Montparnasse ist mir nach wie vor das geliebteste Viertel von Paris, mit seiner Nähe zum Jardin du Luxembourg, den stillen würdevollen Häusern in den ruhigen Alleen ums Observatorium, den Cafés »Dôme« und »Rotonde« mit den vielen Ausländern, der »Brasserie des Lilas«, in der nicht nur Karl Marx, sondern nach ihm auch Strindberg zu sitzen pfegte.

In Paris hatte ich nichts zu tun, als Fahrgeld zu organisieren. Auf einem Komitee erbot sich ein Mann mit rotem Schnauzbart, mir Adressen für Wien zu geben; aber ich lehnte dankend ab, da ich bereits eine hatte. Später erfuhr ich, daß der Mann Joseph Roth gewesen war, den ich als Schriftsteller ungemein hochschätzte. Ich hatte nicht gewußt, wer er war; es betrübte mich. Umso mehr als er, wie man mir erzählte, ganz gut von mir gewußt hatte und sich aus Deutschland her an vieles von mir Geschriebene erinnerte. Hätte ich Roths Adressen angenommen, so wäre ich in Wien ohne Zweifel zu sehr interessanten Leuten gekommen, denn er hatte die ausgedehntesten Beziehungen, vor allem zu altösterreichischen Adligen und Monarchisten. Da ich illegal reisen und illegal in Wien sein würde, lehnte ich die Verbindungen Roths ab, um niemand zu kompromittieren. Meine eine Adresse war die eines jungen linken Arbeiters, und es schien mir viel natürlicher, mich in der Illegalität an ihn zu halten. Da ich nicht wußte, daß er ein Parteikommunist war, fand ich mich dann später in Wien in der sehr unangenehmen Situation lügen zu müssen, wenigstens durch Schweigen, und verfluchte meine Dummheit, Joseph Roths Adressen nicht akzeptiert zu haben.

Nach etwa einer Woche reiste ich nach Straßburg. Dort suchte ich den alten deutschen Pazifisten Röttcher[13] und seine Frau auf und wohnte zwei oder drei Tage bei ihnen, bis ich nach Mülhausen weiterreisen konnte. Ich versuchte, bei Radaktionen spanische Erlebnisse anzubringen; aber man war abgeneigt.

Die Elsässer, als rechte Alemannen, sind eigensinnig. Sie hatten, als Frankreich ihr Land wieder annektierte, nicht nur durchgesetzt, daß sie ihre Sozialversicherung nach deutschem Stil beibehalten durften sondern auch auf anderen Privilegien bestanden. Und so sah ich im Sommer 1935 in Straßburg die vertrauten blauen deutschen Briefkästen, während man in Paris die Briefe in unauffällige und unscheinbare Schlitze vom Lampenposten gesteckt hatte. Und die Gewohnheit der französischen Régie, den Tabak in kleine würfelförmige Päckchen aus leicht zerreißbarem Papier zu pressen, behagte ihnen auch nicht; sie hatten erreicht, daß sie männliches, habhaftes Format erhielten, längliche Päckchen aus starkem Papier, wie sie sie von der deutschen Zeit her gewohnt waren, Päckchen, aus denen sich die Pfeife stopfen ließ, ohne daß sie kaputtgingen.

Das Elsaß war vertrautes Land; Straßburg gehört, wie Basel, zu meiner engeren Heimat, ungeachtet trennender Landesgrenzen. Schon in Saarburg war es mir wohler geworden. Ich saß allein im Zugabteil; zwei Männer kamen herein, sagten mit kurzer höflicher Verbeugung: »Bon jour, monsieur!«, setzten sich hin und fingen an, Dialekt zu reden. Es war mir sauwohl: von nun ab, bis ich Vorarlberg hinter mir hatte, würde ich wieder alemannisch reden hören und reden.

In Straßburg ging ich aufs Münster und schaute in die wirkliche Heimat hinüber, nach dem Schwarzwald. Neben mir stand eine Gruppe Leute, eine Familie offenbar, die aus Schwaben gekommen waren. Ich haßte sie, weil sie aus Nazideutschland kamen, zu Besuch ins Elsaß reisen konnten und wieder heimgehen durften, und stieg hinunter.

Für Mülhausen hatte ich die Adresse eines Kameraden vom ISK (Internationalen Sozialistischen Kampfbund). Ich wartete in einer kleinen Anlage vor seinem Häuschen auf ihn. Er kam zum Mittagessen aus der Fabrik, sagte: »Zuerst gehen wir hinauf in mein Zimmer, dann essen wir.« Wir gingen in sein Zimmer, und er nahm hundert Franken aus der Tasche und gab sie mir. Ich hatte nicht vorgehabt, ihn um etwas anzugehen, da ich mit dem, was ich hatte, wahrscheinlich noch bis nach Basel gekommen wäre, wo wieder Freunde lebten. »Ich weiß nicht, ob und wann ich das zurückgeben kann«, sagte ich, und er antwortete: »Hab ich etwas von Zurückgeben gesagt?« Wir gingen hinab zum Mittagessen mit seiner Familie, dann brachte er mich zum »Republikaner«, dem sozialdemokratischen Blatt.

Dort hörte mich ein Redaktör an. Er nahm mich mit in ein anderes Zimmer, wo einer seiner Kollegen saß, ein Mann mit grauen Haaren und knochigem Gesicht. Der wehrte mit beiden Händen ab: »Man hat schon einigen unserer Genossen die Grenzscheine entzogen, weil sie Leute damit nach der Schweiz gehen ließen.« Ich sagte, ich wolle nicht auf den Grenzschein eines anderen gehen, sondern heimlich. »Wir können's nicht machen«, sagte er. Mein Führer zog mich fort. Im Gang sagte er: »Du gehst zuerst hinüber ins Rathaus. Ich geb dir einen Zettel, und du bekommst dort vierzig Franken. Dann kommst du zurück und gehst wieder zu dem Genossen da drin.«

Mülhausen hatte eine sozialistische Stadtverwaltung. Ich ging, holte mir das Geld, und kam zurück. Der Grauhaarige sagte zu mir: »Du meldest dich beim Genossen Jordi, dem Leiter des Konsumvereins, in Burgfelden. Das ist Eisenbahnstation St. Louis.«

Es dämmerte, als ich von St. Louis nach dem Dorf Burgfelden hinauspilgerte. Der Genosse Jordi, ein älterer Mann mit angegrautem Spitzbart, war ratlos. Das Problem war ihm offenbar noch nicht begegnet. Er grübelte und grübelte, wie man mich wohl nach der Schweiz schaffen könne, und kam schließlich mit einem romantischen Vorschlag zutage: Jeden Tag kam sein Schwiegersohn aus Basel und führte Kies in die Schweiz; da könnte man mich vielleicht unter dem Kies verstecken. Mir war die Idee viel zu abenteuerlich; es bedurfte sicher nicht solcher Umstände, und ich lehnte sie ab. Ich wollte mir lieber einmal die Situation an der Grenze ansehen.

Dann hatte Jordi den rettenden Einfall: Es war Übungsabend des Arbeitergesangvereins, und einer der Genossen mochte Rat wissen.

Besonders günstig war, daß auch einige Schweizer mitsangen. Die konnten vielleicht helfen.

Wir gingen zum Vereinslokal. Es war noch kein Schweizer da. Jordi übergab mich einem weißhaarigen Mann: »Geh mit ihm am Grenzer vorbei.« Wir spazierten langsam, scheinbar in eifriger Unterhaltung, der Grenze zu, als uns ein junger Mann entgegenkam, ein Basler, einer der Erwarteten. »Komm mit«, sagte mein Begleiter, »wenn du dabei bist, ist es vielleicht einfacher«. Als wir uns dem Posten näherten, sagte der Elsässer: »Der läßt uns nicht durch; er kann die Elsässer nicht leiden. Schade, daß der andere um acht Uhr abgelöst worden ist.«

Wir kamen zum Zollhaus, blieben beim schweizerischen Posten stehen, und der Basler fragte: »Hesch dr Sepp no nit gseh?« »Was für e Sepp?« Der Basler erklärte, was für einen Sepp er meinte, und setzte hinzu, daß alles auf ihn warte; man könne ohne ihn nicht anfangen. Nein, sagte der Grenzer, *jener* Sepp sei nicht vorbeigekommen. »Wir wollen ihm ein wenig entgegengehen«, sagte der Basler, und wir setzten uns wieder in Bewegung. Dann fragte der Grenzer: »Und Sie?« Ich hatte meinen Handkoffer zurückgelassen, trug keine Kopfbedeckung, aber natürlich war ich für ihn ein unbekanntes Gesicht. »Was ist mit mir?« fragte ich. »Wo ist Ihr Paß?« »Paß?« rief ich empört. »Ich werde doch keinen Paß in den Sack stecken, wenn ich abends ein wenig spazieren gehe!« »Sie kommen mir nicht durch«, versicherte mir der Grenzer, und wir kehrten um.

Ich ging zum Polizisten, der gleichfalls ein Sozialdemokrat war, und ließ mir eine der beiden Zellen des Ortsgefängnisses anweisen. Der Polizist versprach, mich um sechs Uhr früh zu wecken. In der anderen Zelle schlief bereits einer, ein Österreicher, wie der Polizist mir erklärte.

Um sechs Uhr wurde ich geweckt. Der Polizist rief einem vorbeigehenden Arbeiter zu, er möge mich mitnehmen und mir den Weg nach der Schweiz zeigen. Wir gingen einen Feldweg, und an einer Stelle, wo ein Fußpfad rechts abzweigte, sagte mir mein Begleiter: »Da gehts in die Schweiz.« Er zeigte einen kleinen Geräteschuppen, etwa hundert Meter von uns: »Dort ist bereits schweizerischer Boden. Spazieren Sie langsam hinüber und tun Sie, als ob Sie Pilze suchten.«

Wir verabschiedeten uns; er ging nach links durch die Felder seiner Fabrik zu, ich nach rechts, den Fußpfad. Er führte durch Wiesen; etwa

200 Meter zur Rechten stand das Grenzhaus, an dem ich am Vorabend angehalten worden war. Man konnte mich ohne weiteres sehen. Ich suchte nach Pilzen, fand einen mittelgroßen Champignon und behielt ihn in der Hand, als Beweismaterial für meine Absichten.

Es begann zu rieseln, bevor ich beim Schuppen war, und in wenigen Sekunden fiel richtiger Regen. Ich begann zu rennen, der Regen wurde zum Guß, und als ich die Straßenbahn erreichte, war ich patschnaß. Plötzlich wurde mir angst, weil ich nur französisches Geld hatte: vielleicht lag die Haltestelle zu nahe der Grenze; Grenzer und Polizisten könnten dort lauern. Ich machte mich auf den Fuß zum SBB, dem Schweizerischen Bundesbahnhof. Bevor ich dort ankam, hörte der Regen auf, aber ich war gründlich durchnäßt. Ich ging in den SBB, auf die Toilette, nahm eine Kabine, badete und rasierte mich. Dann aß ich im Wartesaal zweites Frühstück. Darauf rief ich Heini Burckhardt an, den Freund, bei dem ich zwei Jahre vorher den ersten Monat meines Exils verlebt hatte. »I han gmeint, du seisch in Spanje«, sprach er erstaunt. »Sie hen mi usegheit«, erklärte ich. Wir verabredeten uns.

Ich ging zum sozialdemokratischen Blatt. Dort wurde ich an einen Mann gewiesen, der zu meiner Überraschung alles über mich wußte, und zwar nicht von den Mülhausenern, sondern von Deutschland her. Er fragte mich über mein Leben vor der Emigration aus und korrigierte sogar kleine sachliche Irrtümer; z.B. berichtigte er sofort die Lage einer bestimmten Druckerei in Stuttgart: ich hatte gesagt, sie sei im Osten gelegen, und er fragte prompt: »Wars nicht West?« Es war West.

Er gab mir drei Übernachtungskarten für ein Gasthaus. Ich war besorgt: wenn etwa eine polizeiliche Kontrolle stattfände? »Dann sagst du einfach, der Genosse Soundso weiß Bescheid.« Soundso war Polizeichef, wie ich später erfuhr, und wie in Toulouse und Mülhausen hatte ich auch hier in Basel überraschenderweise Vorteile, weil ich links stand.

Ich blieb in Basel nur drei Tage. Einmal suchte ich ein von einem Herrn Äppli geleitetes Komitee auf. In seinem Büro stand ein jüngerer Mann, den ich von Kindheit auf gekannt hatte, ein Waldkircher, der im Rheinland als Nazi Amtswalter gewesen, dann aber wirklicher oder angeblicher geldlicher Unregelmäßigkeiten wegen geflogen war. Ich legitimierte mich. Herr Äppli sagte: »Wenn jeder solche Ausweise hätte, wie

Sie, wäre unsere Arbeit leichter«, und nahm das zum Anlaß, mich in das Nebenzimmer zu führen, da, wie er zu meinem Landsmann gewendet entschuldigend bemerkte, meine Angelegenheit rasch erledigt sein würde. In Wirklichkeit war es ihm natürlich darum zu tun, Auskunft über den anderen von mir zu erlangen. Ich konnte ihm nicht viel mehr als die einfachen Fakten sagen, da ich selbst nicht mehr wußte. Der andere hatte ihm offenbar die Wahrheit erzählt. Ich nehme an, daß ihm geholfen wurde. Ich wartete nicht auf ihn, verabredete mich nicht mit ihm.

In Zürich sah ich Helene Stöcker wieder, mit der ich im deutschen Pazifismus seit Jahren verbunden gewesen war. Nach zwei Tagen fuhr ich nach St. Gallen, wo in der Redaktion der sozialdemokratischen »Volksstimme« Bekannte saßen. Der Chefredaktör, Dr. Kramer, war ein alter Leser der »Sonntagszeitung«, eines deutschen linken, pazifistischen Wochenblattes, an dem ich jahrelang gearbeitet hatte, sein Unterredaktör Schmidt war mir außerdem von einer Tagung deutscher und schweizerischer Jugend her bekannt. Ich verabredete zwei Artikel über die Tschechoslowakei und Schmidt wies mich des Weiterkommens wegen an den Transportarbeiterverband. Der Transportarbeiterverband, somit mit meinem Transport nach Österreich beauftragt, sandte mich nach einem kleinen Ort, dem Dorf Dahl, am Oberrhein.

Dort fand ich den mir vom Verband genannten Genossen Lutz, einen jungen Mann, der Frau, zwei oder drei Kinder und eine Mutter hatte, die noch Tracht trug, sehr freundlich und hilfsbereit. Der Übergang war nicht ganz einfach, denn es war, wie es früher anderswo einmal ein österreichischer Posten an der Salzach bezeichnet hatte, »a nasse Grenzn«. Über die Brücke zu gehen, war unmöglich. Wir begaben uns also zu einem anderen Genossen, einem Gemeinderat, und baten um seine Hilfe. Er hörte uns an, dann sagte er: »Geht zum Graf. Ich kann's nicht gut machen, denn ich hab ja die Grenzpolizei unter mir.« Wir sahen das ein und gingen zum Graf.

Er war ein kurzer, breitgebauter Mann mit rotem Gesicht und schlohweißem Haar. Wir verabredeten, uns am nächsten Tag um 13 Uhr bei einem einsam am Rhein liegenden Bauernhaus, auf österreichischer Seite zu treffen, wo eine alte Frau einen spärlichen Weinausschank betrieb, der in der Hauptsache den Grenzern diente. Am nächsten Tag, nach dem Mittagessen, gingen Lutz und ich zum Fluß. Ich legte meinen Handkoffer ins Boot, und wir beide griffen zu den Rudern. Es regnete glücklicherweise, sodaß die Grenzer drüben in ihren Holzhüttchen blieben. Ungefähr eine Stunde lang ließen wir unsere Angeln ins Wasser hängen, als sei es uns sehr darum zu tun, etwas zu fangen. Aber es biß kein Fisch an. Langsam zogen wir dem österreichischen Ufer zu, und schließlich machten wir das Boot fest und stiegen an Land. Der alte Graf erwartete uns mit seinem Fahrrad. Er war sportlich mit karierten Radlerstrümpfen und flacher Sportmütze ausgerüstet; er hatte einen wasserdichten Überhang um; sein rotes Gesicht glänzte vom Regen und sein kriegerischer weißer Bart hob sich scharf davon ab. Wir gingen ins Wirtshaus, tranken eine Flasche Wein, dann ging Lutz zu seinem Boot zurück, während Graf und ich den Weg ins Innere antraten. Ich hatte einen Regenschirm, den mir die Mutter des hilfreichen Genossen Lutz aufgedrängt hatte, und er kam mir sehr zu Diensten. Der Regen strömte. Ich trottete, den Schirm auf, meinen Koffer in der Hand, neben dem Rad des Genossen Graf her, und mein Untergestell wurde durch und durch naß. Erst kurz vor einem Dorf, dessen Namen ich vergessen habe, hörte der Regen auf. Dort tranken wir einen Kaffee, nahmen Abschied, Graf bestieg sein Rad und fuhr heim, nachdem er durch den Wirt ein Auto bestellt hatte. Das Auto brachte mich nach Dornbirn; ich nahm die Straßenbahn nach Feldkirch und fuhr von dort mit dem Zug nach Wien.

Die tschechische Grenze

In Wien war ich zehn Tage. Die Adresse, die ich in Paris bekommen hatte, hatte ich auswendig gelernt. Sie war nicht die des jungen Genossen, den ich sehen sollte, sondern die eines Mittelsmannes in Hernals oder Ottakring – ich erinnere mich nicht mehr genau. Ich fand sie ohne Mühe. Der Mittelsmann war ein Musiklehrer von etwas femininem Wesen, und als ich einige Stunden später bei ihm den jungen Arbeiter traf, der mir weiterhelfen sollte, sowie einen etwas älteren Mann, hatte ich den deutlichen Eindruck, daß es sich um alles andere als politische Beziehungen handelte. Auf dem Weg nach Nußdorf, wo der Junge wohnte, erfuhr ich zu meiner Überraschung, daß der Musikus politisch »eher den Nazis nahe« sei, und meine Vermutung war bestätigt.

Der junge achtzehnjährige Karl – wie er hier heißen soll – wirkte weniger politisch als jugendbewegt. Er hatte sich in einem Schrebergarten, unweit der engen Hausmeisterwohnung, wo er mit Mutter und Schwester lebte, ein Hüttchen eingerichtet, das er mir zur Verfügung stellte. Es war wie ein kleines Landheim irgendeines Wanderbundes und mir darum auf eine reminiszierende, etwas sentimentale Art sehr anheimelnd. Ich lebte dort, bis ich zwei Adressen für den Grenzort Gmünd hatte.

In Gmünd fragte ich mich nach den beiden Kontaktpersonen zurecht. Beide waren Kommunisten; aber ich hatte in Wien nicht riskieren können, zu sagen, daß *ich* es nicht mehr sei. Ich hatte keine Lust, bei der Polizei denunziert zu werden. Dieses Versteckspiel vor hilfsbereiten Menschen war qualvoll; ich machte mir aber keine Illusionen: hätten sie Bescheid gewußt, so wäre es aus gewesen. »Parteipflicht geht über Freundespflicht«, hatte mir seinerzeit das Mädchen Suse geschrieben, und ich vergaß es nicht. Österreich schob dahin ab, woher man gekommen war; ich wäre über die schweizer Grenze geschafft worden und hätte von neuem versuchen müssen, unentdeckt über Wien nach Prag zu gelangen, nur diesmal ohne Verbindungsleute.

Ich hatte für Gmünd keine anderen Namen als die der zwei Kommunisten. Es stellte sich heraus, daß der eine verzogen war: über die Grenze, nach České Velenice, einem Dorf, das nur einen halben Kilometer entfernt lag. Der andere war als »Gegenmann« in die Heimwehr, die klerikalfascistische Wehrorganisation, eingetreten und wohnte im Heimwehrhaus. Ich wagte nicht, hinzugehen und nach ihm zu fragen, weil ich sofort als Reichsdeutscher erkannt worden und womöglich denunziert worden wäre. Damit wäre auch der Verbindungsmann gefährdet gewesen.

Es war mir ein Gefühl der Erleichterung, durch äußere Umstände der Möglichkeit beraubt zu sein, mit Kommunisten Fühlung zu nehmen. Sobald ich wußte, daß ich auf mich allein gestellt war, war das Problem einfacher: Ich hatte ein Loch in der Grenze zu finden, weiter nichts. Ich gab den Koffer am Bahnhof zur Aufbewahrung ab.

Ich sah mir das -uninteressante- Städtchen an und schritt die Grenze ab. Sie bestand eine ganze Strecke lang aus einem Bach, der wahrscheinlich nirgends über einen Meter tief und also kein Hindernis war. Aber jenseits des Baches waren drei- bis vierhundert Meter Wiese, und jenseits der Wiese sah man die Grenzstation. Außerdem lief in jener Entfernung eine Häuserreihe entlang. Wer bei Tag durch den Bach und über die Wiesen ging, mußte von mehr als einer Person gesehen werden: von Grenzern wie von Hausfrauen, Arbeitern, Kindern usw. Bei Nacht würde es leichter sein.

Ich ging zum Bahnhof und fand einen Dienstmann. Ich bat ihn, meinen Koffer nach České Velenice zu tragen, auf der Landstraße. Er äußerte Furcht und Entsetzen: die Grenzer würden hineinsehen wollen. Ich sagte, sie könnten ihn aus- und wieder einräumen; es sei nichts Belastendes darin. Aber ich konnte seine Angst nicht auswischen: er traute sich nicht.

Ich war zunächst ratlos und schritt wieder den Bach ab. Ich hatte mir am Bahnhof die Züge angesehen: Der Zug, den ich brauchte, um rasch nach Prag durchfahren zu können, ging nachmittags ab. Wenn ich erst bei Dunkelheit den Bach durchwatete, würde ich mich wahrscheinlich unbemerkt ins Örtchen schleichen können; aber in ein Gasthaus konnte ich nicht gehen, sonst würde man mich entdecken und nach Österreich zurückschicken, und auf dem Bahnhof oder im Freien zu übernachten, war in fremder Ortschaft ebenfalls fast sichere Entdekkung. Ich *mußte* den Nachmittagszug erwischen. Damit schieden Bach und Wiese aus.

Ich kehrte zum Bahnhof zurück, holte von der Aufbewahrungsstelle meinen Koffer und gab ihn nach Prag auf. Da ich nicht wußte, an welchen Bahnhof ich ihn senden sollte, nannte mir der Beamte, der das Expreßgut erledigte, den Masarykbahnhof, Masarykovo nádraži. Ich faßte mir ein Herz und riskierte, auf einen Deutschenfeind, Schuschniggmann oder sonstwie faulen Bruder zu stoßen, der die Polizei riefe, und erklärte ihm meinen Fall: Reichsdeutscher, will illegal nach Prag, kann bei Tag nicht über den Bach – was tun?

Er sagte: »Gehn Sie eine Viertelstunde in dieser Richtung, dann kommen Sie zu einem Dorf namens Eschbach (so hieß es, glaub ich); dort liegt die Grenze jenseits des Baches und es gibt Wald.« Ich dankte ihm und zog ab.

Ich ging, den Regenschirm am Arm, den Regenmantel an, die Baskenmütze in der Tasche und ein Penguin-Büchlein lesend, durch die Felder hinauf zum Wald; dann begann ich auf Taubenfüßen zu wandeln und Ohr und Aug zu spitzen. Zweimal mußte ich Posten umgehen; einer saß mit dem Rücken zu mir, der andere patrouillierte. Ich kam unbemerkt durch die Postenlinie hindurch, ging durch ein paar Gassen zum Bahnhof und bekam meinen Schnellzug nach Prag.

Erste Nacht in Prag

Ich kam spät in der Nacht in Prag an, nahm ein Taxi und fuhr zu Kurt Hiller. Er wohnte mit einem Kameraden[14], den er in der Hölle des Kolumbiahauses in Berlin kennen gelernt hatte, in einem der neueren, periferen Stadtteile. Ich blieb eine Stunde dort. Wir erzählten einander unsere Schicksale; ich erfuhr zum ersten Mal Genaueres darüber, wie es Hiller in Nazihänden ergangen war; er war oft geprügelt und gepeitscht worden.[15]

Hiller hatte einiges Geld gerettet und war in Besorgnis, weil er wahrscheinlich bald das Kapital angreifen müßte. Ich hatte keine solchen Sorgen; mein Kapital betrug 50 Kronen. Es war ein sonderbares Erlebnis – das erste seiner Art – einen politischen Flüchtling zu treffen, der Geld hatte und sogar einstweilen noch von den Zinsen leben konnte. Wir anderen waren alle arm und wußten meistens nicht, ob der morgige Tag wirklich für sich selbst sorgen würde. Manchmal tat ers nicht.

In meine Empfindung war kein Neid gemischt. Ich habe kein großes Talent für Neid, und das Exil habe ich nie als eine Möglichkeit angenehmeren Lebens aufgefaßt. Ich dachte anfänglich wohl, daß im Ausland Verlage, Zeitungen und Zeitschriften der Emigration entstehen würden und daß man schreiben und reden könnte, kurzum, daß aktive und entweder geduldete oder gar von der öffentlichen Meinung der Gastländer unterstützte Zentren des Antinazismus sich bilden würden; aber meine bisherigen Erfahrungen hatten mir den Star bereits gestochen. Besonders die Erlebnisse in Frankreich hatten gezeigt, daß nichts wirklich Großes und Effektives möglich sei: die rasch gegründeten Verlage starben ab, nur Münzenbergs kommunistischer »Carrefour« gedieh einigermaßen; die Einzelnen wie die Gruppen waren ohne Mittel und ohne Billigung: was eine gewisse Förderung fand, war nur, was antideutsch war statt antinazistisch. Kurzum, es war mir längst klar, daß man als Politischer sich gerade über Wasser halten würde, und das eher durch irgendwelche manuelle, kommerzielle oder sonst nichtintellektuelle Tätigkeit als durch Schreiben. Und das hieß: immer am Rande des

Nichts herumlungern, da die wenigsten von uns für solchen Erwerb geeignet waren.

Es wurde spät, gegen 1 Uhr, und ich mußte an ein Nachtquartier denken. Hiller, als unpraktischer Mensch, der an ein gesichertes, behütetes Leben gewöhnt war, hatte nicht daran gedacht, mit irgendjemand auszumachen, daß ich auf einem Sofa schlafen könne, obgleich ich ihn von meinem Kommen benachrichtigt hatte. Das Vagabundische, Bohèmische und dessen leichte und selbstverständliche Solidarität waren ihm fremd. Als ich ihn nach einem billigen Hotel fragte, nannte er mir eines in der Nähe des Masarykbahnhofs, in dem er auch einige Tage gewohnt habe: »Das ist ganz billig, Du kannst für 30 Kronen den Tag ein Zimmer kriegen.« Mir wurde etwas schwül. Ich kannte die tschechoslowakische Währung und ihre Kaufkraft oder vielmehr Kaufschwäche noch nicht; aber es war mir klar, daß ich nicht von meinen fünfzig Kronen dreißig für ein Bett hergeben konnte. Ich sagte danke und verabschiedete mich.

Ich ging durch die Straßen, entschlossen, die Nacht zu durchwachen. Manchmal spannte ich für eine Weile meinen schweizerischen Regenschirm auf, denn es gab ab und zu kurze, leichte Schauer. Ich las mir aus Schaufenstern und Ladenschildern die ersten tschechischen Worte zusammen: »Barva«, Farbe, »mléko«, Milch. Das letztere war natürlich ein interessantes Wort; es bildete gewissermaßen die Brücke zwischen dem lateinischen und dem germanischen Ausdruck: lait, latte, leche, lapte hieß es im Französischen, Italienischen, Spanischen, Rumänischen, das »c« aus dem Lateinischen war im doppelten »t«, im »ch«, im »pt« der letzten drei noch sehr deutlich erhalten; wenn ich das »m« aus »mléko« fortnahm, hatte ich eine ganz lateinische Form, und wenn ich es ließ und eine einfache Metathesis (Lautumstellung) vornahm, eine germanische: milk, Milch. »Barva« natürlich machte noch weniger Schwierigkeiten: die Labiallaute gehen ja so leicht ineinander über: »Farbe« sprang einem geradezu ins Gesicht.

Solcherlei Interessen und Überlegungen beschäftigten mich, als ich den Wenzelsplatz, den Václavské náměstí, hinabging, zum Brückl. Ich geriet in die winkligen, dickmaurigen, gotischen Gassen der Altstadt, und plötzlich war ich an der Moldau oder, tschechisch, Vltava. Eine alte Brücke führte hinüber, und eine Tafel besagte »Karlův Most«. Es konnte nichts anderes bedeuten als »Karlsbrücke«. Ich war dessen umso sicherer, als eine Bahnstation, durch die ich gefahren war, »Mezimostí« hieß und irgendein Mitreisender für sie einen deutschen Namen gebraucht hatte, in dem »Bruck« oder »Brück« vorkam.

Ich ging über die Karlsbrücke, vorbei an den vielen Heiligen einschließlich des heiligen Nepomuk, der dort ins Wasser geworfen worden ist, und betrat, was mir später als »Kleinseite« bekannt wurde, einen ebenfalls alten und gassenreichen Stadtteil, der sich unter dem Berg mit dem Hradschin hinzieht. Schon auf der anderen Flußseite waren mir die vielen Polizisten (mit Pickelhauben) unangenehm gewesen, denen ich begegnete. Hier wars nicht anders. Alle paar Minuten kam ich an einem vorbei, und ich hatte ständig Angst, daß ich zweimal dem gleichen begegnen und von ihm angehalten werden könnte.

So pendelte ich einige Stunde bald rechts, bald links der Moldau in den Straßen und Gassen Prags herum, bis sich die Dämmerung ankündigte. Dann machte ich mich auf den Rückweg zum Wilsonbahnhof, auf dem ich angekommen war. Es wurde rasch hell, und in der Nähe des Bahnhofs kam ein kleiner, unrasierter Mann auf mich zu und übergoß mich mit einem Sturzbach tschechischer Rede. Als er Atem holen mußte, teilte ich ihm, mich entschuldigend, mit, daß ich nicht tschechisch könne. Er strahlte: »Deutsch? O mein Lieber, mein Brüderchen, ich kann auch deitsch. Hören's her, mein Goldiger, die sagen, i sei betrunken, und i hab doch nur ein einzigs Viertel ghabt«. Usw. Der langen Rede kurzer Sinn war, daß er Geld für ein weiteres Viertel wollte. Ich gabs ihm und verließ ihn, von seinen Dank- und Segens- und Zärtlichkeitsäußerungen beinahe zu Boden gedrückt.

Auf einer breiten Straße, die durch eine Anlage vom Bahnhof getrennt war, fuhren mächtige schwere Wagen mit Kartoffeln und Gemüse auf, die von Pferden gezogen wurden, welche mir durch Wachen Ermüdeten und nervös Gereizten ebenfalls wie klobige Ungeheuer erschienen. Die Wagen hielten, und ihr Inhalt wurde abgeladen und ausgebreitet: es war offenbar der Gemüsemarkt.

Ich ging zum Bahnhof hinüber; es war gegen sechs Uhr. Ich bestellte Kaffee und Butterbrot. In einigen Stunden würde ich zum Komitee gehen. Erst wenn es mich anerkannt hatte und mich schützte, war ich sicher, im Land bleiben zu dürfen.

Zlata Praha – Das goldene Prag

Als ich mich um neun Uhr beim »Demokratischen Hilfskomitee« meldete, fand ich Kurt Großmann[16], der mir aus der pazifistischen Bewegung bekannt und, wie vielen Mitpazifisten, nicht sehr angenehm war, als Leiter in seinem Büro thronend. Großmann, ein ausgezeichneter Organisator und ein vortrefflicher Arbeiter, war auch hier im Exil auf die Füße gefallen: das Wohlergehen zahlreicher Menschen war in seine Hand gegeben, aber sein Auftreten gewann ihm auch unter denen, die ihn nicht früher schon gekannt hatten, manche Unfreunde. In der Tat, unter den Kameraden, mit denen ich die nächsten Monate zusammenlebte, hatte sich eine ganze Gruppe von Antisemiten gebildet, Sozialisten und Kommunisten, meistens Arbeiter. Ich nahm ihre Haltung zunächst als einen Spaß auf; aber es stellte sich heraus, daß sie, die vorher keinen Antisemitismus gekannt hatten, nun, im Exil tatsächlich davon erfaßt waren. Als ich dagegen Stellung nahm, sagte mir einer: »Wir sind doch erst Antisemiten, seit wir Kurtchen kennengelernt haben.«

Wir hausten damals in einem Vorort, Zábéhlice, zu neun oder zehn Mann in zwei Zimmern, die das Demokratische Komitee gemietet hatte. Einer von uns war Heinz Kühn[17], der heute Ministerpräsident in Nordrhein-Westfalen ist. Bis in die Stadt brauchte man dreiviertel Stunden; wenn ich nach Dejvice ging, quer durch Prag, über den Hradschin, um der »Neuen Weltbühne«[18] einen Artikel zu bringen, nahm der einfache Weg anderthalb bis zwei Stunden in Anspruch.

Eines Tages kam ein junger Genosse, ein Mitglied der Sozialistischen Arbeiterpartei als neuer Zimmerkamerad. Er stammte aus Danzig. Eigentlich hatte er nach Paris gewollt; aber man hatte ihn in der Schweiz erwischt und ihn trotz seiner Bitte, nach Frankreich abgeschoben zu werden, ostwärts auf den Schub gebracht, nach Österreich. Er berichtete über seine Reise durch Deutschland und nannte die Stationen, auf denen er halt gemacht hatte. Stuttgart war auch darunter. Ich fragte, wen er als Kontaktmann gehabt habe, und er nannte den Namen. Ich kannte ihn nicht. Wo er übernachtete habe? Nun, das sei etwas außerhalb der Stadt gewesen, in Cannstatt. In welcher Straße? In der Ruhrstraße. Wie hießen die Leute? Es war eine alleinlebende Frau, eine Frau Herz. »Na«, sagte ich, »da hast du bei meiner Schwiegermutter gewohnt«. Solche Scherze macht das Leben.

Meine Schwiegermutter hielt noch mehrere Jahre nach der »Machtergreifung« in Deutschland aus. Sie war eine typische, behagliche deutsche Mittelstandsehefrau, freundlich und leicht zum Lächeln geneigt. Die von den Nazi organisierte Frauengruppe der Nachbarschaft lud sie zu ihren Handarbeit- und Klatschnachmittagen ein, ohne sie als Jüdin zu erkennen. Eine Weigerung wäre wohl unklug gewesen. Sie saß also mit im Kreis und strickte und plauderte.

In Prag stellten die Sozialdemokraten den größten Teil der Exilanten, schon deshalb, weil die Tschechoslowakei für norddeutsche, mitteldeutsche und bayrische Antinazi das nächstgelegene Zufluchtsland war – man konnte sich dort auch deutsch verständigen, was für Arbeiter, die ja in der Regel keine Fremdsprache beherrschten, wichtig war. Außerdem saß in Prag der Vorstand der Deutschen Sozialdemokratie, so daß die Stadt das Zentrum für die geflüchteten Sozialdemokraten in aller Welt war. Die Stadt hatte damit drei sozialdemokratische Parteien, zwei einheimische, die deutsche Sozialdemokratie der Tschechoslowakei, und die tschechoslowakische, und außerdem die deutsche Exilpartei, so daß sich eine gute Zusammenarbeit mit den zwei im Parlament vertretenen Landesparteien und der deutschen Gastpartei ergab. Auch die Kommunisten waren mit einem starken Kader vertreten: das Land war für sie als Brücke zwischen Deutschland und der USSR günstig gelegen. Mehrere Kameraden aus unserem Wohnkollektiv in Zábéhlice – Sozialisten wie Kommunisten, wahrscheinlich auch der eine und andere Genosse aus der Sozialistischen Arbeiterpartei – gingen dann und wann ins sudetendeutsche Grenzgebirg oder gar über die Grenze nach Deutschland, um antifaschistische Arbeit zu tun. In Wien hatte ich Tyndall aufgesucht, einen Schriftsteller; er hieß eigentlich Dr. Taussig, war aber in der Stadt besser unter seinem Pseudonym bekannt. Er hatte vor Jahren in der Urania, einer literarisch-kulturpolitischen Vereinigung, das eine und andere Mal Gedichte von mir vorgelesen. Von ihm bekam ich einige Adressen für Prag, darunter die von Josef Hofbauer, dem

Feuilletonredaktör des »Sozialdemokrat«, der Tageszeitung der tschechoslowakischen deutschen Sozialdemokraten. Er war sehr entgegenkommend; ich fand durch ihn und andere Redaktionsmitglieder nach und nach Eingang bei ziemlich allen periodischen Veröffentlichungen der Partei, es mochte etwa ein halbes Dutzend sein.[19] Hier in Prag gelang mir zum ersten Mal, wieder regelmäßig zu veröffentlichen; nach acht Monaten war ich so weit, daß ich aus dem Kollektiv ausziehen und mir ein Zimmer in einem kleinen Hotel beim Bahnhof Nusle nehmen konnte. Die Honorare waren nicht hoch, aber da ich viel unterbringen konnte, einiges auch bei tschechischen Blättern, hatte ich wieder einen Lebenskreis und eine adäquate Atmosfäre, umso mehr, als, nach altösterreichischer Sitte, ein munteres Kaffeehausleben bestand, in dem man wenn auch vielleicht nicht die Elite,so doch einen guten und regsamen Teil der deutschen Intelligenz im Exil traf, Anregungen empfing und gab, Nachrichten aus aller Welt und über alle möglichen exilierten und daheimgebliebenen Schriftsteller und Schauspieler einheimste, durch Verbindungen zu Tschechen auf dem laufenden war über das, was in Parlament und Regierung des Landes vorging. Es wäre müßig, sehr viele Namen zu nennen, da die Jüngeren mit den meisten keine Erinnerung verbinden würden, auch nicht mit denen, die dem deutschen am intellektuellen und literarischen Leben der Weimarer Epoche Interessierten einst vertraut waren. Unter anderem war da Alexander Bessmertny, der später den eingedrungenen Nazis in die Hände fiel und von ihnen im Pankrazgefängnis hingerichtet wurde. Da war Karl O. Paetel, Julius Epstein, ein Mann, der einen Spürsinn für Rosinen hatte, besonders für politisch skandalöse Dinge – er hat ihn auch als nunmehr amerikanischer Schriftsteller nicht verloren, und da war auch Willi Sternfeld[20], der nach dem Untergang des Hitlerreichs von seiner neuen Heimat London aus in elfjähriger Arbeit eine Bibliografie der Exilliteratur verfaßt hatte. Sie ist mit allerlei Fehlern behaftet, wird aber etwa 1968 in bereinigter zweiter und um etwa zweihundert Namen erweiterter Auflage erscheinen, ein Hilfsbuch für das Studium der deutschen Literatur im Exil. Sternfeld ist vielleicht als einer der letzten aus dem besetzten Prag entkommen; er blieb noch einige Zeit illegal dort und war mit anderen mit der Rettung politscher Exilanten nach dem Ausland beschäftigt. Als er selbst nicht mehr sicher war und floh, fiel er an der tschechisch-polnischen Grenze ins Wasser und wäre beinahe noch ertrunken.

Auch Oskar Wöhrle[21] saß eine Zeit lang bei uns im Café Conti. Ich lernte ihn erst dort, in Praha, kennen, obgleich er einst gelegentlich an der »Sonntags-Zeitung« mitgearbeitet hatte. Eines Tages war er wieder aus dem Conti verschwunden, und ich erfuhr, daß er ins Elsaß zurückgekehrt sei. Er hatte aus Heimatliebe mit den Nazis paktiert. Es erschien auch der Rezitator Ludwig Harth, ein kleiner, lebhafter Mann mit einer kleinen Frau, die, wenn ich mich recht erinnere, Russin war. Sie war still und ruhig wie ein See, redete nichts und saß unbewegt da und hörte zu. Hardt ritt jeden Morgen aus. Er war sicherlich der einzige Mensch, der mit nichts als einer Frau und einem Roß ins Exil gegangen war. Man hatte irgendwie den Eindruck, daß er selbst eher sagen würde: »mit Pferd und Frau«.

Vielen von uns war Prag eine Heimat, mir allerdings nicht so sehr wie anderen; ich empfand die Gehässigkeit gegen Deutsches, vor allem gegen die deutschsprachigen Staatsbürger des Landes, die nicht zum »Staatsvolk« (Tschechen und Slowaken) gerechnet wurden, sondern als »Minderheiten galten«, obwohl sie fast ein Viertel (23,3%) der fünfzehn Millionen Staatsbürger ausmachten, zu bitter. Immerhin aber war ich doch auch einigermaßen »zu Hause«; wir Exilanten bekamen von der Feindseligkeit gegen alles Deutsche viel weniger zu spüren als die einheimischen Deutschen. Mit der Zeit wurde man sozusagen aufgenommen. So kam es eines Tages zu folgender Geschichte: Ich wurde im Café Continental eines Morgens allgemein mit Glückwünschen empfangen. Was war los? In der »Prager Presse« stand eine Notiz, nach der von Thomas Mann und anderen in den Vereinigten Staaten eine »Deutsche Akademie« gegründet worden sei. Die Namen, ich glaube, acht, waren aufgeführt, und an letzter Stelle stand »Max Barth«. Ich ließ mir die Zeitung geben: es war tatsächlich so. Natürlich war es ein Irrtum; ich hätte sonst etwas davon wissen müssen. Ich dementierte energisch. Später stelle sich heraus, daß der Name »Roth« war. Bei telegrafischer Benachrichtigung hatte man in der Redaktion den Namen verstümmelt erhalten, und wahrscheinlich war es das »th«, das schuld war, daß aus »Joseph Roth« ein »Max Barth« wurde. Es war immerhin ein Zeichen, daß man, wenn auch nur Exilant, in manchen Kreisen für die

Einheimischen das war, was man »einen Begriff« zu nennen pflegt: kurzer Name mit »th« – das mußte Barth sein.

Von den Menschen, die ich erst in Prag kennen lernte, sind mir zwei zu Freunden geworden. Willi Sternfeld, le fidèle des fidèles, hatte einen Spürsinn für Rosinen aus der Geschichte Prags; er grub aus Bibliotheken die amüsantesten und interessantesten Fakten und Geschichten über Alt-Prag und zwar vor allem über dessen Häuser, aus und erzählte im »Prager Tagblatt« den Pragern eine Fülle von Dingen über ihre Stadt, die sie nicht gewußt hatten. Außer im »Conti« oder im Café Juliš kamen wir oft auch im Weinlokal »U Šuterů« zusammen, d.h. wir unternahmen gemeinsame Expeditionen dorthin, meistens in Gesellschaft von Erika, der Frau des Schriftstellers Hans Natonek. Es war eine Art Kellerlokal ohne Fenster zur Straße; Sternfeld, ein Weinkenner mit ausgesprochener Vorliebe für Weißen, zog mich auf, weil ich einen bestimmten slowakischen Wein trank, der zwar auch weiß, aber leicht süß war. Die Vorliebe für süße Weißweine habe ich mit der Zeit verloren, andere schmecken mir nun besser; im allgemeinen freilich bin ich für Rotwein. Wenn wir dann heimwärts zogen, pflegte Sternfeld bei der Ankunft auf dem Wenzelsplatz zu sagen: »Ihr entschuldigt mich; ich bin plötzlich sehr müde geworden; es ist Zeit fürs Bett.« Er zog ab in Richtung auf den Stadtteil Žižkov, wo er wohnte. Erika Natonek und ich gingen in einen Automaten und aßen Hühnersuppe. Sternfelds Heimweg in Richtung Bett bildete aber keine ununterbrochene Linie. Er war mit einer Anzahl Kneipen gesäumt, und Willi kannte sie alle. Sie kannten auch ihn. So wandelte er, von Schnaps zu Schnaps, dahin wie an einem Geländer, an dem er kurze Pausen einlegte. Trotzdem: Wenn ich morgens um acht im Conti auftauchte, saß er da und wußte das Neueste, nicht nur, was die Zeitung über Außen-und Innenpolitik erst bringen würde, sondern auch die Neuigkeiten aus der Exilsgemeinschaft, Dinge, die sich am Abend (als wir weit weg im Weinlokal saßen) oder in der Nacht ereignet hatten, bis in privateste Erlebnisbezirke hinein. Ich weiß nicht, wie er das gemacht hat.

Freundschaft mit Peter Weiss

An einem Sonntagmorgen lag ich in meinem Hotelchen im Bett und las Zeitungen. Es klopfte. Herein trat ein junger Mensch, nicht ganz zwanzig, groß, schlank, mit schwarzem Haar und leuchtenden dunklen Augen. »Guten Tag«, sagte er, »ich heiße Peter Weiss. Ich komme aus Montagnola; Hermann Hesse schickt mich.« Ich stand auf und wir gingen in die Stadt. Wir waren einander sofort nah und vertraut. Es geschieht einem vielleicht zweimal, vielleicht dreimal im Leben, daß man einem gegenübertritt und sofort das Bewußtsein hat, man kenne einander und verstehe einander, es seien keine Grenzen, keine Schwellen zu überwinden. Wir waren den ganzen Tag beisammen. Peter erzählte von sich. Er war Maler. Ein Jahr oder mehr hatte er, als Siebzehn- oder Achtzehnjähriger, in England gelebt; er hatte dort auch einmal eine Einmannausstellung in seinem Atelier veranstaltet. Nun war er in Magadino gewesen; dort hatte er für Texte von Hesse Zeichnungen geliefert. Ich vermute, es handelte sich dabei um jene Abschriften, die Hesse von einigen seiner Erzählungen mit eigener Hand anfertigte, und zwar zum Verkauf an Liebhaber. Der Ertrag ging an Organisationen, die sich mit der Unterstützung der Opfer des Nazismus befaßten.

Wir gingen durch die Stadt, sahen die alten Gassen, die auf mich etwas hunnisch wirkende, manchmal ins Breite statt in die Höhe gehende, mit kleinen Türmchen an Ecken zipflig aufragende Gotik, die Barockpaläste, gingen über die Karlsbrücke mit dem heiligen Nepomuk und seinen Kameraden, hinauf zum Hradschin. Dort stießen wir auf die Alchimistengasse, die uns schon durch ihren Namen anzog und fesselte. Wir waren aber erst recht entzückt, ein merkwürdiges Haus zu entdecken, das, mit dem Giebel zur Gasse stehend, nur eine verschlossene Eingangstür, aber kein einziges Fenster zur Gasse hatte, ein richtiges Golemhaus. Wir nannten es das Hexenhaus.

Wir redeten über Hesse. Peter war noch ganz von ihm gefangen; wir nannten ihn den alten Zauberer. Peter verfocht entschieden, daß eine neue Romantik kommen werde. Nun, er hatte die These eigentlich nicht zu verfechten; denn ich hatte nie Lust, Theorien über Künftiges in der Kunst aufzustellen, ich stimmte ihm bei und ehrlich: der Gedanke gefiel mir.

Es war wohl schon am selben Spätnachmittag, daß sich bei Peter eine Grippe meldete; er hatte sie von der Bahnfahrt mitgebracht; der Wechsel vom warmen Tessin ins Transalpinische mochte schuld sein. Ich nahm an, er sei ein deutscher Exilant wie wir anderen, wußte noch nicht, daß er einen tschechischen Paß hatte.

Es schien mir darum gefährlich, ihn in ein Hotel gehen zu lassen; zuerst mußte er durch ein gewisses Komitee, das solche Dinge für uns besorgte, der Polizei empfohlen werden, damit sein Aufenthalt legitim würde. Außerdem hätte er als Fremder, der in Prag keinerlei Beziehung hatte, nicht gut ins Hotel gehen und sich sofort als Kranker für ein paar Tage ins Bett legen können. Ich hatte in meinem Zimmer eine Couch stehen, sie war nicht besonders weich, aber etwas anderes war nicht da. Also wurde er mit seiner Grippe – in seiner Autobiografie ist sie zum »Sumpffieber«, also zur Malaria, erhöht – auf die Couch gepackt. So hauste er nun zwei oder drei Tage illegal bei mir; morgens mußte er, mit seinem Fieber, aufstehen, damit wir uns in einem Park, einem Café aufhalten konnten, bis das Zimmer gemacht war; aber es war natürlich eine Prüfung für einen Kranken. Und dabei wäre alles so einfach gewesen, wenn ich gewußt hätte, daß er, als Sohn seines Vaters, in der Tschechoslowakei einheimisch und Staatsbürger war; man hätte einfach ein Zimmer für ihn mieten können.

Sobald er gesund war, suchte und fand er einen Raum, den er auch als Atelier benutzen konnte. Es war ein trostloses, ziemlich großes Zimmer auf der Kleinseite; abends, bei der etwas schwachen Beleuchtung, hatte es etwas Golemisches, Kubinisches, Surrealistisches. Da war auch ein großer Armstuhl, der auf einem kleinen Podest stand, so daß man in ihm wie auf einem Thron, und zwar mitten im Zimmer, saß.

Peters Malerei paßte zum Zimmer, oder vielleicht paßte das Zimmer zu seiner Malerei. Er malte dunkel; in manchen Bildern lag eine schwere Melancholie; sie entsprachen den Gedichten von Trauer und Tod und Enttäuschung über das Leben, die man als Achtzehnjähriger zu schreiben pflegt. Eine besondere Vorliebe – sie kam später, in Schweden, erst richtig zum Durchbruch – hatte er für das Vorstadtmilieu, das Milieu des Stadtrandes, wo sich das Stadtgefüge in Landschaft auflöst und zwar über einen Zwischengürtel, der von absterbenden Häusern, kärglichen Gärten, Trümmern und Abfall erfüllt ist – und den er mit einer Fülle von Gestalten belebte: Bettlern, Tanzenden, Händlern, nomadischen Spielleuten, Hunden, träumenden Nichtstuern und was noch. Alles das mit vorimpressionistischen braunen, statt blauen, Schatten. Es hatte etwas durchaus Brueghelisches, und tatsächlich schätzte er auch Brueghel ganz besonders. Seine Bilder waren nicht nur voller Menschen, sondern auch voller Geschichten; er war ein Erzähler, dem Szenen, Legenden, Anekdoten, kleine Geschichten nur so in den Pinsel flossen; der Himmel mag wissen, woher dem Zwanzigjährigen alle diese Reichtümer zuströmten.

Peter lebte völlig außerhalb der Emigration. Politik interessierte ihn nicht; er ließ sich sehr selten nur in einem Café blicken, weder die Atmosfäre noch unsere vorwiegend politischen, dabei auch literarischen und personellen Diskussionsgegenstände rührten an etwas in ihm. Niemand hätte erwartet, daß er eines Tages politische Theaterstücke schreiben würde, die auf vulgärmarxistisch und zum Teil nach alter Agitpropmanier in primitiver Weise politische Doktrin verfechten würden. Selbst nachdem er seine zwei autobiografischen Romane[22] vorgelegt hatte, hätte man es nicht erwartet.

Auch diese Romane zeigen seine Lust am Erzählen und den Reichtum der Gestalten und Bilder, die er aus sich heraufzuholen vermag. Er hat *the gift of the gab*, kann beginnen und ein Garn spinnen, das sich wie von selber spinnt und sich ausnimmt, als könnte es ins Unendliche weiterlaufen, und es läuft und zieht Gestalten, Gedanken, Ereignisse hervor, schleppt sie ein Stück Weges mit und läßt sie dahinten, um neue hervorzuholen. Gewiß, die autobiografischen Bände sind zugleich Schlüsselromane; die meisten Figuren sind nicht erfunden, sondern gefunden; sie sind Leute, die er gekannt hat. Mit denen geht er aber völlig frei um; man kann sagen rücksichtslos, denn er läßt sie handeln, wie sie nicht gehandelt haben, weil es in seinen Plan paßt, er läßt sie erleben, was sie nicht erlebt haben, weil er eine Pointe anbringen will. Er hat mit mir die merkwürdigsten Dinge angefangen (nicht nur mit mir); aber ich kann im nicht böse sein (Bösesein fällt mir sowieso schwer), denn er hat mich behandelt wie sich selbst, eben weil er sich sagte, mit einem

Freund *könne* man in der Tat umgehen wie mit sich selbst. Wie sehr ich mich auch mißbehandelt sehe (vom Standpunkt anderer aus) – es verändert mein Gefühl für ihn nicht. (Umso weniger, als ich mir sowieso nicht viel Sorgen mache, wie ich auf andere wirke). Er hat mit jener Naivität gehandelt, wenn er Fakten unterschlug oder verfälschte, Szenen erfand, die für mich von Anfang an zu seinem Charme gehörte. Irgendwo sagt er, ich sähe ihn immer noch so wie damals, und er hat recht: sein Marxismus ist eine Simplifizierung, die ich seit Jahrzehnten kenne; er ist so naiv und pueril, wie ursprünglich auch der meine gewesen war, oder, um genau zu sein: beinahe gewesen war. Ich halte darum vor allem von seinen beiden biografischen Büchern etwas: da ist er in sich hineingegangen, hat unter Stöhnen gegraben und hervorgezwungen und hat gerade in dieser Ausschließlichkeit, mit der er das eigene Ich herauszumeißeln sucht, die Objektivität geschaffen, die zum Kunstwerk gehört.

Einige Jahre nach meiner Prager Zeit, als ich, aus Norwegen nach Schweden geflohen, in Stockholm war, lebte er in einer kleinen Stadt in Südschweden. Er brach sofort auf, kam nach Stockholm und fand in meiner Pension ein großes Eckzimmer. Er malte unermüdlich. Hier lebte er auch nicht mehr so abseits wie in Prag; er gehörte einem Kreise an, der zwar als Kern antinazistische Exilanten hatte, im ganzen genommen aber mit Politik wenig aktive Berührung. Soweit Politik ins Spiel kam, hatten wir andern unser Leben außerhalb des Kreises. Im wesentlichen waren wir eine Gruppe fröhlicher Kaffeehausmenschen, die eher dem nahekamen, was sich der mißbilligende Spießer, der nicht weiß, welche Werkstätten des Geistes im allgemeinen die Café-Tertulias der deutschen Intellektuellen gewesen sind, unter Kaffeehaussitzern vorstellt. Deutsche, eine Schweizerin, der ungarische, staatsrechtlich tschechoslowakische Maler Endre Nemeš, eine Russin, schwedische Mädchen – es war eine helle und belebte Zeit. Unter Peters privaten Freundinnen befand sich auch eine Engländerin. „Die kannst du jederzeit haben", sagte er. „Sie sagt, du habest sowas Revolutionäres an dir." Sie lockte mich aber nicht, da sie zu laut und im Grunde genommen etwas ordinär war.

Auch seine ständige Freundin Else, die er in seinem Buch auftreten läßt, war nicht mein Fall. Sie war eine kleine, nette und bedeutungslose

Frau, gutmütig und einfach. Ich weiß nicht recht, warum er erzählt, ich hätte sie durch eine List ins Bett gelockt; er wußte, wie sehr ich anderswo gebunden war, und daß die „List" auf Seiten des Mädchens war, das er geschwängert hatte und das glaubte, durch leidenschaftlichen Beischlaf könne sie befreit werden. Aber da er sein Buch einen Roman nennt, kann man nichts gegen seine Verteidigung, der M. B. in ihm sei eben eine Romanfigur, einwenden. Ich bin der Meinung, er hätte besser getan, die Figuren in seinen Schlüsselromanen nicht zu verändern; aber er ist im Grunde der Maler geblieben: er fotografiert nicht die Natur, sondern setzt Farben und Lichter so, wie er sie braucht und wie er sie haben will.

In Stockholm war Peter gelockerter und heller, lichter als in Prag; er war älter und reifer geworden. Aber von seinem Innenleben wußte ich nicht mehr als damals, vor allem nicht von den sexuellen Nöten, die er schildert. Er nahm zwar „Lady Chatterley' Lover", ein Buch, das mir in einer Buchhandlung in die Hände geraten war, eines der Bücher, die damals nur in einem speziell mit Erotica befaßten Pariser Verlag erschienen waren, mit größerer innerer Beteiligung auf als ich, dem es zum Teil lächerlich vorkam; aber das schrieb ich seiner Jugend zu. Wir waren in Stockholm mehr zusammen als in Prag, und nicht nur, weil wir in der gleichen Pension wohnten. Wir gingen miteinander Rahmen für seine Bilder einkaufen; wir hatten gemeinsame Spaziergänge mit reichen Gesprächen; wir entdeckten am Rande eines Parks ein kleines, turmähnliches Häuschen und bekamen Lust, es zu mieten; es war leer, wir stiegen die Treppen im Innern hinauf, jedes Stockwerk hatte, soweit ich mich erinnere, nur einen Raum, einen sechseckigen, dessen Wände zu Dreivierteln nur Fenster zeigten; wir gingen auf Skansen, deutsch: die Schanze, wo ein Tierpark war, alte Bauernhäuser mit Inneneinrichtung als Besichtigungsobjekte zu finden waren und Runensteine. Wir verstanden einander immer noch ohne Worte. Einmal trat ich in ein Haus am Fuß des Hügels Skansen; es war ein kleines Museum. Oben fanden sich, eine trübstimmende Sammlung, ausgestopfte Vögel und anderes, aber im Erdgeschoß geriet ich in eine wunderbare Welt. Da war ein Rundpanorama, betitelt „Talgegend in Ostgrönland". Vor einem Stück Meer, in dem Eisstücke schwammen und das im Hintergrund durch das geschlossene Polareis abgegrenzt war, lag ein Strand, und auf dem angenehm verteilt die Tiere der Landschaft, Eisbär, Polarwolf, Polarhase und andere. Sie waren ausgestopft, wirkten aber ganz lebendig. Das Ganze lag unter einem wunderbaren, sehr leicht wirkenden, beinahe unirdischen Licht. Man war in einer anderen Welt; die Stille war groß und machte das Herz leicht wie eine Feder; eine geradezu schmerzhafte Sehnsucht, in dieser erdfernen, problemfernen Landschaft zu leben, ergriff mich. Einen Tag oder zwei Tage später schlug ich vor, wir sollten nach Skansen gehen, und unten, vor dem Eingang, führte ich Peter beiseite, in jenes Museum. Ich erlebte wieder die unbedingte, naturgegebene Übereinstimmung, die Einigkeit im Empfinden, denn er stand genau so ergriffen und bewegt vor dieser Schau, die im Grunde doch etwas sehr Einfaches war, aber doch so groß und großartig wirkte.

Prager Résumé

In Prag wurde ich wieder Junggeselle, lehnte definitiv die gebotene Chance ab, wieder in die Kommunistische Partei aufgenommen zu werden, fühlte in mir, als Reaktion auf den gehässigen Chauvinismus der Tschechen, ein gewisses Nationalgefühl erwachen und begann mich auch vom Marxismus loszulösen.

Meine Frau und ich waren übereingekommen, uns scheiden zu lassen, und da die Tschechoslowakei mit Deutschland einen Vertrag über Rechtsbeihilfe hatte, wurde das Verfahren in Stuttgart durchgeführt.

Die mir gegebenen Anregungen, wegen Wiederaufnahme in die Kommunistische Partei mit dem und dem Genossen zu sprechen, lehnte ich dankend ab. Ich hatte längst genug vom Kommunismus, nicht nur vom Stalinismus, der seit Jahren die Partei beherrschte. Während meines Aufenthalts in Prag fanden in der USSR auch jene greulichen Mordprozesse gegen alte Bolschewisten statt, die in der ganzen Welt Entsetzen erregten. Kein wirklicher Kommunist, so schien es uns, konnte diese »Reinigung« überleben. Von deutschen Genossen starben auch einige, die als Flüchtlinge in der Tschechoslowakei gelebt hatten. Auch Klabunds Frau, die Schauspielerin Carola Neher, war unter den Opfern.

Es wurden Unterschriften für einen Protest gesammelt, aber ich beteiligte mich nicht. Erstens war ich sicher, daß Proteste den Gefährdeten eher schaden als helfen würden, zweitens hatten wir so viele Jahre lang die Augen zugedrückt bei dem, was in der Sowjetunion vorging, und konnten nicht mit gutem Gewissen so tun, als geschähe jetzt auf einmal etwas ganz anderes und schauerlich Neues: es erschien mir, nach allem, was ich als gewesener Kommunist über die USSR wußte, wahrscheinlich, daß die nun so heftig angegriffene Methode der Prozeßführung (Geständnis allein als Beweismaterial, faktische Evidenz weder gesucht noch, falls geliefert und im Widerspruch zum Geständnis, in Betracht gezogen) seit der Dauer des Stalinismus, wo nicht schon vorher, sowjetische Rechtspraxis gewesen war, ein Protest, der sich nicht gegen die *Grundlagen* richtete, schien mir falsch gezielt. Und schließlich hatte ich noch einen letzten Funken von Vorsicht, eine letzte Ahnung von Hoffnung, daß es sich vielleicht doch nur um einen Irrweg handeln und eines Tages eine Rückkehr zur sozialistischen Weltanschauung erfolgen könne, und sagte mir auf schillerisch, »daß er für die Träume seiner Jugend soll Achtung tragen, wenn er Mann sein wird«. Der Kommunismus erschien mir nicht nur im leninschen Sinne mit »Kinderkrankheiten« behaftet, sondern selber eine Kinderkrankheit zu sein – eine schreckliche allerdings.

Was nun den Nationalismus betrifft, so war es für mich nicht nur sehr bitter mitanzusehen, wie die eine Nationalität der Tschechen die slawischen Minoritäten, unter dem Vorwand, sie an die Bruderbrust zu drükken, nach ihrem eigenen Gusto beherrschte und ihnen die versprochenen Formen staatlicher Selbständigkeit vorenthielt: die Slowaken waren immerhin zum Mitglied des »Staatsvolkes« ernannt worden, und die Karpathorussen auch halbwegs. Aber übler war das Los der anderen Minoritäten: selbst die Polen waren benachteiligt; viel schlimmer noch war es mit den Ungarn und den Deutschen. Es war viel leichter, als deutscher Flüchtling in der ČSR zu leben denn als tschechoslowakischer Staatsbürger deutscher Nationalität.

Eine Liste der systematischen Schlechterstellungen der deutschen Tschechoslowaken würde ungebührlich viel Raum in Anspruch nehmen und gäbe überhaupt Stoff für einen eigenen Aufsatz. Die antideutsche Linie der Machthaber begann mit dem unglückseligen Wort des ersten Finanzministers der Republik, Rašin, der nach der Staatsgründung der Delegation der Deutschen – die nicht Mitglieder des neuen Staates werden wollten – entgegnete: »Mit Rebellen verhandeln wir nicht!« – ein wunderbares Wort aus dem Munde eines Mannes, der soeben mitgeholfen hatte, durch Rebellion sein Land selbständig zu machen. Die Linie änderte sich auch im wesentlichen nicht, bis im September 1938 die Regierung sich gezwungen sah, einige außerordentlich scharfe Forderungen Henleins zu akzeptieren – kurz vor der großen Katastrofe von München. Als jene Liste Henleins von Prag angenommen wurde, befand ich mich gerade auf der Durchreise in Stockholm. Ich sprach dem tschechoslowakischen Gesandten gegenüber mein Bedauern darüber aus, daß man nun ausgerechnet dem Naziführer habe nachgeben müssen, aber er meinte, mit abtuender Handbewegung: »Die acht Punkte enthalten ja nichts Neues. Das haben unsere Deutschen alles sowieso schon gehabt.«

Theoretisch hatten die Deutschen in der ČSR tatsächlich sehr viel – wenn man sie als Minderheit im tschechisch-balkanischen Sinne betrachtete, d.h. als eine Gruppe, die nur geduldet unter Vollberechtigten lebt und auf Rechte nur soweit Anspruch hat, als die herrschende Majorität in ihrer Großmütigkeit willens ist, ihr zu geben. Es ist durchaus richtig, daß die Deutschen in der Tschechoslowakei »es besser hatten« als die Minoritäten in anderen Ländern, mindestens in osteuropäischen und balkanischen. Aber das ist schließlich kein Maßstab, und das Argument durfte nicht von Leuten angewendet werden, die versprochen hatten, ein schweizer System einzuführen, d. h. keine Minoritäten, außer in der mathematischen Definition, anzuerkennen. Gerade in jenen Jahren ging die Schweiz sogar in ihrer Bemühung, keine Diskrimination zu dulden, so weit, die romanisch-ladinischen Dialekte ihres Landes als vierte Staatssprache zu akzeptieren. In Prag wurde dagegen in jener Zeit die Anbringung deutscher Ladeninschriften verboten.

Die auf dem Papier stehenden Rechte wurden bei weitem nicht in der Praxis zugestanden. Noch als unter dem Druck der Verhältnisse im Jahr 1937 oder 1938 die Regierung den Grundsatz aufstellte, daß künftig die Deutschen entsprechend ihrem Bevölkerungsanteil 23,3% der Amtsstellen bekommen sollten, gab es ganze Sektionen der Verwaltung, die einfach sabotierten, vor allem das Finanzministerium und der damalige Innenminister. Kurzum, es sah aus, als liege den Tschechen nichts *mehr* am Herzen, als die Deutschen Henlein in die Arme zu treiben. Sie verließen sich auf die Gewalt, nämlich darauf, daß Frankreich und England auf der einen, die Sowjetunion auf der anderen Seite im Notfall durch militärische Mittel sie vor Hitler beschützen würden. Weniger nationalistisch besessene Leute hätten im Jahr 1933 sofort gehört was die Uhr geschlagen hatte, und den einheimischen Hitlerfreunden ebenso wie den deutschen Nazis die Agitationsmöglichkeiten entzogen, indem sie die Deutschen endlich zum Staatsvolk, die deutsche Sprache zur zweiten Staatssprache erklärt hätten. Aber Beneš ist auch nach 1933 nie darüber hinausgekommen, diese Dinge zu *versprechen.*

Die ständige Mißbilligung und teilweise Verfolgung der deutschen Sprache ist vielleicht von allen einzeln herausgreifbaren Punkten derjenige gewesen, der die Deutschen in der ČSR am meisten gegen Prag aufgebracht hat. Obwohl im Ausland die Tschechoslowakei als eine Musterdemokratie hingestellt und weithin gerühmt wurde, wußte man in den maßgeblichen Ämtern sehr wohl Bescheid, was gespielt wurde. Als ich 1938 in Oslo Professor Koht, den Außenminister, aufsuchte, fragte er natürlich auch nach den Zuständen in der Tschechoslowakei und nach den Minoritätenproblemen, d.h. vor allem dem deutschen, da das ja das eigentlich brennende war. Als ich erwähnte, daß man unklugerweise immer noch den Kampf gegen die deutsche Sprache nicht aufgegeben habe, sagte er wörtlich: »Ja, ich habe mich vor zwei Jahren in Genf, als ich mit Krofta sprach, auch sehr gewundert über die merkwürdige Starrheit in dieser Frage.« Professor Koht ist alles andere als geschwätzig und hat sich als Außenminister in Wort und Tat besonders reserviert verhalten; wenn er also einem Fremden gegenüber, den er zum ersten Mal sieht, so unverhohlen und deutlich sprach, mußte er über das Thema sehr entschiedene und scharfe Überzeugungen gewonnen haben. Ich könnte auch Äußerungen aus dem Munde der beamteten Vertreter anderer Länder anführen.

Auch die Runcimanepisode muß so verstanden werden, daß man in London wirklich wußte, wie unmöglich die Behandlung der Deutschen war. Nicht daß ich Lord Runcimans Mission, so wie sie ausgeführt wurde, besonders sympathisch gefunden hätte: in der Situation, in der das Land sich befand, wäre es, scheint mir, richtig gewesen, ihm nicht so öffentlich einen Nasenstüber zu geben – und Hitler indirekt Beifall zu klatschen. Aber nicht nur, daß der Lord, nach dem, was man hörte, sich mehr von den deutschböhmischen Adligen informieren ließ als von der prager Regierung – er schien mir auch mit vorgefaßter Meinung zu kommen. Mindestens war das mein Eindruck nach der ersten Pressekonferenz, die er, einige Stunden nach seinem Eintreffen, abhielt. Seine kurze Rede war allgemein und unverpflichtend und enthielt nur einen einzigen Satz, der an Gesinnung rührte und einige Hoffnung machen konnte: »Ich komme als aller Freund und niemands Feind.« Beim Verlassen des Saales sagte ich zu einem tschechischen Redaktör: »Er ist gekommen, um euch zu verkaufen«, aber der erwiderte empört: »Er ist gekommen, um uns zu helfen«. Vielleicht hätte er recht behalten – wenn die Tschechen sich wirklich hätten helfen lassen *wollen*; aber jedes Zeichen der Sympathie vom Ausland wurde von ihnen nur als ein Ermunterungsmittel betrachtet, ihren deutschen Staatsbürgern gegenüber fest, d.h. hart, zu bleiben.

Die Beurteilung von Personen ist natürlich immer besonders subjektiv, und die Meinungen prallen hart aufeinander. Ich kann nur sagen, daß mir Beneš und seine Politik immer unaufrichtig erschienen, und das gleiche gilt für Dr. Ripka, der damals noch Redaktör der »Lidové Noviny« war. Ich hatte eine Unterredung mit ihm und hörte ihn später in dem von den deutschen Sozialdemokraten der Tschechoslowakei gegründeten »Deutschen Klub«. Seine Rede war immer Honigseim und Versöhnung, aber sie klang mir falsch. Ich war nicht überrascht, daß er nach dem Krieg, als Innenminister, der Hauptschuldige an der schamlosen Austreibung der Sudetendeutschen war – und nicht nur, weil auf seinem Amt nun einmal die Verantwortung lag, sondern weil er selbst die Vertreibung betrieb.[23]

Auch die Austreibung der Deutschen war keine Überraschung: die Deutschen hatten von den Tschechen immer alles zu fürchten und wenig zu hoffen. Der Fall der sudetendeutschen Sozialisten hatte bereits 1938 bewiesen, was es mit dem Dank des Hauses Beneš auf sich hatte. In den bitteren letzten Jahren der Republik waren die pragtreuen Sozialdemokraten fast Abend für Abend, nach der Arbeit oder als hungrige Arbeitslose, (die wöchentliche Arbeitslosenunterstützung in der ČSR betrug 10 Kronen, d.h. eine Mark, für Verheiratete das Doppelte) kilometerweit gelaufen, um den Rednern ihrer Partei, die für die Regierung und gegen die nazistische Henleinbewegung sprachen, ein möglichst stattliches Auditorium zu geben und sie zugleich gegen Angriffe der Henleinleute zu beschützen. »Man sieht immer und überall die gleichen Gesichter«, sagte mir ein sozialdemokratischer Führer nach der Rückkehr von einer Vortragsreise. Ihre Kinder waren in ihren Ortschaften und in der Schule angefeindet, ihre Frauen gingen Kilometer in andere Orte, um Brot und Fleisch einzukaufen, weil ihnen die Nazis im eigenen Dorf, in der eigenen Kleinstadt nichts mehr verkauften. Als Hitler die Sudetengebiete übernahm, flohen Zehntausende dieser Menschen, die jahrelang ihrer Treue zur prager Regierung wegen Verfolgung und

Verfemung ertragen hatten, mit den wenigen Habseligkeiten, die sie mit sich tragen konnten, ins Innere, nach Prag, zur Regierung, für die sie gelitten hatten. Und unterwegs oder auf den prager Bahnhöfen wurden sie am Aussteigen verhindert, ihre Züge wurden zurückgeschickt, sie wurden zum Dank für ihre Treue den Nazis in die Hände geliefert. Für viele von ihnen bedeutete es Einsperrung in Lagern oder direkten Tod.

In Prag, angesichts der Tatsache, daß vor den Augen der Welt systematischer, nach innen gewendeter Chauvinismus Regierungspraxis war, ohne daß die mächtigen Hüter des demokratischen Gedankens, der Humanitätsidee, der Gerechtigkeitsidee in den großen Hauptstädten des Westens das Wort sprachen, das ihren kleinen Anhänger im Osten zur Änderung seiner Methode bewogen hätte, begann ich mich als Deutscher zu fühlen. Freilich hatte diese Entwicklung schon in Frankreich angefangen. Es zeigte sich, daß es ohne weiteres als Demonstration der Freiheitsliebe galt, wenn man antideutsch war – nicht etwa antinazistisch. Die demokratischen Mächte waren ja garnicht wirklich gegen die Nazis, so wenig wie die Sowjetunion. Sie benutzten die gegebene Situation, um Deutschfeindlichkeit mit Freiheitsgesinnung, Menschlichkeitsgesinnung und Demokratie gleichzustellen, während sie mit den Nazis brüderlich kooperierten. Wenn die Tschechen ihre deutsche Minorität piesackten, war es in den Augen der westlichen Welt gut und ein Beweis ihrer, der Tschechen, Demokratie und antinazistischen Gesinnung. Daß ein großer Teil der Deutschen des Landes Erzfeinde der Nazis waren – die Sozialdemokraten vor allem, aber auch eine Anzahl bürgerlicher, in anderen deutschen Parteien organisierter Deutschböhmen – wurde unterschlagen: die Sudetendeutschen waren, so generalisierte man einfach, Henleinleute, also Nazis, und was Prag den Deutschen antat, war darum gut. Als, eine nach der anderen, in den Jahren 1936 bis 1938 die kleineren deutschen Parteien an Anhängern verloren, ihre enttäuschten und erbitterten Mitglieder und Wähler zu Henlein abwandern sahen und schließlich selber zu ihm übergingen oder sich einfach auflösten, war für die Generalisierer der Beweis geliefert, daß in der Tat *die* Sudetendeutschen immer und vollzählig Nazis gewesen seien. Die Existenz der deutschen Sozialdemokraten der Tschechoslowakei ignorierte man einfach.

Während meiner prager Zeit sandte mir Silvio Trentin aus Toulouse sein jüngstes, dickes Werk »La crise de l'etat et de la démocratie«. Ich besprach es in verschiedenen sozialistischen Zeitschriften innerhalb und außerhalb der Tschechoslowakei und kritisierte dabei Trentins Auffassung, die mir nicht mehr marxistisch erschien. Diese Besprechungen waren, ohne daß ich es damals wußte, mein Abschiedsgruß an den Marxismus. Hintennach sah ich, daß ich in ihnen, ohne mir darüber klar zu sein, einen letzten Versuch gemacht hatte, eine Stellung zu verteidigen, an der mir garnichts mehr lag. Der eigentliche Differenzpunkt war die marxistische These, daß das Recht nur die »Funktion der Herrschaftsverhältnisse« sei. Diese Theorie sowie die Staatsdefinition, nach der der Staat »der Ausdruck des Herrschaftsverhältnisses zwischen zwei Klassen« sei, hatte ich auch in meiner marxistischen Zeit für mich selbst nie anerkannt. Ich hatte beide indessen gebraucht und unter anderem gelehrt, weil sie nun einmal die Terminologie der Partei waren und für filosofisch ungeschulte Leute auf verständliche Weise etwas formulierten, von dessen Wahrheit ich überzeugt war, nämlich: *daß* der Staat in moderner Zeit ein Klassenstaat geworden sei, und *daß* in der Praxis das Recht meistens nach den Bedürfnissen der herrschenden Klasse zugeschnitten sei. Aber es war mir nie in den Sinn gekommen, die kindische Auffassung der »geschulten Marxisten«, von denen die Partei wimmelte, zu teilen, daß mit diesen Definitionen wirklich Definitionen *des* Staates an sich und *des* Rechts an sich gegeben seien.

Vor allem die Rechtstheorie war lächerlich. Sie führte zu einer rein opportunistischen Auffassung, und in der Tat hatte ich in der vornazistischen Zeit innerhalb der Partei ernsthaft die Behauptung vertreten gehört, daß das, was die Nazis nach einem etwaigen Sieg als Recht erklären würden, tatsächlich *das* Recht sein und das, was nach ihrem Sturz die Kommunistische Partei Recht nennen würde, dann wiederum *das* Recht sein würde. Das Recht war für die angeblichen »Dialektiker« mit dem identisch geworden, was als Recht *gesetzt* ist, dem Gesetz also, und damit fiel die dialektisch-opportunistische Rechtsauffassung zusammen mit der dürrsten und sterilsten positivistischen. Es gab nicht nur keine Idee eines *objektiven* Rechts: sie wurde auch ausdrücklich abgelehnt.

Hier nun trat mir Trentins Definition entgegen, nach der der Staat die auf eine für alle gleichermaßen verbindliche Rechtsordnung gegründete

Gesellschaft ist. Die Wurzel des Rechts sah er, wie alle Naturrechtler, in der Menschenwürde. Diesen Urgrund des Rechts kann man anzunehmen einstweilen nicht vermeiden, sofern man nicht an seiner Stelle einen Gott annimmt, und die Unmöglichkeit, eine andere Grundlage für das objektive Rechtsempfinden zu finden, hatte mich in der Hauptsache noch beim Marxismus gehalten und hielt mich, wie es mir damals schien, auch weiterhin dort; denn die Schwäche und Vagheit des Begriffs Menschenwürde macht es einem schwer, auf ihn so eine fundamentale Sache wie das Recht, d. h. das ethische Gesetz, ja, die absolute, objektive Norm der Sittlichkeit überhaupt zu begründen. Trentin schrieb mir auf meine Kritik hin, er sei marxistischer, als es mir erscheine; aber für mich war die Frage nicht mehr, ob man etwa auf einem Abweg vom Marxismus sei. Trentins Definition deckte sich zu sehr mit dem, was ich immer als private Meinung festgehalten hatte, und die Frage war nicht, ob sie sich mit dem Marxismus, sondern ob der Marxismus sich mit ihr vertrüge. Ob nun die Menschenwürde oder etwas anderes die Grundlage der ethischen Konzeption, der absoluten, objektiven Rechtsvorstellung war, blieb sich gleich; das Wesentliche war, *daß* es meiner Überzeugung nach die Vorstellung des absoluten Rechts gab, daß sie Wesensbestandteil der menschlichen Seele war, und daß daher eine Lehre, die sie leugnete, *an ihr* gemessen werden mußte, nicht umgekehrt. Wenn der Marxismus, der überhaupt alle festen Begriffe zugunsten relativer aufgelöst hatte, die Idee des objektiven, absoluten Rechts nicht anerkennen, nicht in sein System einbauen konnte, war nicht die Idee, sondern der Marxismus unzulänglich. Ich stand in Wirklichkeit, wie ich sah, auf Trentins Seite.

Von hier ab begann ein bewußtes Zurückgehen auf die Grundlagen. Ich fing an, fallengelassene Fäden wieder aufzunehmen und von dort aus weiterzudenken, wo ich meine frühere humanistische Denkweise zugunsten der marxistischen aufgegeben hatte. Es war ein herrliches Gefühl der Erleichterung und des Eintritts in frische Luft aus muffiger, verhockter Atmosphäre: diese Rückkehr zu der Welt, in der ich aufgewachsen war, der Welt des freien, liberalen, demokratischen und humanistischen Denkens. Kritik, Skepsis, Forschung und Neugier waren wieder sanktionierte Dinge; es galt nicht mehr die Logik allein – die im Marxismus durchaus folgerichtig gehandhabt wird: man geht dort aber von falschen Prämissen aus, und so muß alles falsch werden. Man durfte wieder voraussetzungslos an ein Problem herangehen und Prämissen erst dann annehmen, wenn man ihre Giltigkeit von allen Seiten kritisch untersucht und nachgeprüft hatte. Eine Weltanschauung zu erringen, war wieder eine Aufgabe, und zwar eine Aufgabe persönlichster Art und konnte nicht vollbracht werden, ohne daß auch die Persönlichkeit selbst eine Entfaltung oder gar Neugeburt erfuhr. Die Weltanschauung wurde wieder zur Angelegenheit des Individuums und der Individualität. Es war wie ein Bad im frischen Bergbach nach faulem Liegen in morastigem Sumpfwasser.

Der Ausbruch des Francoaufstandes in Spanien schuf für mich unvorhergesehene Gelegenheiten, da ich sowohl in der »Volksstimme« von St. Gallen als auch in der sozialdemokratischen prager Presse mehr Beiträge unterbringen konnte als je. Und das umso leichter, als mir die Propagandasektion der Anarchosyndikalisten aus Barcelona täglich ihr spanisches und mehrmals wöchentlich auch ihr deutsches Bulletin zugehen ließ. Kurz bevor die Revolte ausbrach, nämlich nach dem großen Sieg der Volksfront im Frühjahr 1936 und dem anschließenden Regierungswechsel, war ich naiv sofort zum spanischen Gesandten gestürzt und hatte verlangt, nach Spanien zurückgelassen zu werden, da ich nur durch das Treiben reaktionärer und korrupter Kräfte seinerzeit ausgewiesen worden sei, vor allem des Nazikonsulats. Aber ich wurde im Vorraum abgefertigt und bekam ganz definitiv und deutlich die sogenannte kalte Schulter gezeigt. Ich wunderte mich nicht darüber, als ich erfuhr, daß der Gesandte als Anhänger des konservativen und monarchistischen Grafen Romañones in die Cortes gewählt worden war.

Nach Beginn des Aufstands war Prag eine Weile ohne spanische Gesandtschaft; dann kam Jiménez de Asúa, ein bekannter Sozialdemokrat, und von da ab hatte man faktisch nach Belieben Zugang und konnte Informationen bekommen ... bis, was sehr bald eintrat, diplomatische Reserve sich in Geheimtuerei verwandelte.

Meine anfängliche Absicht, mich als Kriegsfreiwilliger oder in welcher gewünschten Funktion sonst der Regierung zur Verfügung zu stellen, gab ich sehr bald auf, weil ich sah, wie unglückselig die Verhältnisse innerhalb der Freiheitsfront waren. Vor allem schien der Karren verfahren zu sein, seitdem die Sozialdemokraten sich mit den paar Kommunisten, die es in Spanien gab, zur Einheitspartei vereinigt und damit der Willkür Moskaus ausgeliefert hatten. Moskau hat möglicherweise zur Niederlage der Republik in Spanien ebensoviel beigetragen wie Italien und Deutschland. Die Freiheitskämpfer Spaniens hatten damals so gut wie die ganze Welt gegen sich, obgleich die Völker der Welt auf ihrer Seite waren. Italien und Deutschland kämpften schamlos offen in Spanien, die Demokratien banden den Spaniern die Hände, indem sie die Waffenzufuhr verhinderten, und Moskau zersetzte die revolutionäre Front und führte einen Bürgerkrieg innerhalb des Lagers der Antifascisten. Da wurde Intrige über Intrige angezettelt; russisches Kriegsmaterial wurde auf russischen Schiffen in den nordspanischen Häfen festgehalten, bis politische Forderungen Moskaus erfüllt waren; die Kommunisten schienen allzuoft den Hauptfeind nicht in Franco zu sehen, sondern in den wirklichen Trägern der Revolution, den Anarchosyndikalisten; politische Morde an Nichtkommunisten wurden zur alltäglichen Sache, und in den Folterkammern der Tscheka war Hochbetrieb. Die andere Seite begann Gleiches mit Gleichem zu vergelten; Kommunisten wurden ermordet, eine revolutionäre Tscheka oder Gestapo gegründet, Folterkammern wurden eingerichtet. Besucher und Flüchtlinge aus Barcelona erzählten mir, daß mein ehemaliger Geschäftspartner ein gefürchteter Polizist und sadistischer Tschekist des POUM[24] sei, der mit den Anarchisten zusammenarbeitenden Gruppe von spanischen, deutschen und italienischen Trotzkisten, Brandlerianern und ähnlichen Splittergruppenanhängern. Es war schwer, Hoffnung zu bewahren, wenn einem die unpolitischen, aber scharfsehenden deutschen Juden, die aus Barcelona nach Prag abgewandert waren, sagten: »Sie werden verlieren, denn sie sind untereinander nicht einig«. In Spanien starb, als Arzt im Dienst der Republik, auch mein Freund Bodek, von anderen ganz abgesehen. Das Leben wurde an Freunden ärmer: die ersten waren im ersten Weltkrieg gegangen, andere den Nazis in die Hände gefallen, und nun starben sie im spanischen Bürgerkrieg . . .

Von Prag nach Oslo

Die innere Ruhelosigkeit, vermutlich das Kind des Gefühls heimatlos zu sein, und die Neugier nach anderen Ländern hatten mich in Prag schon nach einem Jahr Aufenthalt wieder gepackt. Eine Chance, nach Argentinien[25] zu gehen, ließ ich unausgenützt, weil Europa, in dem die politischen Entscheidungen heranreiften, so interessant war. Man konnte nicht so weit abseits sitzen. Ähnlich war es mit den Filipinen. Es gingen Gerüchte, daß in Manila Deutsche säßen, die solchen Einfluß hätten, daß sie »alles machen«, d. h. einem ohne weiteres Einlaß verschaffen könnten. Aber es war so weit von Europa und seinen bevorstehenden Konflikten.

Ich wählte mir schließlich Norwegen aus, nicht weil ich etwa germanenromantische Gefühle in mir entdeckt hätte, sondern einfach so, weil ich auf das Land neugierig war. Im Januar 1938 begann ich Schritte zu unternehmen, d. h. ich machte mein Gesuch um Zulassung. Man konnte nicht heimlich einwandern, denn die Ostsee war eine »nasse Grenzn«, wie bei anderer Gelegenheit, in den zwanziger Jahren, mir ein österreichischer Grenzer bedauernd gesagt hatte, als mich, der ich ohne Paß in Österreich gewesen war, der bayrische Grenzbeamte jenseits eines unruhigen Baches nicht nach Deutschland ließ. (Der Österreicher, zu dem ich, um Rat zu holen, zurückgekehrt war, beschrieb mir dann einen Hintenrumweg, der mich glücklich über die Grenze brachte.)

Um nach Norwegen zu kommen, mußte man also den Dienstweg gehen und petitionieren. Ich legte einen Stoß Journalistenausweise bei, von deutsch- und tschechischsprachigen Blättern und Zeitschriften, von der »Volksstimme« in St. Gallen und der basler »Nationalzeitung«. Dr. Kleiber, der Chefredaktör des letztgenannten Blattes, war einer derjenigen ausländischen Redaktöre, die in jenen saueren Jahren auf kameradschaftliche und großzügige Weise flüchtigen deutschen Schreibern diese Ausweise ausstellten, welche bei Gesuchen an fremde Behörden gute Dienste leisteten. Natürlich war man nicht festangestellter Korrespondent – Dr. Kleiber hätte sonst in vielen Ländern je ein Dutzend oder mehr davon rumlaufen gehabt – sondern bekam nur bezahlt, was das Blatt auch wirklich druckte. Man hatte keine finanziellen Ansprüche, konnte über diese Honorare hinaus keine finanzielle Garantie oder Rückendeckung verlangen. Aber die Legitimation als schweizer Korrespondent war an sich schon von großem Wert.

Im Sommer kam eine Norwegerin besuchsweise nach Prag und unterrichtete mich über den Stand meiner Angelegenheit. Es ging vorwärts, aber nach skandinavischem Muster, d. h. immer mit der Ruhe, sehr langsam. Im Gegensatz zu anderen Ländern war man jedoch, wenn einen Norwegen erst einmal akzeptiert hatte, vor Ausweisung oder behördlicher Schikane sicher; denn die »Fagorganisasjon«, d. h. der Gewerkschaftsbund, garantierte für einen.

Ende August 1938 konnte ich abreisen, nach fast acht Monaten des Wartens. Als pflichtschuldig angemeldeter und legitimierter ausländischer Pressevertreter bekam ich von den tschechischen Behörden eine Fahrkarte zweiter Klasse bis zur Grenze. Die Visen für Polen, Lettland und Schweden hatte ich bekommen, das polnische nach kurzem Sträuben des Konsulats, das schwedische nach einem heftigen Krach mit dem Chargé d'Affaires, einem offenbar hochkonservativen und den antinazistischen Emigranten abholden Mann, der erst anständige Töne anschlug, als ich ihm ebeso scharf antwortete, wie er mich angeschnauzt hatte.

Wir fuhren um Mitternacht von Prag ab. Bis Mährisch-Ostrau hatte ich, da der Wagen Zweiter überfüllt war, auf meinem Gepäck im Gang zu sitzen. Ein Abteil des Wagens war für Passagiere erster Klasse. Kurz vor der Abfahrt kam ein Lette, eskotiert von drei oder vier Beamten des tschechoslowakischen Außenministeriums und von ihnen mit »Herr Ministerialrat« angeredet. Man redete natürlich das Esperanto Osteuropas, nämlich Deutsch. Bis Hitler unsere Sprache verhaßt machte, war sie vom Schwarzen Meer bis zum Baltischen die Verständigungssprache.

In Mährisch-Ostrau leerte sich der Zug, und ich konnte mir nach Belieben einen Platz wählen. Ich ließ mich in einem Abteil nieder, in dem ein altes Ehepaar saß. Wir kamen rasch ins Gespräch, und es stellte sich heraus, daß sie Russen waren, Mitglieder einer Judenmission, d. h. einer Organisation, die Juden fürs Christentum gewann, und in Riga wohnten. Sie reisten bis Lodz. Sie kamen gerade von einer Rundreise durch europäische Länder zurück, die sie zu dem Zweck unternommen hatten, Hilfskomitees für deutsche Flüchtlinge Beihilfen auszuzahlen. Ich wurde nach Leuten in Paris, Wien, Prag gefragt, die ich natürlich alle kannte. Offenbar hatte ich mich als bona fide Emigrant legitimiert, denn nach einem kurzen Flüstergespräch wandten sie sich zu mir, und der Mann bot mir eine Unterstützung an. Sie hätten freilich alles ausgegeben, denn das sei ja der Zweck ihrer Reise gewesen, aber eine Kleinigkeit... Ich versicherte, daß ich nichts bräuchte und für meine Reise versorgt sei, aber sie bestanden freundschaftlich darauf, und ich akzeptierte von ihnen ein halbes englisches Pfund. Es deckte dann vollkommen die Kosten meines Hotelzimmers in Riga.

Ab Lodz war ich allein im Abteil. Ich trat in den Gang hinaus und geriet mit einem tschechischen Ingeniör ins Gespräch. Er las das in der Schweiz erschienene Buch eines deutschen Industriellen, das paneuropäische Ideen vertrat, wir hatten somit reichen Gesprächsstoff, und ich zog in sein Abteil um. Er war durchaus für Europa, aber als wir auf sein eigenes Land zu sprechen kamen, sagte er etwas Kurioses, das mich, an den tschechischen nationalistisch engen Horizont Gewöhnten, freilich nicht überraschte. Er sagte: »Wir haben bei der Gründung unseres Staates einen großen Fehler gemacht. Wir hätten ihn nicht Tschechoslowakei nennen sollen, sondern Slavia«. »Seine Selbstkritik ging nicht tiefer als die Haut: der falsche Name, nicht das falsche System, die falsche Struktur, die falsche Methode, waren ihm der Irrtum. Und die Korrektur, die er vorschlug, enthielt noch deutlicher als der nun gewählte Name eine gegen die nichtslawischen Mitbürger gerichtete Spitze. Es war dasselbe, wie immer bei den Tschechen: sie glaubten, das Malaise der Staatsbürger zweiten Ranges sei durch Änderungen der Fassade zu überwinden statt durch Umbau des Wohnhauses.

Ich hatte vier Stunden Aufenthalt in Warschau, die ich zum Teil im Café zubrachte, zum Teil dazu verwendete, den schönen, modernen (später in Grund und Boden geschossenen und gebombten) Teil in der Nähe des Bahnhofs zu durchwandern. Mit Deutsch und, bei den Ungebildeten, Tschechisch (von dem ich nur wenige Brocken konnte), kam ich durch.

Von Warschau bis Riga teilte ich das Abteil mit zwei lettischen Studentinnen und drei estnischen Studenten, sowie einer polnischen Dame. Natürlich war die Konversationssprache deutsch; ich war der erste im Abteil, und jeder neu Hinzukommende fragte an der Tür auf deutsch: »Ist hier vielleicht noch ein Platz frei?« Die fünf Studenten hatten je drei Monate im Rahmen eines Akademikeraustauschs an polnischen Kliniken praktisch gearbeitet. Die Polin, eine Dame in den Vierzig, war ein Gespenst. Sie redete unaufhörlich, und sie redete fast ausschließlich von studentischen Verbindungen, »Korporationen«, wie sie sie nannte. Sie versicherte, ihr Mann sei Mitglied von dreien, reguläres Mitglied von einer, Ehrenmitglied zweier anderer. Sie sprach über Kartelle und über die Rangstufen der verschiedenen Verbindungs- und Landsmannschaftstypen und sah die Esten von oben herunter an, sobald sich herausstellte, daß keiner einer der »besseren« Korporationen angehörte. Wir flohen ratenweise in den Speisewagen, um auf eine Weile dem Wasserfall ihres Geschwätzes zu entrinnen: mal wir Männer, mal die Mädchen. Wir wagten nicht, alle auf einmal fortzugehen, weil wir fürchteten, sie würde uns begleiten. Im letzten Teil der Reise stürzte sie sich dann aufs jüdische Problem und erging sich weidlich antisemitisch. In Wilna verließ sie uns, ohne daß wir ihr nachtrauerten.

Nachts, an der lettischen Grenze trennte sich unsere Kupeegenossenschaft. Die Jungen hatten Karten Zweiter nur für Polen und zogen in die dritte Klasse um, ich stieg in die (lettische) zweite. Das Abteil war nüchtern und sauber, ein Beamter machte mir das Bett zurecht, indem er aus einem truhenähnlichen Fach die drei Teile einer Matratze herausholte und auf die ungepolsterte Bank legte, dazu Bettzeug, ich riegelte ab und ging, nachdem ich noch ein wenig in die nächtliche, flache Landschaft hinausgeschaut hatte, schlafen. Am anderen Morgen waren wir in Riga.

Meine Erinnerung an Riga ist schmerzlich, denn ich hatte nur einen Tag Aufenthalt und hatte mir – nach der kurzen Bekanntschaft – vorgenommen, bestimmt einmal wiederzukommen, und nun wird nichts daraus werden. Auf das finstergotische, golemhafte Prag, seine hunnisch-zipfelige, türmchenselige Gotik wirkte Riga hell, licht, klar und beinahe klassisch. Die Architektur – alte Backsteingotik wie neuere und moderne Geschäftsbauten – arbeitete nur mit den elementaren Mitteln der großen Baukunst: mit Fläche, Winkel, Linie, Verhältnis der Teile zueinander. Sie war durchaus ehrlich und rein. Es war eine Wohltat. Die

Stadt war sauber und hatte breite Straßen und Plätze, und die Menschen wirkten gegenüber den immer nervös gespannten und irgendwie verbissenen Tschechen heiter, gesund, aufgeschlossen und freundlich. Daß ich so sehr den Eindruck der Gesundheit hatte, ist vielleicht auf die offenkundige Liebe der Rigaer zum Aufenthalt in Parken und Alleen und auf ihren oft hellen, an Skandinavier erinnernden Typus zurückzuführen: in Wirklichkeit, das erfuhr ich schon dort und bekam es in Skandinavien bestätigt, herrscht bei ihnen viel Tuberkulose und Rachitis. So kann der erste Eindruck trügen.

Wie in anderen baltischen Staaten hatte nach dem Sieg Hitlers in Deutschland eine nationalistische, antideutsche Welle eingesetzt. Das Deutsche wurde in den Schulen nur noch als Fremdsprache gelehrt, und obgleich so gut wie jeder es konnte, auch deutsche Wörter in die Sprache eingegangen waren – wie mir der Name des Ratsplatzes, »rats laukums«, zeigte – war es nicht mehr sehr gerne gehört. Die einzige Person, die nicht deutsch verstand (d. h. so weit meine Erfahrung ging), war eine etwa fünfzehnjährige jüdische Zeitungsverkäuferin. Sonst bekam man überall deutsch geantwortet. Eine Kellnerin sagte: »Als die Russen hier waren, wurden die Letten und die Deutschen verfolgt, als die Deutschen hier waren« – im ersten Weltkrieg, meinte sie – »wurden Letten und Russen verfolgt, und jetzt, wo die Letten Meister sind, werden Russen und Deutsche verfolgt.« Ein melancholisches aber treffendes Kommentar über die naturgegebenen Konflikte und Nöte der national gemischten osteuropäischen kleinen Länder überhaupt.

Ich verließ Riga mit Bedauern. Die Seereise nach Stockholm dauerte von Mittag bis zum anderen Morgen. An Bord sprach man mit Selbstverständlichkeit deutsch, denn man konnte nie von vornherein wissen, welcher Nationalität der andere angehörte. Es waren Letten, Schweden, Tschechen, Finnen, Litauer unter uns. Auch ein junges englisches Paar – die beiden waren die einzigen, die nicht deutsch konnten und lebten daher isoliert für sich. Das Schiff war schwedisch, sodaß wir die erste Bekanntschaft mit dem skandinavischen Smörgåsbord machten, jenem reichbesetzten Tisch, der meistens mit Suppe und Fleischgericht anfängt und im übrigen aus einer Fülle von Dutzenden verschiedener Dinge besteht, aus denen man nach Belieben wählt und nach Herzenslust ißt.

Nachts saß ich geraume Zeit auf einem Balken neben dem Liegestuhl eines Mädchens. Ein junger schwedischer Seemann hockte neben uns auf dem Boden und sang ihr Lieder vor, meistens auf schwedisch, aber dazwischen auch englisch und deutsch. Unter anderem »Alle Vöglein sind schon da«. Er war keineswegs nüchtern, aber sehr höflich; wenn es ihm aufstieß, hielt er die Hand vor und sagte dezent: »Excuse me.« Als seine Zigaretten ausgingen, kaufte ich ihm eine Packung Chesterfield, und er begann plötzlich gegen den Kapitän zu wettern. Es stellte sich heraus, daß er ein seebefahrener Mann war, der trotz seiner Jugend einen großen Teil der Welt gesehen hatte, auch China, Japan, Südafrika, Indien, New York, San Francisco und Kjubä (er erzählte das alles in einem Sprachgemisch, darunter großenteils auf englisch). Und der Kapitän, dieser verächtliche Mensch, kenne nichts als die Ostsee, und auch da nur die Route Stockholm–Riga, Riga–Stockholm. Und für ihn, den in allen Meeren gewaschenen Weltensegler, hatte dieser unwissende Binnenwassermensch nichts als unwirsche Zurufe: »Go, work! No drink! Hurry up!« (»Los, arbeite! Nicht getrunken jetzt! Mach flink!«) Es war empörend. Nach einer Weile merkte er, daß der Reiz seiner Konversation am Abflauen war. Er stand auf, gab die Hand, sagte: »Ich sehe, Sie wollen miteinander reden«, und ging. Wir redeten miteinander.

In Stockholm stand mein Exschwager Günter Dallmann am Kai. Ich hatte ihn seit 1934, in Paris, nicht mehr gesehen. Ich wurde durch den Zoll geschleust, und wir fuhren zu seiner Wohnung.

Ich blieb etwas über eine Woche in Stockholm und gewöhnte mich daran, wenigstens den Tonfall der skandinavischen Sprachen um mich zu hören. Da ich von dieser schönen Stadt bei späterer Gelegenheit noch zu reden haben werde, soll sie hier nicht weiter behandelt werden.

Als ich weiterreiste, fuhr ich um Mitternacht ab und wachte frühmorgens auf. Auf der gegenüberliegenden Bank saß ein älterer norwegischer Beamter. Ich zeigte ihm meinen Paß, und er äußerte Bedenken: »Man läßt deutsche Emigranten nicht gerne herein.« Aber ich hatte ja mein Visum. Um acht Uhr früh kamen wir in Oslo an.

Wahlheimat Norwegen

Ich finde, daß es schwerer ist, über die Begegnung mit Norwegen zu berichten, als über die Erfahrungen in anderen Ländern, weil Norwegen – Land wie Leute – einem so schwer zugänglich ist und, wenn man ihm erst nahe gekommen ist, es einem so schwer macht, sich loszulösen. Norwegen wurde mir, völlig unerwartet, zur zweiten Heimat und ist mir auch heute noch Wahlheimat. Ich hoffe, es wiederzusehen.

Vielleicht wächst diese Liebe – die fast jeder von uns alten »Norwegern« empfindet – gerade aus der Tatsache, daß es so schwer und schmerzlich ist, dort heimisch zu werden. Die Menschen sind reserviert, undemonstrativ, unverbindlich freundlich, gehen nicht aus sich heraus. Es ist nicht schwer, Bekannte zu machen, auch Freunde; aber es ist dafür nicht so leicht, ihnen nahe zu *kommen* und sich ihnen nahe zu *fühlen.* Glückt das aber, so ist man gebunden. Mit der Natur ist es ähnlich. Sie ist schön, fremd und herb; der Boden liegt fast überall nur wenige Zentimeter tief überm Fels, man gerät schon mit dem Taschenmesser bald auf Stein, auf 500 Metern Höhe überm Meeresspiegel ist der Charakter der Landschaft wie bei uns im Schwarzwald oder im Bayerischen Wald auf 1000 Metern. Das Meer ist schön und harsch, kein lagunenhaft blaustilles südliches Wasser. Der Winter ist kalt, der Frühling kurz und jäh, der Sommer kommt nicht, sondern bricht explosiv aus und ist – mindestens im Süden – wunderbar heiß. Die weißen Sommernächte, die um die Sommersonnenwende auch im Süden des Landes nur tiefe Dämmerung, nicht schwarzes Dunkel, bringen, sind mild und seligsüß in ihrem Scharm; das Nordlicht, das im Sommer zu flammen und zucken beginnt und bis in den Winter hinein leuchtet, ist kalt, unendlich fern, bizarr in seinen über die Nordzone oder oft über die ganze Nordhälfte des Firmaments hinflackernden bleichen Fackeln, den unablässig sich wandelnden und ändernden, kaleidoskopisch wechselnden Mustern seiner Zeichnung.

Über Norwegen hätte ich so vieles zu sagen, daß es nötig ist, wenig zu sagen, zusammenzudrängen und nur zu skizzieren. Ich lebte vom September 1938 bis zum Mai 1939 in Oslo, dann, auf eigenen Wunsch eine von den Gewerkschaften gebotene Gelegenheit benutzend, auf der Insel Tromøy bei Arendal, im Skagerak, dann, ab Oktober 1939, gegen den Willen der Gewerkschaften, die mich nach Drammen, näher bei Oslo, setzen wollten, aber meiner Ahnung, daß die Nazis in nicht zu ferner Zeit in Norwegen einfallen würden, gehorchend, wieder in Oslo. Am 9. April 1940 kam die Invasion, am 11. floh ich nach Schweden.

Oslo ist die in raschem, zu raschem Tempo herangewachsene Hauptstadt eines Bauernlandes und hat, was die Fysiognomie und den Zusammenhang der Bevölkerung mit dem Land betrifft, vieles mit schweizerischen Städten gemein. Architektonisch ist die Stadt nicht überwältigend schön, es ist leicht zu erkennen, daß sie ihr Wachstum mehr dem dringenden Bedarf, dem Zufall und den jeweils gegebenen Kräften des Einzelnen verdankt als dem systematischen Planen kommunaler Leitung. Erst in später Zeit hat das letztere begonnen. Das große, zweitürmige Rathaus am Hafen und seine Umgebung war zum Beispiel im Bau, als ich eintraf. Hier wurde bewußt eine repräsentative Anlage geschaffen, eine Art ständiger Ehrenpforte für den landenden Besucher errichtet.

Was die alten Viertel und alten Bauten der Stadt anlangt, so kann sie mit den zum Teil herrlichen Häusern und Straßen des stockholmer Mittelalters nicht konkurrieren. Was einem das Gefühl von Geschichte und Tradition gibt, sind andere Dinge: die Anlage der Straßen, die Winkel und Krümmungen, Holzhäuser, überall verstreut, gewisse behagliche, dunkle Wirtshäuser, Unregelmäßigkeiten im Stadtplan, aber vor allem die überall lebendige Erinnerung an historische, künstlerische, literarische Große, das Vorhandensein historischer Stätten, Vår Frelsers Gravlund, ein Friedhof mitten in der Stadt, in dem sie alle liegen: Wergeland, Ibsen, Bjørnson, Ivar Aasen usw., die geistigen Recken des Landes, alle ohne ein Kreuz – sie liegen unter Säulen, Granitblöcken, Bautasteinen und so isoliert, selbständig und trotzig, wie sie im Leben standen. Sie waren Streithämmel, alle von ihnen: Aasen, der dem Lande eine neue Sprache gab, das »Landsmål«, im Gegensatz zum »Riksmål«, und in dessen Namen sich noch heute Freunde entzweien und Anhänger der beiden Formen der Landessprache die Köpfe blutig schlagen; Bjørnson, der zeitlebens eine Sache verfocht und sich im politischen

Getümmel herumschlug, heute für eines und morgen für das Gegenteil; Ibsen, der bissig an seinem Eckfenster am Drammensveien stand und seine Landsleute schmähte; Wergeland, der mit dem Dichter Welhaven eine schonungslose, beide das Herzblut kostende literarisch-politische Fehde kämpfte – der vom Storting verlangte, daß das Aufenthaltsverbot für Juden abgeschafft werde, und Jahre nach seinem Tode, zehn Jahre nach Beginn seines Kampfes, siegte. Ihm hatten im selben Friedhof »die dankbaren Juden Oslos« ein Denkmal gesetzt: Wergeland hatte 1841 den Streit um ihr Menschenrecht aufgenommen; 1851 schaffte das Storting das Gesetz ab, das Juden den Aufenthalt im Lande verbot.

Pazifistische und politische Beziehungen brachten mich in Kontakt mit einer Anzahl bekannter Leute sowohl der älteren als auch der jüngeren Generation, darunter mit solchen, deren Namen heute die Weltpresse allen Völkern bekannt gemacht hat; aber es blieb bei flüchtigen oder einmaligen Begegnungen, denn ich finde keinen Geschmack daran, absichtlich Anschluß zu suchen und kam also nur dann mit solchen Leuten zusammen, wenn ein äußerer Anlaß die Ursache war. Es war für den Emigranten, meinem Gefühl nach, in Norwegen und Schweden besonders schwer, als Gleicher unter Gleichen aufgenommen zu werden, wenn man es nicht darauf anlegte, sich aufzudrängen. Wer die nötige Ungeniertheit hatte, konnte freilich sehr leicht überall hineinkommen; es war für manche von uns überraschend, wie gerade die substanzlosesten Menschen – auf eine Weile – akzeptiert und sogar bewundert wurden, einfach weil der Skandinavier der sozial aggressiven, geschäftigen, demonstrativen und exhibitionistischen Art wesensfremd ist und daher von Menschen, die auf eine billige Art scharmant und anbiedernd waren, bezaubert wurde. Die Hans Dämpfe in allen Gassen hatten es auf eine Zeitlang leicht, gerade weil sie so extravertiert waren; der, wie der typische Skandinavier, Zurückhaltende, nach innen Gewandte, ist der Liebenswürdigkeit des lauten, sanguinischen Gschaftlhubers gegenüber oft wehrlos. Er ergibt sich. Die Ernüchterung folgt in der Regel bald nach.

Zu meiner Zeit lebte noch Edvard Munch, der große Maler. Er war fast taub und durchaus unzugänglich, aber als Th. Th. Heine, der Nestor derer, die den »Simplizissimus« gründeten und machten, nach Oslo emigrierte, nahm er sich seiner herzlich an. An der damaligen

Stadtperiferie lag der Frognerpark mit Rasenflächen und angelegten Wegen, wo in einem unzugänglichen, turmartigen Gebäude der alte Vigeland an den zahlreichen Figuren arbeitete, mit denen er den Park auszustatten hatte. Es war ein Auftrag, wie ihn sich jeder Bildhauer wünschen konnte: nach eigenem Plan und nach eigenen Ideen einen ganzen Park auszuschmücken. Ein großer Freund der deutschen Flüchtlinge war Fredrik Paasche (sprich: Pohske), Professor für deutsche Literatur an der Universität. Er starb später im Exil, in Stockholm.

Mein eigentlicher norwegischer Freund war ein junger Filolog, Kandidat Løve Stokke, mit dem ich jede Woche zweimal teils deutsch, teils norwegisch trieb. Er war ein Bauernsohn von der Westküste und an einer höheren Schule in Oslo als Lehrer angestellt. Durch ihn bekam ich erst wirklich Zugang zum Verständnis des Norwegischen; da seine Fächer Deutsch und Norwegisch waren, war er mit Fachwerken, vor allem auch über das Altnordische, wohl versehen, aber mehr noch als Bücher war er persönlich eine reiche Quelle der Information und Belehrung. Durch ihn wurde ich auch mit Snorre Sturlason bekannt, dem alten Isländer, der ein gewisses Handbuch der Poesie, eine Poetik, verfaßt hat, die irrtümlicherweise als Sagensammlung ins Bewußtsein der Völker eingeführt wurde, die Edda (die einzige, die es gibt, nicht die »ältere«; Sache und Namen gehören nur Snorres filologischem Werk zu, nicht etwa den alten Sagen, von denen er, als Demonstrationsobjekte, viele eingefügt hat). Snorre, der Historiker, Jurist, Politiker, fesselten mich ebensosehr wie sein Leben und die Epoche, in der er lebte, jener Ausschnitt aus Islands Geschichte, dem seine Familie den Namen gegeben hat. Ich habe die Hoffnung, eines Tages über ihn eine größere Arbeit vorlegen zu können.

Ein anderes filologisches Interesse wurde durch die Tatsache hervorgerufen, daß zwischen dem Norwegischen und meinem eigenen Heimatdialekt, dem Alemannischen, so viele überraschende Ähnlichkeiten bestanden. Auch hieran hängt eine Hoffnung, nämlich die, eines Tages in Norwegen über diese sonderbaren Parallelen arbeiten zu dürfen. Selbst der Tonfall – von gewissen Punkten der Grammatik, des Vokabulariums usw. abgesehen – hat Ähnlichkeit, sodaß es auch dem Ungebildeten auffällt. Ein schweizer Montör von Brown, Boveri & Cie., der in

Oslo vorübergehend arbeitete, sagte: »Man meint immer, man müßte sie verstehen. Es klingt, wie wenn einer schlechtes Schweizerdeutsch spricht.«

Meine fünf Sommermonate auf der Insel Tromøy waren die schönste Zeit meines Exils. Ich wohnte bei einer alten Frau, die stolz darauf war, daß ihre fünf Söhne alle Sozialdemokraten waren. Sie hieß Tellefine Pedersen. Von meinem Fenster sah ich auf den Galtesund, der das Skagerak mit dem Städtchen Arendal verband. Die Insel war nicht sehr groß, vielleicht 12–15 Kilometer lang und 1–2 Kilometer breit, aber es gab viel Wald, wechselnde Landschaftstypen und schönen Strand, stillen, ruhigen wie wilden, felsigen, ewig von den anstürmenden Wellen gepeitschten. In vier Minuten fuhr man auf der Fähre über das Wasser nach Arendal, einem schönen, freundlichen Städtchen, das sich zum großen Teil amphitheatralisch um den Stadtkern mit dem Marktplatz die Hänge hinaufzieht. Im Mai, als ich angekommen und vom Bahnhof die hundert Meter zu einem kleinen Sattel hinaufgegangen war, stand ich plötzlich vor dieser Arena; auf dem Markt war buntes Leben von Menschen, Ständen, ausgelegtem Gemüse und Blumen, ringsum an den Seitenwänden des Kessels standen die Gärten in Baumblüte – es war zauberhaft und unerwartet.

In Arendal, wohin ich täglich ins Café des Grandhotels fuhr, zum Frühstücken, manchmal auch zum Mittagessen, konnte ich deutsche, englische, französische Bücher bekommen, und es gab einen alten Buchbinder, der mit seinem Sohn in einem Souterrain arbeitete. Bei ihm konnte man sich Einband und Vorsatzblatt wählen; er hatte eine reiche und schöne Auswahl von Mustern. Ich ließ mir eine Anzahl von Büchern binden. Der Alte war als junger Mensch einmal in Berlin gewesen und hatte sich als Andenken eine Reclamausgabe von einem Ibsendrama mit heimgenommen.

Vor dem Grandhotel ging eines Tages ein hoher, knabenschlanker, aufgerichteter Herr auf und ab. Er trug einen braunen Anzug, Hut, Stock und hielt Handschuhe in der Hand. Es war Knut Hamsun. Er wohnte ein Stück weiter südlich, ebenfalls an der Küste, auf seinem Hof Nørholm, beim Städtchen Grimstad. Hamsun war damals achtzig, aber sein Auge war jung – kein freundliches, mildes Auge: es war ein scharfes Raubvogelaug, sein Schnurrbart war grau, nicht weiß, sein Gesicht frisch, seine Haltung und Bewegung die eines durchaus rüstigen, ja, sehr aktiven Menschen. Er kam einmal ins Café herein und schaute sich um; offenbar war er auf der Suche nach jemandem.

Auf der Insel streifte ich allein herum. Umgang hatte ich eigentlich nur mit Kindern, die manchmal gelaufen kamen, und vor allem Hunden (obgleich nicht unterschlagen werden darf, daß alle Menschen freundlich waren und die Mädchen am freundlichsten). Die Hunde liefen mit mir in den Wald; wir rannten um die Wette; wir liefen über Stock und Stein, jeder von uns das eine Ende eines langen Astes haltend – es war ein schönes Leben. Auerhähne flogen aufgescheucht in Scharen auf und strichen durch die Fichten davon; Schnepfen schlugen; ich stieß auf einen jungen Elch von der Größe eines Pferdes und stand, nur durch dünnes Fichtengezweig etwas verdeckt, lange Zeit sechs Meter vor ihm und sah ihm zu, wie er von den Büschen und jungen Bäumen das Laub abfraß. Dann machte ich eine Bewegung, und er ging ab, über eine kleine Wiese, in den Wald hinein. Meine Wirtin sagte, es sei früh und wir würden wohl einen strengen Winter bekommen. Die Elche ziehen normalerweise nicht schon Mitte September so früh nach Süden. Erst später pflegen sie den schmalen Sund zu durchschwimmen und die Insel aufzusuchen.

Ich verbrachte viele heiße Sommernachmittage am Strand. Etwa eine Stunde von meiner Wohnung gab es eine Stelle, wo er zehn bis fünfzehn Meter breit unter seichtem Wasser lag, zunächst nur einige Zentimeter tief, dann bis über Hüfthöhe, um schließlich steil in die Innenrinne der Bucht abzufallen. An diesem Ort wuchsen die jungen Flundern auf, kleine, flache, hellbraune, vom leicht schlammigen Grund kaum unterscheidbare Geschöpfe, deren Länge von Millimetern bis zu einigen Zentimetern reichte. Man hält es für leicht, sie mit der Hand zu fangen, aber es ist mir nie geglückt. Sie sind schwer zu entdecken, da ihre Färbung dieselbe ist, wie die des Bodens. Wenn man die zwei Pünktchen der nebeneinanderliegenden Augen entdeckt hat, kann man durch genaues Hinschauen auch die Umrißlinie des Körpers erkennen. Man läßt die Hand langsam, langsam dem Tierchen sich nähern, bis es scheint, man brauche nur zuzugreifen – da flitzt es davon, flach über den flachen Grund, beim Abstoß und, einige Meter weiter fort, beim Landen kleine Schlammwölkchen aufwerfend, die im Wasser rasch vergehen.

Am Rande, wo der nackte Sand begann und das leichtspülende Wasser eine mehrere Zentimeter breite Linie von kleinen Steinchen aufgeworfen hatte, befand sich die Kinderstube der Einsiedlerkrebse. Sie lebten in den tausenden kleiner, leerer Schneckenhäuschen, die das Meer aufgeworfen hatte; keines reichte der Größe nach an ein Haus unserer Weinbergschnecke. Die Krebschen steckten mit dem Hinterteil im Schneckenhaus, ihre Fühler, Füßchen und Zängchen standen heraus und strampelten eifrig nach Nahrung. Sie waren alle ewig beschäftigt, und es war possierlich, wie sie »Bäumchen wechseln« spielten. Wer einmal erlebt hat, wie auf einem Amt, in einem großen Industriebetrieb oder auf einer Militärbehörde die ganze Beamtenhierarchie in Bewegung gerät, wenn der oberste Chef ein neues Büro bekommt, hat einen Begriff, wie es bei den Einsiedlerkrebsen zuging. Wenn der Chef sein Büro wechselt, geht eine Völkerwanderung los, die sich bis hinab zum kleinsten und unwichtigsten Schreiber ausdehnt. Der Stellvertreter des Chefs bemächtigt sich sofort des leer gewordenen Büros seines Vorgesetzten, der Stellvertreter des Stellvertreters, der Kassierer, der Prokurist, der Oberbuchhalter, der Unter-, der Hilfsbuchhalter, die Sekretärinnen und Tippfräulein usw. usw., alle geraten sie in Bewegung und rutschen eins rauf, ins freigewordene Loch des Nächsthöheren. Das alte Heim ist plötzlich unerträglich, und jeder andere Raum ist herrlicher.

So war es mit den Krebschen. Wohin man sah, sah man sie Gymnastik treiben. Die Welt war voller leerer Schneckenhäuser, und jeder Krebs tastete herum, fand eine unbenutzte Wohnung und war von Stund an seiner alten übersatt. Das leere Nachbarhaus wurde abgetastet, herumgedreht, starke Arme packten den Rand seiner Öffnung, und mit einem Schwuppdich! wurde der Leib aus der alten Höhle heraus- und in die neue hineingeschwenkt. Sehr oft war das neue Haus zu eng oder sonstwie zu unbehaglich, sodaß man sofort in ein drittes umzog, manchmal auch blieb man eine Viertel- oder halbe Stunde drin und fand dann plötzlich ein anderes Gehäuse unwiderstehlich anziehend und besiedelte es.

An einer anderen Stelle des Strandes, einen Kilometer von der ersten entfernt, hatte ich eine Quallenfarm. Dort hatten Felsen einen gegen das Meer hin abgeschlossenen Teich von fast zwei Metern Breite, sechs Metern Länge gebildet; an einer dem Lande zugewendeten Stelle war die Barriere so niedrig, daß jede Welle herüberschlug; war es eine starke Welle, so warf sie manchmal eine Qualle herein. Indessen verließ ich mich nicht auf diese außermenschlichen Eingriffe, sondern lauerte an jener niedrigen Stelle und gab den herangetragenen Quallen den nötigen Schubs, der sie in mein Gebiet hereintrug. Es war interessant und sonderbar, die durchsichtigen Dinger zu betrachten und sich bewußt zu sein, daß sie Tiere waren, nicht treibende Pflanzen; interessant war auch die Mannigfaltigkeit der Formen. Ich gab Hand und Bein, um mich von den Nesselfäden brennen zu lassen; denn ich wollte wissen, wie es tat: der Schmerz war mäßig, manchmal wie von richtigen Brennesseln, manchmal nur ein mildes, rieselndes Beißen.

Tromøy, das heißt für mich: Frieden, Natur, Meer und Wald, rothaarige Mädchen (es war überraschend, wie viele Rotköpfe herumliefen) Möwen, Nordlichter, Hunde, Auerhähne, moosiges Waldpolster, weiße und rote Seerosen, im Herbst Pilze und Büsche mit roten Beeren – und keine Herbstzeitlose. Dieses Jahr, 1950, sehe ich die blasse Blume unseres Herbstes zum ersten Mal wieder, nach vielen Jahren. Ich habe sie im Exil Herbst um Herbst entbehrt und vergeblich gesucht.

Vom August an etwa bildeten Pilze einen wesentlichen Teil meiner Ernährung auf Tromøy. Ich stöberte durch die Wälder und aß roh, was mir ungefährlich vorkam und gut schmeckte. Ab September, als man allmählich zu heizen begann, füllte ich auf meinen Gängen die Mantel-, Hosen- und Rocktaschen mit Fichtenzapfen, Föhrenzapfen und Holzspänen und verbilligte so erheblich meine Heizungskosten.[26]

Länder haben Fysiognomien

Wenn man alle paar Jahre sein Aufenthaltsland wechselt, wird einem, ohne daß man sich um die Erkenntnis besonders bemüht, durch gründliches Erleben klar, was man früher als natürlich angenommen und aus flüchtigeren Berührungen oder aus Begegnungen mit Ausländern und ihrem Verhalten auf eine allgemeine Weise gewußt hat: daß Länder Gesichter und Charaktere haben und daß Völker Persönlichkeiten sind.

Wie weit charakteristische Züge wesenhafte Anlage und wie weit sie durch Geschichte, Erlebnis, Tradition erworbene Eigenschaften sind, wäre von Fall zu Fall zu untersuchen. Die volle Klärung wäre sicherlich nie leicht und vielleicht nie möglich. Daß bei verschiedenen Grundtypen Mensch und bei verschiedenen Gruppen von Menschen gemeinsamer oder gleichwertiger Herkunft (d. h. ethnologischen Gruppen) manche Züge zu Kern und Wesen, zur Natur gehören *müssen* – und zwar Züge, die nicht allgemeinmenschlich in gleicher Mischung, gleichem Verhältnis zur Bildung der Persönlichkeiten (auch der Kollektivpersönlichkeiten, wie ethnologische Gruppen es sind) verwendet wurden – dafür spricht das Beispiel der Natur selber, das bei allem Lebenden, bei Tier wie Pflanze, im Rahmen der gleichen Gattung zahlreiche mehr oder minder unterscheidbare Arten, nota bene: durch fundamental verschiedene Charakterzüge voneinander unterscheidbare Arten, hervorbringt. Der Mensch steht nicht außerhalb der Natur.

Wir leben in einer Epoche der Gleichschaltung: die Lehren des Ostens wie die des Westens gehen von einer unwissenschaftlichen und mit ungründlicher Schlamperei über Grundtatsachen hinwegschreitenden Theorie aus, nach der das Menschenmaterial, das zu der ersehnten Weltgemeinschaft zusammengeschmolzen werden soll, überall das gleiche ist. Nur dasjenige Volk, das zu jeweiliger Zeit strafweise in die Ecke gestellt oder überhaupt der Prügelknabe ist, wird als ein von dieser Norm völlig verschiedenes denunziert, z. B., je nach Ort und Zeit, die Deutschen oder die Juden. Im übrigen aber wird eine allgemeine Identität der Elemente angenommen, und es ist darum kein Wunder, daß man alle jene großen Probleme, die Wachstumsprobleme sind und nur durch Dienst und Pflege der gewollten Entfaltung und Entwicklung zugeführt werden können, dilettantisch wie simple algebraische Probleme behandelt.

Ein wenig mehr Herder und Fichte sind nötig, wenn man schöpferisch an die Herstellung der »einen und einzigen Welt« gehen will. Herderische Weite, die mit dem Gefühl alle Völker dieser Erde umfaßt und zugleich ihre Individualitäten liebt und bejaht. Fichtesche Konzeption von der Berechtigung der Individualitäten und ihrer Vereinigung in der großen Familie – als Individualitäten. Denn dieser Nationalist war ja beileibe kein Nazi (zu dem man ihn gestempelt hat). Er wollte die Menschheit, das friedliche Miteinanderleben aller, den Völkerbund, den ewigen Frieden, die Freiheit und Gleichheit der Nationen, der Bürger und sogar der Geschlechter. Das alles vor anderthalb Jahrhunderten schon. Der gesunde Internationalismus ist alles andere als Konformismus – gleichviel, ob es sich darum handelt, einem östlichen oder westlichen Typus oder Ideal gleichgeschaltet zu werden.

Völker haben nun einmal Persönlichkeiten, und es wäre traurig, wenn sie sie nicht hätten. Daß in den Individualitäten der Nationen auch Gründe für die Schwierigkeit internationaler Zusammenarbeit und des Miteinanderlebens stecken können, ist selbstverständlich. Man muß mit ihnen rechnen und von Fall zu Fall nach einem Modus vivendi suchen. Der Einzelne, der Besucher fremder Länder kann es sich leichter machen, solange er eben nur als Betrachter Stellung nimmt, nicht als aktiver, verantwortlicher Politiker. Er kann erzählen und schildern, was er erlebt hat, was ist, und zu anderen Themen weitergehen.

In der Tschechoslowakei ist mir vor allem der Nationalismus aufgefallen. Es gibt gewiß Erklärungen dafür: das Land hat seine Selbständigkeit erst vor kurzem errungen, und das Nationalbewußtsein, das zwar in gewissen geschichtlichen Epochen, etwa zur Hussitenzeit, sehr heftig aufgewallt war, war verschüttet oder in Resignation abgestumpft gewesen und vor kaum einem Jahrhundert wieder neu aufgedeckt worden – wobei als Geburtshelfer Herders Ideen eine entscheidende Rolle gespielt hatten. Was den tschechischen Nationalismus für mich besonders kennzeichnete – etwa gegenüber dem geschichtlich-traditionell-weltpolitischen der Franzosen – war aber seine engstirnige Gehässigkeit, die nach innen gewendet war, gegen eine nationale Gruppe, die man bei der Staatsgründung, ohne daß zu viele Grenzregulierungen oder Bevölkerungsverschiebungen nötig gewesen wären, hätte außerhalb des Landes lassen können. In der Tat hatte man beim Friedensschluß von tschechischer Seite einmal abgelehnt, die Sudetengebiete aufzunehmen, aber der kurzsichtige Nationalismus Clemenceaus bestand darauf, dem neuen Staat dieses Kuckucksei ins Nest zu legen. Das Schlimme war jedoch, daß die Tschechen, nachdem sie die deutschen Gebiete einmal angenommen hatten, nun einen rassistischen Chauvinismus an den Tag legten, statt zu versuchen, dem Staat ein auf die Gleichberechtigung aller begründetes Gefüge und Gesicht zu geben.

Die Tschechen sind auch geistig die westlichsten aller Slawen, und trotzdem kam es mir vor, als gehörte ihr Land eigentlich in jenes Gebiet des europäischen Ostens, das Karl Emil Franzos »Halbasien« nannte. Ein tschechischer Intellektueller - war es, im vergangenen Jahrhundert, Dobrovský? - pflegte zu sagen: »Wir Tschechen sind Deutsche tschechischer Sprache«, um den westlichen Charakter seines Volkes auszudrücken. Wieviel ist daran wahr?

Was mich überraschte war, daß der Tscheche in gewissem Sinne so extrem Slawe und zugleich einem gewissen Deutschen so ähnlich ist. Man erklärte mir die chauvinistische, nationalistische, rassistische Gehässigkeit der Tschechen oft so: »Sie sind Individualisten auf höherer, nämlich nationaler Stufe.« Damit ist natürlich jeder, auch der entsetzlichste, Nationalismus und Chauvinismus psychologisch zu erklären und, wenn man will, zu entschuldigen. Es ist unverantwortlich, mit dem Sinn des Wortes »Individualismus« so Schindluder zu treiben.

Eines der wesentlichen Merkmale des westlichen Typs und der westlichen Denkart ist der Individualismus. Selbst wenn es sich um einen uniformen Individualismus handelt wie bei den Franzosen und den Amerikanern, ist doch der Individualismus als solcher ein Gut, das man werthält und nicht entbehren will. Der Unterschied zwischen den slawischen und dem europäischen Wesen ist mir – zum Teil – gerade am Beispiel der Tschechen, der westlichsten Slawen, deutlich geworden. Als Einzelne sind sie oft sehr besonders und individuell, ausgesprochene Persönlichkeiten, oft voller Scharm, Weithorizontigkeit und Menschlichkeit. Aber sobald sie politisch werden, sich mit der Nation identifizieren, sind sie unleidlich, fanatisch, gehässig, chauvinistisch und borniert. Mir scheint, daß hier die – bei den Russen noch viel deutlicher erkennbare – Bereitschaft der Slawen vorliegt, sich zu entpersönlichen, zu entselbsten, ja, zu negieren zugunsten eines anonymen Kollektiv-Individualismus. Sobald der Slawe sich selbst ausgelöscht hat und im Kollektiv Nation aufgegangen ist, ist er abscheulich tyrannisch, intolerant und bösartig gegen andere, im Fall der Tschechen gegen die ihnen ausgelieferten Minoritäten. Er wird zum beinahe unpersönlichen Verfolger; wer anders ist oder anders denkt, als das Kollektiv will, wird – zwar *durch* ihn, aber nicht *von* ihm, da er nur ein Organ des Kollektivs ist – mit gutem Gewissen und ohne Erbarmen ausgerottet. Und hier ist auch bei den Tschechen eine Beziehung zu den Deutschen, nämlich zu den Preußen: was wir am preußischen Staat besonders unangenehm empfinden, vor allem der Militarismus, hat wohl seine Wurzel in der Hauptsache darin, daß Preußen ein so stark slawisch durchsetztes Land ist. Die preußische Staatskonzeption hat, wie die nazistische, jene fundamentale Theorie, daß der Staat alles ist, der Einzelne nichts – außer indirekt, nämlich durch das, was der Staat aus ihm zu machen beliebt. Wo in Deutschland Romanen und Germanen sich gemischt haben, ist die Gotik (eine trotz ihrem Kollektivzweck individualistisch-problematische Sache) entstanden, wo Slawen und Germanen sich gemischt haben, ist der preußische Militarismus (die Negierung des Individuums und die Apotheose des Kollektivindividuums) entstanden.

In Norwegen nun fand ich mich plötzlich nach Europa zurückversetzt. Man war durchaus individualistisch, es wimmelte von Persönlichkeiten und Charakteren, man schätzte den Unterschied statt der Konformität; man war bewußt Kleinstaatler, hielt die Notwendigkeit einer Armee vor der Naziinvasion nicht für gegeben und drückte sich vom Militärdienst; früher hatte der Bevölkerungsteil, der keine Möglichkeit hatte, sich vom Dienst dispensieren zu lassen, im ganzen 48 Tage militärischer Ausbildung durchzumachen, zu meiner Zeit, als man sozusagen militant defensiv war, waren es 96 Tage! In den norwegischen Blättern fand man nicht die bei uns übliche strenge und ausschließliche Beschränkung auf Gesinnungsgenossen der Redaktion: Liberale schrieben im konservativen »Aftenposten«, Konservative im liberalen »Dagbladet«, Bürgerliche gelegentlich im »Arbeiderbladet«. Man hatte einen

König, aber er war nur ein Angestellter des Volkes und besorgte die Repräsentation; regieren taten vor allem die Sozialdemokraten; diejenigen, die darin schwelgten, mit Moskau im Gleichschritt zu marschieren, die Kommunisten, durften im Festzug am 1. Mai mitmachen; sie waren belanglos, ihre zwei Dutzend Männlein waren nichts als eine kleine besondere Note im Zug der tausende von Sozialisten. Man brauchte vor Behörden keine Angst zu haben, wurde nicht angeschnauzt oder schikanös hingezogen, wie es einem in Prag immer wieder passierte, und wenn einem etwas nicht paßte, bestand man auf seinem Recht oder Wunsch, beklagte sich oder machte gar Krach.

In Prag hatte man auf den Ämtern stillzustehen und den Mund zu halten, und wenn es der Polizei einfiel, einen auf eine Weile festzunehmen und zu -halten, war nicht viel dagegen zu tun: zum Beispiel wurden, als der rumänische König Carol zu Besuch kam, rund 1000 Ungarn und Deutsche einfach auf einige Tage eingespunnt. In Prag wurde ich bei meiner ersten polizeilichen Meldung von einem Beamten, der fließend deutsch sprach, angeschrien: »Warum sprechen Sie nicht tschechisch. Wenn ich nach Berlin komme, muß ich auch deutsch können.« Als ob man im Ausland für den Fall eines etwaigen Besuchs in der Tschechoslowakei die von sieben bis acht Millionen Menschen als Muttersprache benutzte Sprache zu lernen pflegte und ich das aus Böswilligkeit zu tun unterlassen hätte. In Norwegen fragte mich eine junge Frau auf der Polizei, welche Sprache ich könne; ich bot Deutsch und Französisch an, sie wählte Französisch, obgleich sie auch gut deutsch sprach. Ein Mann hinter mir fragte: »Est-ce que vous êtes française, madame?« »Non, monsieur«, sagte sie, »je suis norvégienne.« Der Mann fragte mich, ob ich Franzose sei. Ich sagte, nein. Die Beamtin fragte ihn, ob er es sei, und er, ein großer, grauhaariger Mann mit einem behaglichen Bauch, sagte feierlich: »Non, je suis norvégien«, sah mich an und fing an zu lachen. »C'est rigolo, n'est-ce pas?« fragte er. Sein Bauch wackelte. Wir lachten alle drei, dann wurde meine Angelegenheit erledigt. In Prag bestand sogar das offizielle Pressebüro der Regierung darauf, uns Journalisten deutsche Texte auszuhändigen, die ortografisch, grammatikalisch, allgemein sprachlich miserables Deutsch waren, obgleich ihm tausende von regierungstreuen oder regierungsfreundlichen tschechoslowakischen und ausländischen deutschen Übersetzern zur Verfügung gestanden wären. In Schweden, und ich glaube, auch in Norwegen, muß jeder Telegrafist, selbst im kleinsten Dorf, deutsch, französisch und englisch können. In Prag mußte sich ein ungarischer Journalist, der 1933 aus Deutschland dorthin geflohen war, von den Beamten auf tschechisch anreden und anschnauzen lassen und mußte geduldig stehen und warten, bis sich einer erbarmte und deutsch mit ihm redete, obgleich sie alle Deutsch verstanden und sprachen und es das Gegebene war, unsere Sprache zu gebrauchen, wo der eine nicht tschechisch und der andere nicht ungarisch sprach. In Norwegen und Schweden – wie übrigens auch bei uns, mindestens in meiner süddeutschen Heimat – ist man glücklich, wenn man auf den Ämtern einem anderen in seiner Sprache dienen, sein Schulfranzösisch oder Schulenglisch hervorholen kann. Und ein Tschechoslowak, der in Berlin bis zu seiner Flucht auf dem Steueramt angestellt gewesen war, erzählte, wie einst zu ihnen ein prager Rechtsanwalt kam – ein Jude, der also bestimmt deutsch konnte – und nur tschechisch redete, und wie sie alle Abteilungen durchstöberten, bis sie jemand fanden, der wenigstens polnisch sprach und sich so mit dem Tschechen verständigen konnte.

Norwegen war Europa. Die großen Dichter seines Landes gehörten der Weltliteratur an, und die Weltliteratur war bis tief ins Volk hinein in ihren hervorragenden Persönlichkeiten und Werken bekannt. Die unabhängige Stellung des Einzelnen zum Staat war erfrischend und heimelig. Die Vielgereistheit des seefahrenden Volkes – in dem man so und so oft fand, daß ein Beamter, ein Schriftsteller, ein Industrieller in seiner Jugend einige Jahre als Schiffsjunge oder Leichtmatrose die Welt befahren hatte – machte, daß überall Aufgeklärtheit, Kenntnisse, Interesse an Fremdem einem entgegentraten. Es war frische, sauerstoffreiche Luft nach dem dicken Stickstoff der prager Atmosfäre, dem verhockten und giftig brütenden Mief, der über der Tschechoslowakei lagerte.

Es ist eine Tatsache, daß die politischen Emigranten, die nach den Vereinigten Staaten gingen, alle oder fast alle heimgekehrt sind, nach Deutschland, während es gerade in Amerika in deutschen Kreisen bekannt war, daß diejenigen von uns, die vorher in Norwegen gewesen waren, am liebsten nach Norwegen zurückkehren würden. »Ach, Sie waren in Norwegen? Ja, die wollen ja alle zurück!« hab ich viele Male gehört. Diese Gegenüberstellung zeigt zweierlei: Erstens, daß dem Politischen die Fysiognomie und der Charakter der europäischen Welt näher und lieber sind als die der amerikanischen, zweitens, daß es sich dabei nicht um platten »Nationalismus« oder um einfaches »Heimweh«, um die Muttersprache oder ähnliche vertraute Gefühlshintergründe handelt, denn unsere Sehnsucht differenziete sich auch insofern, als sie nicht in erster Linie Heimat und Vaterland herausgriff, sondern das »fremde« Land , Norwegen.

Es ist fair, zu sagen, daß andere von Prag schwärmten und sich zurückwünschten. Aber der Unterschied ist, daß sie sich als Exilanten zurückwünschten: ihre Sehnsucht galt fast ausschließlich der Angenehmheit des Lebens, das wir als Ausländer fort führten. Wir konnten weitgehend am kulturellen Leben des Landes teilnehmen - als Zuschauer und Genießende - wir hatten unsere Kaffeehausheimaten und unsere Diskussionen, zum Teil auch mit Einheimischen, und waren für die sozialen und politischen Verhältnisse in der Tschechoslowakei nicht verantwortlich und durch sie kaum berührt. Nach Norwegen aber sehnen wir uns, gerade weil wir die sozialen und politischen Zustände billigen und weil wir, nach Überwindung der ersten Isoliertheit, viel mehr mittun und mitleben konnten als anderswo.

Der Sturm bricht los

Man sah es heraufkommen, wenn man nicht blind war oder es sein wollte. Die Ereignisse zeichneten sich entweder am Horizont ab oder die Vernunft sagte einem,daß sie soundso ablaufen müßten. Im Februar 1939 schrieb ich in der »Neuen Volkszeitung«, New York, daß mir die Gefahr eines nazistisch-sowjetischen Paktes gegeben scheine und daß Europa einer solchen Kombination gegenüber machtlos sei, nur die Vereinigten Staaten ihr gewachsen sein würden. Im August kam der Pakt zwischen Deutschland und der Sowjetunion, im September begann der Krieg. Aus USA schrieb mir meine Schwester: »Gottseidank, daß diesmal unser Land nicht beteiligt ist.« Ich antwortete ihr untrostvoll: daß der nun beginnende Krieg erst enden werde, wenn die Vereinigten Staaten daran teilnähmen, und nur durch sie beendet werden würde.

Kurz nach dem Kriegsausbruch kam ich morgens ins arendaler Café und fand einige fremde Männer dort sitzen. Es waren finnische Seeleute; ihr Schiff war im Skagerak, einige Kilometer von Arendal, von Nazis versenkt worden. Der Polizeimeister von Arendal wies einen Franzosen aus, der in der Gegend von Grimstad botanische Studien betrieben hatte. Von der Regierung kamen Anweisungen für Ausländer. Ich begab mich dementsprechend auf die Polizei und wurde von den uniformierten Beamten in ein der Wachstube gegenüberliegendes Büro gewiesen, wo mir ein kurzer, bebrillter Mann erklärte, er habe jetzt keine Zeit, ich solle am nächsten Tag um achtzehn Uhr wiederkommen.

Am selben Abend, um zwanzig Uhr, kam der Lensmann für die Insel Tromøy, ein vielleicht siebzigjähriger Mann, bei dem ich mich nach meinem Einzug gemeldet hatte, mit einem Auto zu meiner Wohnung und holte mich ab. Der Zivilist auf der Polizei – ich erfuhr erst später, daß er der Polizeimeister sei – knurrte mich an, warum ich nicht um sechs Uhr gekommen sei? Ich sagte, er habe mich auf den nächsten Tag bestellt. Er behauptete, er habe gesagt: »Heute«. Es war nicht wahr. Später, als mir sozusagen groß und klein davon erzählte, daß dieser

Mann ein notorischer Murkser sei, der alles falsch mache, Papiere und Akten verliere usw., wurde es mir klar, daß er wieder einmal geschludert hatte; aber im kritischen Augenblick selbst nahm ich an, er leugne aus Schikane. Die Unterredung ging von Anfang an nicht sehr gut. Er wollte wissen, was ich auf Tromøy tue, wovon ich lebte usw. Ich gab Auskunft, erwähnte aber nicht, daß die Gewerkschaften mich sozusagen dort angesiedelt hatten, weil ich annahm, er wisse das; es war ja in seiner Diözese, und es war seines Amtes, zu wissen, was vorging, wo nicht, sich zu erkundigen. Es stellte sich heraus, daß er sich nicht im geringsten erkundigt hatte; er hatte mich kommen lassen, ohne über mich irgendwelche Erhebungen anzustellen, sondern einfach weil er sich wichtig machen wollte. Er sagte mir, ich solle verschwinden, »die Bevölkerung will mich nicht dort haben«. Nun war das eine glatte Lüge: die Gewerkschaften hatten mich hingeholt, die Bevölkerung war durchaus freundlich, und wenn der Mann sich die Mühe genommen hätte, meine Personalien und Vorgeschichte zu studieren und die Nachbarn auf Tromøy zu befragen, so hätte er nie so dumm daherreden können. Ich begriff zunächst nicht, was los war, und fragte, was man gegen mich habe. »Ja, sie gehen da auf der ganzen Insel rum«, sagte er ungnädig. »Natürlich«, erwiderte ich, »ich liebe die Natur, das Meer, den Wald, und warum soll ich nicht herumgehen? Es ist nicht verboten.« »Sie dürfen das nicht«, knurrte er. »Aber als ich in Oslo ankam und mich als ausländischer Pressekorrespondent auf dem Außenministerium meldete, bekam ich ein Buch über Norwegen, in dem ausdrücklich steht, daß der Ausländer sich überall so frei bewegen darf wie der Einheimische. Das sagt mithin die Regierung.« »Einerlei, Sie können nicht da herumgehen, und Sie müssen abreisen.« »Warum? Was tue ich?« »Sie können ja Nachrichten ins Ausland geben.«

An dieser Stelle explodierte ich. Der alte Lensmann stand erschrokken in der Ecke, als ich begann, auf die Barriere vor dem Tisch des Polizeimeisters zu schlagen und den Burschen anzuschreien, unter den geöffneten Fenstern sammelte sich das Volk, und aus der Wachstube kamen zwei Polizisten herbeigestürzt, um ihren Chef zu verteidigen. Nach einer Viertelstunde Krach ging ich, unter dem Versprechen, am nächsten Tag wiederzukommen. Am nächsten Tag gab es neue Verhandlungen, die weniger heftig, aber immerhin auch scharf waren. Er blieb dabei, ich solle abreisen; ich sagte, ich würde bleiben.

Die folgenden Tage waren zum großen Teil ausgefüllt durch Unterhaltungen mit meiner Wirtin, den Nachbarn, arendaler Bekannten, in denen ich mich über das Vorgehen des Polizeimeisters beklagte und sie ihn mißbilligten, vor allem, weil er offenbar auf eigene Faust gehandelt hatte, ohne auch nur meine Bekannten, die Geschäftsleute und Nachbarn usw. über mich zu befragen. Ich informierte natürlich die Gewerkschaften über den Zwischenfall. Mir Unbekannte sprachen mich an und kamen auf die Sache zu sprechen, und alle versicherten mir, der Polizeimeister sei dumm, ich solle mich einfach nicht um ihn scheren, er habe schon einmal eine Geldstrafe von der Regierung bekommen, weil er Akten verschlampt oder verloren habe, jeder wisse, was für ein Murkser er sei, usw.

Dann erschien in der konservativen lokalen Zeitung eine kleine Notiz des Inhalts, es gingen Gerüchte um von einem deutschen Spion. In Wirklichkeit handle es sich um einen antinazistischen Flüchtling, der von den Gewerkschaften nach Tromøy geholt worden sei. Ich suchte den Redaktör auf, einen jüngeren Mann, der natürlich fließend deutsch sprach, und dankte ihm. Ich mußte ihm die Szene mit dem Polizeimeister und dem Krach erzählen. Er lachte und sagte, auf deutsch: »Es ist in weitesten Kreisen nicht unbekannt, daß der Polizeimeister von Arendal ein Esel ist.« Kurzum, ich blieb unbehelligt auf Tromøy, bis es mir, aus verschiedenen Gründen, paßte, abzureisen. Einmal kam ein Kriminalbeamter vor dem Haus angefahren. Er gehörte zur Kriminalpolizei in Horten und hatte sowieso in Arendal zu tun, und so wurde ihm denn auch mein »Fall« zur allgemeinen Information zugewiesen. Er saß eine halbe Stunde in meinem Zimmer, ich erzählte ihm, er hörte zu. Als ich mich wunderte, daß ein so alter und erfahrener Beamter so unüberlegt und ohne Grundlage in dieser Weise vorginge, sagte er: »Vielleicht *zu* alt.«

Mittlerweile ging der Krieg weiter, und auch die Jahreszeit blieb nicht die gleiche. Es wurde mir unbehaglich, als die vielen Herbstregen niedergingen, ich brauchte für die Heizung viel Holz und auch an trockenen Tagen war es im Wald nicht mehr so schön, meine Spaziergänge freuten mich nicht mehr wie früher, denn die Luft war rauh und unfreundlich, das Meer unwirsch, und die Büsche, die überall ihre lachenden roten Beeren gezeigt hatten, standen kahl, trostlos und abgestorben. Die politische und militärische Entwicklung betrachtete ich mit tiefem Mißtrauen; Norwegen schien mir keineswegs sicher zu sein. Die allgemeine Theorie – die mir auch in Oslo Freund Stokke dann bis zur Invasion auseinandersetzte – war, daß Norwegen niemanden was zuleide tue, niemanden gefährde, keine begehrenswerten Bodenschätze habe usw. und deshalb nicht angegriffen werde. Mir schien das alles Wunschtraum; die strategisch bedeutsame Lage des Landes allein mußte eines Tages die Nazis, vielleicht sogar auch die Westmächte, reizen, das Land in den Krieg mit einzubeziehen, ganz zu schweigen von gewissen industriellen Anlagen, vor allem denen in Rjukan, wo schweres Wasser hergestellt wurde.

Ich bat das Gewerkschaftskomitee in Oslo um Erlaubnis, nach der Stadt zurückzukehren, und bekam Bescheid, ich sei, sozusagen, nach Drammen versetzt. Das ist ein Städtchen, das etwa 40–50 Kilometer südöstlich von Oslo, am Oslofjord, liegt. Es erschien mir nicht sicher genug, und ich beschloß, den Gewerkschaften nicht zu gehorchen. (In der Tat wurde dann beim Einfall Drammen gleichzeitig mit Oslo besetzt, und mein Entkommen wäre kaum möglich gewesen.) Ich wollte immerhin eine Chance haben, im Falle einer Invasion nach Schweden zu fliehen.

Als alles bereit war, Mitte Oktober, begab ich mich zum Polizeimeister in Arendal. »So, Sie wissen also, daß Sie nach Drammen zu gehen haben?« empfing er mich. Ich erwiderte: »Ich habe garnicht zu gehen; ich gehe freiwillig, weil ich die Gewerkschaften gebeten habe, mich von Arendal fortzulassen. Und ich gehe nicht nach Drammen, sondern nach Oslo.« Dann bat ich um meine Papiere, die er seit jenem ersten Besuch in Händen hatte, meinen Fremdenpaß und den »Meldebevis«, das Büchlein, in dem bestätigt war, daß ich mich pflichtschuldig an- und abgemeldet hatte. »Die sind beim Ministerium«, sagte er kurz. Ich mußte ohne Papiere nach Oslo fahren.

Dort stellte sich dann bei den von der Polizei angestellten Untersuchungen heraus, daß meine Dokumente keineswegs »beim Ministerium« waren. Sie konnten weder dort noch in Arendal noch bei der Kriminalpolizei in Horten noch sonstwo aufgefunden werden; der Polizeimeister von Arendal hatte seinen Ruf wieder einmal Ehre gemacht: meine Papiere waren verloren.

Von diesem unsympathischen, stockkonservativen Manne ist aber zu sagen, daß er nach Berichten in norwegischen Zeitungen, die ich später in New York las, sich unter der Naziherrschaft ausgezeichnet gehalten hat.

Wieder in Oslo

Auf Tromøy war mir eines Tages überraschend bewußt geworden, daß ich mich in Norwegen nicht mehr fremd fühlte. Das seelische Frösteln, das einen in dauerndem Bann gehalten hatte, war fort; man fühlte sich nicht mehr allein draußen in der Kälte stehen, sondern war den Menschen nah und erlebte mit, was ihnen geschah.

Bei der Begegnung mit einem fremden Land sind nicht Sprache, Geografie, Orientierungsschwierigkeiten mein Hauptproblem, sondern die Menschen. In Norwegen waren die ein besonders harter Bissen, weil sie schwer zu bewegen und zu jener rückstrahlenden Reaktion zu bewegen sind, die Berührung zu Austausch macht. Mein erster Zugang zu ihnen war die Literatur. Wenn ich sage »Zugang«, so meine ich nicht so sehr: Erwärmung und Öffnung der anderen, so daß sie einem entgegenkommen und sich mitteilen, als vielmehr: die eigene Erwärmung, das eigene Sichauftun, das einem möglich macht, sie zu sehen, zu verstehen und zu lieben.

Die Literatur nun, als Schlüssel zu den Menschen, war für mich ein großes Tor, das sich weit auftat. Das gilt für die alte wie die neue Literatur, und es begreift die isländische, die im Grunde altnorwegisch war, mit ein. Hand in Hand mit dem Erlebnis der Literatur ging das der Geschichte. Und ein wichtiger Teil des literarischen Erlebnisses – zugleich aber auch ein viel unmittelbareres, direkt zu den Menschen führendes – war die Sprache. Sprache, Literatur, Geschichte waren eine Dreiheit, die mich packte und fesselte und mich den Menschen nahe brachte.

Dazu kam das Erlebnis der Landschaft, der Natur, das für mich meistens der sicherste und direkteste Weg zum Verständnis eines Landes oder eines Volkes ist. Schon in Oslo begann es. Da hatte man täglich den Oslofjord (sprich: Uslufjur) vor sich, der sich lang nach Süden hin erstreckte, rechts und links eingefaßt von Bergketten, draußen von vielen kleinen Inseln angefüllt. Im Osten der Stadt erhob sich der Ekeberg, der nicht nur ein angenehmes Gebiet für Spaziergänge war, sondern auch eine alte Steinplatte mit eingeritzten Tieren und Runen trug: der Ekeberg, von dem herab die in den Wäldern herumliegende, räuberisch umherziehende und Guerilla führende Schar der Geächteten, der Birkebeiner (sogenannt, weil sie in ihrer Abgerissenheit Birkenrinde um die Beine wickelten statt Hosen, Lappen oder Strümpfe zu tragen) herniederbrachen und ein neues Königsgeschlecht einsetzten. Über der Stadt lag der Grefsen, ein Berg, der nicht hoch war, aber weiten Ausblick über Stadt und Fjord gab. Mit der Untergrundbahn fuhr man von Majorstuen aus zur Stadt hinaus, bald wurde sie überirdisch, und man stieg in die Welt der Hügel hinauf, zum Holmenkollen und seinen Kameraden. Die herbe, harte und starkfarbige, starkduftende Natur der Bergwälder umgab einen und war wie Heimat. Und auf Tromøy war ich dann von Boden, Wind, Wald, Meer, von Mooswinkeln und überwucherten Felsen, von nächtlich brausendem Frühsommer, jähem, heftigem, heißem Sommer und tiefem, tauigem, harzduftendem Herbst ganz gewonnen worden.

Wie immer, so sind auch in Norwegen die Menschen wie die Natur, und wenn wir erst mit der Natur, der Landschaft in mystisch-materieller Kommunikation stehen, so fällt auch die Schranke der Fremdheit zwischen den Menschen und uns. Die Einfachheit, Geradheit, Unschmiegsamkeit und helle Wachheit der Menschen wurde mir lieb. Ihre unsentimentale Haltung zur eigenen Geschichte und nüchterne Betrachtung ihrer Stellung unter den Völkern war wie ein frisches, klares Bergwasser. Ihre zugleich stolze, sichere wie auch schlichte, bescheidene Bejahung des Kleinstaats fand in mir vollen Widerklang. Wo der Staat klein ist, da ist noch sein ganzes Leben wie das des einzelnen Bürgers vom selben Herzschlag durchpulst; der Einzelne ist den allgemeinen Dingen nicht fern, sie sind ihm keine Abstrakta, denn sie rühren unmittelbar und direkt an sein eigenes, privates Leben, und er hat Übersicht genug, um mit bürgerlichem Verantwortungsgefühl seine Meinung zu den fundamentalen Fragen und Problemen zu sagen, die von ihm Beauftragten und mit der Verantwortung Beliehenen zu überwachen und zurechtzuweisen. Das alles wurde mir wieder sehr klar, klarer vielleicht, als es mir jemals gewesen war; in meiner Jugend, die sich im südwestdeutschen Rahmen des seiner selbst auf unpathetische Weise bewußten und ohne Geschrei seine Unabhängigkeit und eigene Art im

Rahmen des Reiches wahrenden Kleinstaats abgespielt hatte, war das alles dagewesen, aber weniger bewußt, mehr als umfassende und unbesprochene Atmosfäre. Nun, in Norwegen, lernte ich, daß die Grundforderung für das wahre Gedeihen des Staates und das wahre Gedeihen des Volkes im Staat heißt: Der Staat sei klein. Als Korrelativ zu diesem Satz ist der andere unentbehrlich: daß der große Verband der Staaten föderativ sein müsse, damit dem kleinen Einzelstaat und dem Einzelvolk Eigenart und natürliches Eigenleben erhalten bleibe. Staatsleben und Volksleben sind keine Mechanismen, sondern Organismen, und damit sie natürlich und gedeihlich wachsen und ablaufen können, müssen die äußeren Gesetze organische, dürfen sie nicht mechanisch sein.

Die Rückkehr nach Oslo war wie eine Heimkehr, obgleich ich, wie immer in der Großstadt, nie recht das Bedauern darüber loswurde, daß so viel Boden mit Häusern bedeckt oder mit Asfalt verschlossen ist, statt daß ihm erlaubt wird, Gras, Bäume, Blumen und Früchte hervorzubringen. Aber das Geschwür Mensch hat schließlich trotz seiner Mängel und Häßlichkeiten auch ein gewisses Anrecht, auf dieser Erde zu wuchern. Möglicherweise stellt sich in einigen weiteren hundert Millionen Jahren heraus, daß die Natur doch eine nützliche Absicht mit ihm hatte.

In Oslo waren Freunde, die Stadt war vertraut und hatte bereits Erinnerungen für mich, Herbst und Winter kamen mit kalter Schärfe und wohligem Imwarmensitzen. Man konnte mit Freunden diskutieren, konnte für sich lesen und schreiben. Ich hatte aus Tromøy Prosa und Gedichte mitgebracht, die ich zu ordnen und manchmal zu feilen hatte; die Insel war sehr ergiebig gewesen; Quidquid tentabam dicere versus erat. Ich wohnte ein paar Tage im Hotel St. Ansgar, bis ich ein Zimmer fand. Meine neue Wirtin war eine alte Frau; sie hinkte und kam abends manchmal in mein Zimmer und bewies mir aus der Bibel, daß es mit Hitler einmal ein Ende nehmen werde, und zwar kein gutes. Mir wars recht.

Der Krieg mit Polen war längst vorbei, der gegen den Westen zog sich so hin, Hitler und Stalin waren Brüder, die Kommunisten hatten, nach Abschluß des zwischen den zwei totalitären Diktatoren abgeschlossenen Paktes prompt angefangen, von einer Front der proletarischen Länder gegen die kapitalistischen zu reden. Nazideutschland wurde mit

Milde, wo nicht Zuneigung, angesehen; um Hitlers Haupt begann sich eine feine , schwache Gloriole anzudeuten: er führte eine Art Kreuzzug für die Armen gegen die fetten Geldsäcke der westlichen Demokratien.

Meine Freunde und ich hatten nichts von unseren Besorgnissen für die Welt und für Norwegen über Bord geworfen. Die amtlichen und die Parteistellen in Oslo sprachen öffentlich mit voller Zuversicht davon, daß das Volk nichts zu befürchten habe; aber privatim zeigten sie, daß sie alles fürchteten. Der verhältnismäßig menschliche Sahm wurde von seinem Gesandtenposten abgelöst; an seiner Stelle sandte Hitler einen ausgepichten Nazi namens Bräuer. Professor Koht redete zu Freunden düster: er war überzeugt, daß Nazideutschland siegen und seine Ziele durchsetzen werde. Man mißbilligte in manchen Kreisen, daß er mit Bräuer zu höflich umging, einen gewissen sozialen, nicht nur amtlichen Verkehr mit ihm unterhielt.

Der Winter ging hin, feuchter Vorfrühling kam, und die Krise rückte heran. Im Februar geschah der »Altmark»-Zwischenfall.

Die »Altmark«

Der Fall der »Altmark« war nicht der erste Zwischenfall, der andeutete, daß das Land nicht auf die Dauer außerhalb der kriegerischen Ereignisse bleiben könne. Bereits im Dezember 1939 waren vor der Westküste zwei britische und ein griechisches Handelsschiff versenkt worden: eines der britischen Schiffe hatte sich (»unzweifelhaft«, sagt Halvdan Koht in seinem Buch »Norway Neutral and Invaded«) in norwegischem Gewässer befunden, bei den beiden anderen war das »etwas« zweifelhaft. Auf alle Fälle war man zu der Befürchtung berechtigt, daß deutsche (Koht sagt bezeichnenderweise bereits »feindliche«, obgleich Norwegen damals noch nicht im Krieg war) Kräfte in norwegischen Gewässern operierten, d. h. daß deutsche Uboote bereits die norwegische Neutralität und Gebietshoheit verletzt hatten. Der Fall war aber nicht klar genug; es war möglich, daß Minen, die an die Küste getrieben waren, die Täter waren, obgleich die Kapitäne der gesunkenen Schiffe eher an Uboote glaubten. Die Westmächte natürlich machten von der Gelegenheit Gebrauch: Sie nahmen als erwiesen an, daß deutsche Kräfte in norwegischem Bereich operierten, und im Januar 1940 drohte die britische Regierung, die norwegischen Gewässer mit eigenen Kriegsschiffen zu envahieren. Die norwegische Regierung bestand auf ihrer Neutralität und verstärkte zur Fernhaltung fremder Uboote die Küstenbewachung. Am 19. März erklärte Chamberlain im Unterhaus offiziell, es liege kein Beweis dafür vor, daß deutsche Streitkräfte norwegische Gewässer mißbrauchten.

Ende März geriet ein deutsches Uboot in die norwegischen Schären und strandete. Die Mannschaft wurde interniert und blieb es trotz dem Protest der Naziregierung. »Dies war der einzige bekannte Fall solcher gesetzwidriger Einfahrt deutscher Uboote«, sagt Koht.

Im Februar 1940 erfolgte dann der erste englische Übergriff. Das deutsche Schiff »Altmark«, ein Kreuzer, der mit dem »Admiral Graf Spee« an den Kämpfen in Südamerika teilgenommen hatte, erschien in norwegischen Gewässern. Es hatte mehrere hunderte gefangener britischer Staatsangehöriger an Bord, und sie hatten auf der ganzen Fahrt, deren erster Teil, südlich des Äquators, in der Sommerhitze vor sich gegangen war, zusammengepfercht unter äußerst beschwerlichen Umständen auf engem Raum und unter drückenden Lebensverhältnissen gelebt. Der Offizier, der beim Betreten der norwegischen Gewässer an Bord kam, war nicht auf dem laufenden; der Name »Altmark« sagte ihm nichts, obgleich die britische Presse bereits vorher über die Fahrt des entkommenen Kreuzers geschrieben und die Lage der Gefangenen als sehr schlimm geschildert hatte. Er fragte den Kapitän, ob andere Personen als die deutsche Mannschaft oder ob fremde Staatsangehörige an Bord seien. Der Kapitän antwortete mit Nein. Da das Schiff ein Kriegsschiff war, hatten die norwegischen Behörden kein Recht, es zu durchsuchen und ließen es seinen Weg nach Deutschland fortsetzen. Wie Professor Koht feststellt, hat der Kapitän der »Altmark«, Heinrich Dau, in seinem Buch über die Reise unterlassen zu erwähnen, daß er dem norwegischen Offizier gegenüber gelogen hatte.

Als die »Altmark« in einem kleinen südnorwegischen Fjord angekommen war, erschien ein britischer Kreuzer, begleitet von fünf Zerstörern, und bestieg nach kurzem Gefecht den deutschen Kreuzer. Die Gefangenen wurden befreit. Zwei anwesende kleine norwegische Torpedoboote waren machtlos, da sie der britischen Streitkraft nicht gewachsen waren, und konnten den Neutralitätsbruch nicht verhindern. Das war am 16. Februar 1940.

Ein Neutralitätsbruch lag offensichtlich vor. Ja, mehr als das: auch die Hoheitsrechte der Regierung waren durch die bewaffnete Invasion des norwegischen Festlands verletzt. Offenbar aber gründete die Regierung ihren Protest in London nur auf die Verletzung der Neutralität. Sie bekam, nachdem England seinen Zweck erreicht hatte, eine formale Entschuldigung, in der die englische Auffassung dargelegt wurde: das Schiff »Altmark« habe sich nicht auf einer durch internationales Gesetz geschützten »harmlosen Durchfahrt« befunden; es sei vielmehr in der Fortsetzung von Kriegshandlungen, und zwar in Gestalt des Transports von Kriegsgefangenen, begriffen gewesen. Der Briefwechsel zwischen Oslo und London ging weiter; es handelte sich nun um eine Diskussion und Debatte über die Auslegung des internationalen Rechts. Auf alle Fälle: obgleich vermutlich die Sympathie der norwegischen Regierung (wie die der meisten Nichtnazisten, uns deutsche Flüchtlinge einbegriffen) auf Seiten der Befreiten war, hatte sie keineswegs London beigepflichtet, sondern fuhr in echter Neutralität fort, den Zwischenfall diplomatisch zu behandeln. Mehr konnte sie nicht tun. Die letzte, am 1. April abgesandte Note Oslos hatte die englische Regierung noch nicht erreicht, als die Nazis Norwegen überfielen. Aber inzwischen waren neue Zwischenfälle vorgekommen.

Die alliierte Presse klagte seit geraumem Norwegen an, daß es deutsche Handelsschiffahrt entlang seiner Küste erlaubte. Natürlich konnte Norwegen, da es seine Neutralität ernst nahm, nicht anders. Vor allem aber war der Schiffstransport schwedischen Erzes aus Kiruna über Narvik und durch norwegische Gewässer den Engländern ein Dorn im Auge. Schließlich, nachdem verschiedentlich in norwegische Gewässer vorgedrungene britische Kriegsschiffe von den norwegischen Patrouillenbooten zurückgewiesen worden waren, Norwegen also seinen festen Entschluß, neutral zu bleiben, kundgetan hatte, informierten am 5. April 1940 die alliierten Regierungen Norwegen und Schweden, daß sie sich »das Recht vorbehielten«, alle notwendigen Maßnahmen zu treffen, um zu verhindern, daß die Deutschen von den beiden Ländern Kriegsmaterialien und Rohstoffe bekommen würden, die für sie von Nutzen und den Alliierten zum Schaden sein würden. Das heißt, die Alliierten taten ihren Entschluß kund, internationales Recht hin, internationales Recht her, die Neutralität der beiden Länder zu mißachten, wenn es für sie von Nutzen wäre.

Dieser Note folgte, ohne daß die bedrohten Regierungen wirklich Gelegenheit gehabt hätten, sich diplomatisch zur Wehr zu setzen, eine Kriegshandlung: am Morgen des 8. April teilten die alliierten Regierungen mit, daß sie an drei Stellen in den norwegischen Gewässern Minen gelegt hätten. In Wirklichkeit hatte allerdings das ungünstige Wetter die beabsichtigte Auslegung zum Teil verhindert. Geglückt war sie im Vestfjord, der Rinne östlich der Lofoten, die den Zugang zum Hafen Narvik bildet. Deutsche Schiffe mußten nun einen weit ausholenden Umweg machen, der sie in offene See brachte, wo sie den Angriffen englischer Kräfte ausgesetzt waren.

Es graust einen, wenn man denkt, was geschehen wäre, wenn Hitler seine Invasion Norwegens nicht so vorzeitig vom Stapel gelassen hätte.

Der Verletzung der norwegischen Neutralität wäre die Schwedens gefolgt, die beiden skandinavischen Staaten wären ohne Zweifel in Krieg mit den Westmächten geraten. Nazideutschland hätte im Norden einen starken Stützpunkt gehabt und die Bevölkerung wie die Regierung der beiden Länder hinter sich. Vor allem die schwedischen Kohlen und Erze, dazu die schwedischen Rüstungswerke Bofors wären ein starkes Plus gewesen: die Festung Skandinavien hätte sich sicherlich aus eigener Kraft gegen alliierte Angriffe und Invasionen halten und dazu wichtige Beiträge zur Kriegführung der Deutschen leisten können. Die norwegische Handelsflotte war die zweitgrößte der Welt, die Schwedens war gleichfalls bedeutend. In den Vereinigten Staaten hätten sich dem eingesessenen deutschen Element große Gruppen norwegischer und schwedischer Amerikaner als Gegner der Beteiligung am Krieg angeschlossen. Die Möglichkeit, daß die USA neutral geblieben wären, ist klar, und letzten Endes hätte sich vielleicht ergeben, daß die beiden fascistischen Großstaaten, Nazideutschland und die USSR, fast die ganze Welt als Interessensfären unter sich aufgeteilt hätten. Für die Menschheit war es ein Glück, daß die Nazis außenpolitisch solche Dummköpfe und Ignoranten waren.

Die norwegische Regierung nahm die erneute Verletzung ihrer Neutralität und ihrer Hoheit nicht stillschweigend hin. Sie reagierte sofort mit Protestnoten. Koht schließt das Kapitel über diesen Fall: »Ich kann jetzt enthüllen, daß die Regierung am gleichen Tag den Entschluß faßte, daß, falls Großbritannien nicht innerhalb achtundvierzig Stunden nach der Auslegung der Minen ihrer Forderung Folge leistete, die norwegische Flotte dazu übergehen werde, es selbst zu tun.« Das heißt, daß die Norweger selbst die von den Engländern gelegten Minen aufgelesen oder zur Explosion gebracht hätten, und England hätte das bestimmt nicht geduldet. Als die Regierung diesen Entschluß faßte, war sie sich klar, daß seine Ausführung das Land fast mit Sicherheit in den Krieg bringen würde, und zwar - gegen ihre eigenen und des Volkes Sympathien - auf Seiten der Nazis. Damit hätte in Kürze auch Schweden sich Hitlerdeutschland anschließen müssen.

Aber alles kam anders, denn in der Nacht vom achten auf den neunten April überfielen die Nazis Norwegen.

Der Überfall

Am Montag, den 8. April 1940 las man, daß eine große Anzahl deutscher Schiffe aller möglichen Größen nordwärts, dem Skagerak zu, ausgelaufen sei. In der Nacht war wiederholt die Stadt verdunkelt. Es war für die meisten mehr ein Gaudium als sonstwas. Man ging durch die bekannten Straßen und hörte Gesprächsfetzen: »Unsinn, niemand wird uns was tun -«; »Hast du das Radio gehört?«; »Die Regierung hat Nachtsitzung«; (Männer zu aufgeregten Frauen und Mädchen:) »Ta de med ro!« (»Nimms mit Ruhe!«, wörtlich).

Ich suchte Freunde auf, ging wieder aus, wollte andere Bekannte besuchen und fand, daß sie ihr Zimmer hastig verlassen hatten: durch den Briefkastenschlitz sah ich durch den kurzen Korridor ins leere Zimmer; das Licht brannte, ein Frauenmantel war über eine Stuhllehne geworfen. Vielleicht waren sie nur ausgegangen, neugierig, wie ich, um die Stadt im Dunkel zu erleben, vielleicht waren sie definitiv geflohen. Der Mann war ein wohlhabender Jude und wartete auf die Erlaubnis, nach der Mandschurei abzureisen. Ich kehrte zu den zuerst besuchten Freunden zurück und unterrichtete sie über die Unauffindbarkeit der anderen, ging nocheinmal durch die dunkle Stadt, dann kehrte ich heim und legte mich schlafen.

Um halb neun wachte ich auf. Ich hörte Kanonendonner und Fliegergebrumm, letzteres sehr nahe und sehr anhaltend. Ich ließ den Laden hoch und schaute aus dem Fenster: über mir kreuzten kleine Flugzeuge mit den deutschen Abzeichen, den Kreuzen auf den Flügeln. Ich ging in den Vorraum und suchte die Wirtin. »Was ist los?« »Die Deutschen sind in der Stadt«, sagte sie, »schon seit einer halben Stunde«. Das war eine nette Bescherung: wir deutschen Exilanten saßen niedlich in der Falle. Ich legte mich wieder ins Bett, um nachzudenken.

Um Neun stand ich auf, frühstückte und ging aus. Ich wohnte in der Niels Juels Gate 2; zwei Blocks entfernt, bei Skillebekk, standen zwei junge Soldaten und hielten Autos an. Einer nahm dem Fahrer die Papiere ab, der andere wies ihn an, sich in der Verlängerung der Niels

Juels Gate aufzustellen, wo bereits eine ganze Reihe solcher festgehaltener Wagen wartete. Die beiden Jungen, neunzehn - bis zwanzigjährige Burschen, hatten keine Gewehre. Sie trugen den Stahlhelm, hatten umgeschnallt und regelten mit langen Armbewegungen den Verkehr, als wären sie schon seit Stunden dort gestanden. Sie kümmerten sich um nichts als um ihre Autos. Da standen sie, allein in einer feindlichen Stadt, und hatten keine anderen Sorgen als Wagen anzuhalten, bis sie abgeholt oder forteskortiert würden. Sie konnten nicht norwegisch; aber glücklicherweise hat das Land einen hohen Bildungsstand, sodaß die Opfer ihrer Verkehrsregelung wohl meistens deutsch verstanden. Einer stoppte, als er die Falle entdeckte, und begann umzukehren. Der eine der beiden Soldaten winkte mit dem Finger: »Paß mal auf, du, ich will dir!« Gehorsam wendete der Norweger in die alte Richtung, kam herangefahren und ließ sich festhalten.

Ich schaute nach links, den Drammensvei hinab: einen Block oder zwei weiter, vor der deutschen Gesandtschaft, wehte die Hakenkreuzfahne, deutsche Posten mit Stahlhelm standen Wache. Ich ging in die Stadt. Aus der Richtung von Drammen marschierten einige Kompagnien an mir vorbei. Aus den Fenstern des Stortings schauten Nazisoldaten. Vor dem Eingang staute sich eine Menge Leute; ich blieb eine Weile stehen. Ein knirpsiger Gefreiter mit drei knirpsigen Gemeinen trat an, der Gefreite kommandierte: »Vorwärts - marsch!« Die Norweger lachten, einige ahmten ihn nach. Die Knirpse zogen ab, auf Wache.

Nazis in den Straßen, Nazis, in Marschordnung einrückend, Nazis in den Fenstern des Justizgebäudes. Ich kehrte heim, um zu überlegen, was zu tun sei. Die Idee, nach Schweden zu gehen, behagte mir garnicht: die Sprache war häßlich, und Stockholm war so wohlhabendhochnäsig und amerikanisch-effektiv, amerikanisch-kalt. Würde es möglich sein, sich illegal in Norwegen zu halten? Es war nicht denkbar.

Ich ging von neuem aus, um Freunde aufzusuchen; sie begegneten mir bei Skillebekk, waren auf dem Weg zu mir. Wir kamen überein, amerikanischen Schutz anzurufen. Auf der Gesandtschaft der Vereinigten Staaten ließ ich mich melden, da ich mich bei der Ankunft im Jahr 1938 ja sowieso bei der Gesandtin, Mrs. Harriman, vorgestellt hatte, wie es für Zeitungskorrespondenten üblich war: ich hatte einen Ausweis der new yorker »Neuen Volkszeitung«. Mrs. Harriman hatte die

Stadt bereits verlassen und war nach Mittelnorwegen, nach Hamar, gefahren, wohin die Regierung sich zurückgezogen hatte. Ich wurde auf Verlangen zum Presseattachee geführt, einem Herrn Cox, der in ihrer Abwesenheit die Gesandtschaft leitete. Ich wies mich aus, erklärte ihm, in welcher Situation wir seien, und bat um Asyl für meine Freunde und mich. Er sagte: »Ich nehme die Franzosen und Engländer.« Der Vertreter der amerikanischen Regierung übernahm also den Schutz derjenigen Ausländer, die sowieso die Garantie hatten, im Falle ihrer Festnahme nur interniert zu werden, und immerhin unter dem Schutz gewisser internationaler Abmachungen standen; die Nazigegner, die, wenn sie den Deutschen in die Hände fielen, ohne weiteres ihr Leben verlieren konnten, hatten von ihm nichts zu hoffen. Ich stellte ihm das vor, und er meinte: »I understand, that it may be too bad for some, but I can't do anything.« (»Ich verstehe, daß es für einige sehr schlimm sein kann, aber ich kann nichts tun.«) Wir Schutzsuchenden zogen ab.

Auf dem Weg zu meiner Wohnung machte ich einen Abstecher zum chilenischen Konsulat, das in der Nähe war. Die chilenische Gesandtschaft in Madrid hatte während des Francoaufstandes zahllosen Spaniern und Ausländern das Leben gerettet, indem sie ihnen Asyl gewährte. Der Gesandte und seine Frau waren völlig ratlos. Sie waren sich nicht einmal darüber einig, ob die Truppen, die kurz vorher in geschlossener Kolonne unter ihren Fenstern vorbeimarschiert waren, Deutsche oder Norweger gewesen waren. (Natürlich waren es Deutsche.) Ihr Dienstmädchen war nicht gekommen, ihr Sekretär war nicht gekommen, sie hatten eine aus vier oder fünf Zimmern bestehende Wohnung, in denen sie niemand unterbringen konnten, und der Gesandte selbst wußte, wie er mir sagte, noch nicht einmal, wie er sich verhalten solle: er wartete sehnsüchtig auf Telegramme seiner Regierung, was zu tun sei.

Soviel Hilflosigkeit entwaffnete mich; ich war weniger ratlos als er und ging heim.

Ich wandte einige Stunden daran, Papiere zu verbrennen, damit niemand durch sie belastet werden konnte, und meine Sachen zu verpakken. Einen Handkoffer mit den wichtigeren Dingen hatte der schweizerische Gesandte, Dr. Hegg, versprochen, in sein Archiv zu stellen: da ich als Korrespondent der »National-Zeitung« legitimiert war, konnte er sich, bei einiger Dehnung der Begriffe, als berechtigt ansehen, mir Nichtschweizer diesen Gefallen zu tun, zumal ich Koffer und Inhalt formell als Eigentum der basler »National-Zeitung« bezeichnet, mit entsprechenden Aufschriften versehen und ihn gebeten hatte, ihn an dieses Blatt weiterzuleiten. Ich lieferte den Koffer ab. Den Rest meiner Bücher und Papiere ließ ich in meinem altmodischen Holzkoffer und riet meiner Wirtin, ihn auf den Speicher zu stellen, wenn die Gestapo nach meinen Sachen frage, ihn aber ruhig auszuhändigen, damit sie keine Scherereien bekäme.

Um es gleich vorwegzunehmen: Dr. Hegg las jedes Stück Papier in meinem Koffer und vernichtete alles, was von den Nazis voraussichtlich nicht gebilligt werden würde. Sein Grund war, daß die Nazis auch andere Konsulate überfallen und ausgeräumt hatten; aber diese Konsulate waren französische, holländische usw., d.h. die Konsulate der von den Nazis attackierten Länder, nicht die neutraler Staaten, wie die Schweiz einer war. Frau Jessen, meine Wirtin dagegen leugnete bei allen Besuchen der Gestapo das Vorhandensein von Hinterlassenschaften, nahm meinen Koffer mit Büchern mit sich aufs Land, als sie die Stadt verließ, und brachte ihn nach der Befreiung des Landes zurück, sodaß er jetzt in meiner damaligen Wohnung in der Niels Juels Gate darauf wartet, von mir angefordert zu werden - was geschehen wird, sobald ich das Geld frei habe, mir die Sachen kommen zu lassen. Bei dieser Wirtin war ich gerade frisch eingezogen: ich war erst fünf Tage ihr Mieter gewesen, aber sie setzte sich ohne Schwanken der Gefahr aus, von den Nazis leiden zu müssen, indem sie ihnen meine Habseligkeiten vorenthielt.

Die Stadt füllte sich mit Deutschen; die Norweger schauten zu. Was uns überraschte, war der Gleichmut, mit dem sie die Besetzung hinnahmen. Immer wieder hörten wir von den Leuten im militärdienstpflichtigen Alter: »Jeg går på hytten«, »ich gehe auf die Hütte«. In der Tat dachten viele, sie könnten unbehelligt abwarten, bis die ganze Geschichte vorüber sei. Wenn man die Städte verließ und sich aufs Land setze, meinten sie, bekäme man keinen Nazi zu sehen. Sowohl Frau Jessen als auch ein anderer Mann boten mir Zuflucht in einer Hütte bei Baerum an; die stünde allein auf der Höhe, nur schmale Fußsteige führten zu ihr, dorthin komme gewiß kein Nazi. Überall tauchten die »Hilfspolizisten«

auf. Das waren osloer Deutsche, die bereits vor der Invasion Nazis gewesen waren. Nun standen sie herum und lauerten; sie hatten ihr eigenes Zivil an und trugen Armbinden.

Die Anhänger der Quislingpartei »Nasjonal Samling« fuhren herum und holten die mißliebigen Norweger ab, um sie einzusperren. Wir Deutsche wunderten uns, daß uns noch nichts passiert war. Als wir dann in Schweden waren, hörten wir, daß bei den Kämpfen im Oslofjord auch das Schiff, auf dem sich die deutsche Verwaltung und die Gestapo für Norwegen befunden hatte, versenkt worden sei. Das erklärte uns, warum wir unbehelligt geblieben waren, während die Polizei der Reichswehr sofort, wenn auch vergeblich, nach denen gesucht hatte, die daheim »Reichswehrzersetzung« getrieben hatten. Wir hatten, ohne daß wir es ahnten, eine Galgenfrist, weil erst neue Gestapo aus Deutschland geschickt werden mußte.

Einmal, als ich nach Hause zurückkehrte, klingelte ich vorsichtshalber an der Glastür, statt aufzuschließen und einzutreten. Ein schwerer Schritt näherte sich der Tür von innen. Sie öffnete sich, und da stand ein junger Mann in Stiefeln. Ich fragte nach Frau Jessen und wunderte mich, ob er wohl ein Quisling sei oder nicht; daß er Norweger war (oder in Norwegen beheimateter Deutscher) hatte ich gleich gehört. Er sagte: »Frau Jessen ist nicht da.« Ich: »Wann wird sie kommen?« »Ich weiß nicht, sie ist nach Baerum gefahren - kann ich was ausrichten?« »Danke, nein. Ich sollte sie selbst sehen.« Plötzlich fragte er: »Wohnen Sie hier?« Ich leugnete. Wir redeten noch eine Weile hin und her, bis ich Mut faßte und riskierte. »Sie haben recht, ich wohne hier.« Mein Zimmer war direkt neben der Glastür, wir traten ein, ich machte Tee, und wir besprachen die Situation. Der andere war ein Arbeiter, der ebenfalls zur Untermiete bei Frau Jessen wohnte; ich hatte keine Ahnung gehabt, wie groß die Wohnung war. Er ging am nächsten Morgen aufs Land und beschrieb mir die Hütte, die Frau Jessen gehörte und die sie mir schon selbst angeboten hatte. Ich dankte, sagte aber, daß ich wahrscheinlich nach Schweden fliehen würde, statt mich noch weiter von der Grenze zu entfernen.

Ich brachte meinen Koffer zum Konsulat und ging wieder in die Stadt. Die absolute Resignation und Ruhe, mit denen man alles hinnahm, setzte mich von neuem ins Erstaunen. Man riß die Augen auf und sah sich das militärische Schauspiel an, lachte, spottete, ironisierte - das war alles. Es war uns Deutschen unbegreiflich. Ich ging zum Komitee der Gewerkschaften, um zu hören, ob man dort Anweisungen für uns hatte: Fluchtwege, Ratschläge usw. Es war geschlossen. Der amerikanische Presseattachee hatte etwas gesagt, das uns damals empörend klang, nämlich: »Wenden Sie sich an die norwegische Polizei«. Da die Polizei schon vorher von Quislingleuten nicht frei war und nun die Nazis selber im Rathaus saßen, erschien uns der Ratschlag als Hohn. Erst später, in Schweden, erfuhr ich, daß ein Teil der Polizei sich unter eigener Gefahr ausgezeichnet benahm: während im Nebenzimmer die Gestapo amtierte, beriet sie die deutschen Flüchtlinge über Fluchtmöglichkeiten und half ihnen auf andere Weise. Unter diesen anständigen Beamten befand sich auch ein Herr Bekkelund, der immer schon mit Flüchtlingsangelegenheiten zu tun hatte und von manchen für einen unangenehmen Menschen, einen bösartigen Hasser der Emigranten oder gar einen verkappten Nazi gehalten worden war. Ich hatte an ihn nur gute Erinnerungen. Mein Eindruck erwies sich schon als der richtige.

Auf alle Fälle: ich hütete mich, zur Polizei zu gehen und beschloß, meine Flucht selbst zu arrangieren. Ich suchte nocheinmal Professor Frederik Stang auf, den Direktor des Instituts für vergleichende Kulturforschung, einer vom Nobélkomitee unterhaltenen Institution. Er war erschüttert und sah beinahe verzweifelt in die Zukunft. Von seinem Haus aus sahen wir Rauch aufsteigen vom Flugplatz Fornebu.

Dieser Besuch fand übrigens vielleicht erst am Mittwoch, den 10., statt. Am Dienstag aber, dem 9., fand ich, daß schon eine ganze Anzahl deutscher Flüchtlinge geflohen war; ich war noch nicht ganz entschlossen zu fliehen, spielte noch mit dem Gedanken, illegal zu werden; aber im Grunde wußte ich, daß ich doch schließlich nach Schweden gehen würde.

Abends ging ich zum Essen ins Café des Hotels Ansgar, in dem ich einst kurze Zeit gewohnt hatte. Neben mir saß ein Tisch voller Unteroffiziere und Feldwebel. Einer stand an der Theke und verhandelte mit dem Manager. Man bediente sich selbst, d.h. man holte sich, was man haben wollte, selbst an der Theke. Ich trat hin, um einzukaufen. Der Soldat unterhandelte wegen des Kaffeekochens. Sie waren im nahegelegenen Justizgebäude einquartiert und wollten gerne, daß ihnen vom

Café der Morgenkaffee gekocht würde. Der Deutsche konnte nicht norwegisch, der Norweger nicht deutsch (vielleicht tat er auch nur so), und beide nur einige Brocken englisch. Mit denen verständigten sie sich, so gut es ging. Es drehte sich darum, wer den Kaffee stellen sollte, und der Manager wählte an kritischen Punkten immer den einfachen Ausweg, nicht zu verstehen.

Das Mädchen hinter der Theke sagte zu mir: »Können Sie nicht deutsch?« Ich sagte nein und ging weiter nach links. Sie folgte mir, und ich sagte: »–Sie wissen, daß ich ein deutscher Flüchtling bin, und Sie verraten mich ja, wenn Sie sagen, ich könne deutsch.« Sie sah es ein. Ich holte, was ich wollte, verzehrte es und ging fort. Die Straßen waren verdunkelt; selbst wenn der deutsche Hilfspolizist, der sich im Lokal herumgedrückt hatte, mir gefolgt wäre, wäre ich ihm entkommen.

Bevor ich schlafen ging, bat ich einen jungen Mann, dessen Zimmer außerhalb unserer Glastür lag, mir ein Zeichen zu geben, falls bei ihm nach mir gefragt würde. Eine verschlossene Tür zwischen unseren beiden Zimmern machte das leicht. Im übrigen ging ich ohne große Sorge zu Bett, da die Begegnung mit dem zweiten Mieter am Nachmittag mich darüber aufgeklärt hatte, daß die Wohnung um die Ecke ging und auch einen Ausgang nach der Skarpsnogaten hatte. Wenn ich nicht großes Pech hatte, mußte ich also im Notfall entwischen können.

Im Lauf des Tages hatte ich erfahren, daß die Bekannten, durch deren Briefkastenschlitz ich geschaut hatte, in der Nacht zum Neunten aufgepackt hatten und mit Freunden, ebenfalls jüdischen Flüchtlingen, im Auto nordwärts entflohen waren. Ich traf sie später im schwedischen Lager wieder.

Die Panik

Am Morgen des Mittwochs, des 10. April, ging ich in die Stadt, um zu sehen, was los war. Um 10 Uhr herum geriet alles in Bewegung: Menschen fingen an zu laufen, hinter Autos herzurennen, um mitgenommen zu werden, hielten Lastwagen an, die in der Richtung Drammensveien fuhren, usw. Ich wunderte mich, wußte aber nicht, was es zu bedeuten hatte. Ich fragte einen Vorübereilenden, und er sagte: »Die Engländer kommen.« Ich war skeptisch; woher sollte man wissen? Aber schließlich war ja alles möglich.

Wenn eine Situation undurchsichtig oder kritisch ist, geht der Mensch ins Café. Also tat auch ich; ich ging ins Café Ritz und ließ mich nieder. Als ich mitten in meinem Kaffee war, kam ein Alarmruf: »Englische Flugzeuge kommen!« Alles sprang auf, wir gingen in den Keller, Gäste und Personal durcheinander. Nachdem wir eine Viertelstunde herumgesessen waren, wurde es mir zu dumm. Bezahlt hatte ich vor dem Verlassen des Lokals; ich ging wieder hinauf; alles war verlassen; ich nahm mir an der Theke eine Zigarre, legte das Geld dafür hin, ging in den Hauptraum, setzte mich und trank meinen Kaffee aus. Auf der Straße war noch immer alles auf der Flucht und die Fluchtrichtung war nach wie vor Westen.

Als ich ausgetrunken hatte, ging ich hinauf, in den dritten Stock, wo das Schweizer Konsulat war. Dort fand ich zwei oder drei Montöre von Brown, Boveri & Cie., zwei von ihnen mit ihren Frauen. Der Konsul wußte von nichts, außer daß alles in Panik war, wie er vom Fenster aus gesehen hatte. Wir verglichen die verschiedenen Latrinennachrichten, die wir aufgelesen hatten; alle sagten, die Engländer kämen, aber niemand wußte Genaueres oder woher die Nachricht stammte. Plötzlich öffnete sich die Tür, ein Hausknecht erschien und sagte: »Das Radio hat gemeldet, um zwölf bombardieren englische Flugzeuge die Stadt.« Es war zwanzig vor zwölf. Der Konsul und seine Sekretärin schlossen Schränke und Schubladen ab, und wir türmten alle. Vor der Tür stieg Dr. Hegg und seine Sekretärin in sein wartendes Auto; eine Frau, die vorbeikam, bat darum, mitgenommen zu werden und wurde es. Die Montöre und ich gingen miteinander am Nationaltheater vorbei und Drammensveien hinab, da sie beschlossen hatten, Thunes Verksted aufzusuchen, wo sie zur Zeit arbeiteten, und die am westlichen Ausgang der Stadt lag. Bei Skillebekk bog ich ab und ging heim.

Ich überlegte mir, von wo aus ich das Bombardement Oslos am besten beobachten könnte, und beschloß, mich auf dem Hügel im Hanshaugen-Park festzusetzen. Wenn ich den Bericht nach der Schweiz durchbringen könnte, würde er sicher Interesse finden. Ich packte Schreib-, Durchschlag und Kohlepapier in die Schreibmaschine und zog los. Als ich im St. Hanshaugen-Park ankam, war es schon ein gutes Stück nach Mittag, aber von den englischen Flugzeugen war nichts zu sehen. Sie kamen auch nicht. Ich saß eine Stunde auf dem Hügel, die Schreibmaschine neben mir, bereit, den Anflug, die deutsche Abwehr (sofern eine erfolgte), die Bombenabwürfe, kurzum die ganze Dramatik des Vorgangs frisch von der Pfanne weg zu schildern, und es war nichts damit.

Was hinter der Panik stand, oder vielmehr der Meldung, die sie hervorgerufen hatte, weiß ich nicht. Das Glaubwürdigste ist, was später, als wir in Schweden saßen, behauptet wurde: daß in der Tat englische Flugzeuge am Eingang des Skageraks gesehen worden seien, wohl auch versucht hätten, nach Oslo vorzudringen, von deutschen Staffeln aber zurückgetrieben worden seien.

Ich trottete enttäuscht nach Hause und stellte die Maschine in die Ecke. Die Stadt war längst wieder ruhig, man ging seinen gewohnten Geschäften und Bestätigungen nach.

Dieser Tag ist den Osloern als »der Tag der Panik« in Erinnerung geblieben. Es war eine unpanikhafte Panik, eine Panik, wie sie sich für die schwer in Aufregung zu bringenden Skandinavier gebührte: keiner wurde totgetreten, keine Scheiben wurden eingeschlagen, nichts geriet in Brand, es gab keine Diebereien und Einbrüche, ja, man schrie nicht einmal in den Straßen herum. Man tat nichts als nach Westen zu fliehen. Ich bezweifle, daß überhaupt ein Fall wirklicher Hysterie vorgekommen ist.

In der Wohnung fand ich, daß meine Wirtin zurückgekehrt war. Ich sagte ihr, daß ich mich entschlossen hätte, nach Schweden zu gehen. Sie sagte: »Sie haben mir 55 Kronen für den Monat vorausbezahlt und sind fünf Tage hier gewesen. Hier sind 50 Kronen zurück. Es tut mir leid, daß die Banken geschlossen worden sind; ich habe kaum für mich genug hier, und ich hätte Ihnen gerne etwas geliehen.« Ich habe fast mein ganzes Leben in möblierten Zimmern gewohnt, und außer einer hysterischen Stuttgarterin und einer unwissenden, aber auf die Geschichte ihrer Familie eingebildeten New Yorkerin habe ich immer Wirtinnen gefunden, die nett zu mir waren. Liegts daran, daß überhaupt die meisten Wirtinnen nett sind, oder bin ich ein Hans im Glück?

Nachts noch gab ich mein Gepäck am Bahnhof auf. Ich hatte beschlossen, am nächsten Morgen, früh, abzufahren.

Flucht nach Schweden

Heute weiß ich, daß ich alles Gepäck hätte auf normale Weise nach Stockholm senden können; ich hätte nichts zurücklassen brauchen. Aber der Bahnhof war von deutschen Truppen besetzt; ich wußte nicht, ob nicht das norwegische Bahnpersonal bereits stark mit Quislingen durchsetzt sei, und ob ich nicht gerade einem von ihnen in die Hände fallen und von ihm den Nazis angezeigt würde. Also wagte ich nicht, den Versuch zu machen, die Sachen als Expreßgut nach Schweden aufzugeben.

Ich hatte vor, nach Norden zu fahren, nach Hamar, wo sich die Regierung befand, und als ich um Mitternacht mein Handgepäck aufgab, hatte ich mich über die Abfahrzeit des Zuges und darüber, daß er noch ging, vergewissert. Aber als ich morgens gegen sechs auftauchte, fand ich, daß die Bahnlinie von den vordringenden Nazitruppen bereits abgeschnitten war. Auch die direkte Linie Oslo–Stockholm über Charlottenburg ging nicht mehr. Übrig blieb mir die Linie, die östlich vom Oslofjord durch das Östfold nach Sarpsborg und Halden und von da nach Schweden führte. Ich nahm sie.

Die Reise war nicht sehr behaglich. Ich hatte keine Ahnung, ob die Nazis schon im Östfold saßen oder nicht. Mein norwegischer Paß war durch den arendaler Polizeimeister verschlampt worden, sonst hätte ich hoffen dürfen, bei etwaiger Kontrolle durch die Deutschen als Norweger mit durchzuschlüpfen. Als einmal der Zug mitten auf einer Eisenbahnbrücke hielt, wurde es mir sehr düster zumute. Ich schaute aus dem Fenster: der Fluß lag mindestens 25 Meter tiefer drunten, und ich malte mir aus, wie es sein würde, wenn ich, bei der Abführung, den Sprung übers Geländer täte. Dann fragte ich die Mitfahrenden: »Warum hält man hier?« »Nur zur Kontrolle«, sagte einer. Es klang ominös. »Was für eine Kontrolle? Deutsch oder norwegisch?« Als er »norwegisch« sagte, fiel mir der gern und oft zitierte Stein vom Herzen. Zwei Polizisten kamen und kontrollierten, und wir fuhren weiter.

Später, in Rakkestad, kamen zwei andere und holten mich heraus.

Ich mußte mitkommen, es gab kein Weigern. Wir saßen fast eine Stunde in der Bahnstation, bis wir ein Auto bekamen. Es mußte lang und heftig telefoniert und versichert werden, es sei wirklich ein echter Schutzmann am Apparat und die Polizei in Sarpsborg werde für das zu verbrauchende, bereits rationierte Benzin die Verantwortung übernehmen. Endlich kam das Taxi und wir fuhren ab, durch eine feuchte, trübe Vorfrühlingslandschaft. Da und dort hing noch Schnee in den Ackerfurchen herum, in großen Lachen spiegelte sich der Himmel, die Bäume und Sträucher standen mit frierenden, dürren Zweigen da und hatten noch keine Knopsen, während wir in Oslo schon die ersten Blattspitzen an den Büschen gesehen hatten.

Ich wagte schließlich zu fragen, wohin wir führen. Nach Sarpsborg. Ob sie bereits im Dienst der Nazis seien? Sie sagten nein, aber es klang mir nicht überzeugend genug. Truppen passierten uns und fuhren in der Richtung, aus der wir kamen. Waren sie auf der Flucht? Würde ich Sarpsborg in Händen der Nazis finden? Endlich näherten wir uns dem Städtchen. Viele junge Männer kamen uns entgegen und gingen nach hinten; sie trugen kleine Handkoffer oder Pappschachteln. Ich sagte: »Wohin gehen die alle?« »Das sind Reservisten, die dem Gestellungsbefehl folgen und einrücken«, sagte der eine Polizist. Ich wußte noch immer nicht, woran ich war. »Wessen Gestellungsbefehl?« wollte ich wissen. »Der Regierung.« »Welcher Regierung?« »Es gibt für uns nur eine Regierung: die in Hamar.« Endlich wußte ich, daß ich sicher war. Ich legte mich beruhigt ins Lederpolster zurück.

In Sarpsborg, auf der Polizei, setzte sich ein Mann in Positur und begann, ein Protokoll aufzunehmen. Es waren vielleicht nur noch Stunden bis zum Einrücken der deutschen Truppen; aber Protokoll mußte sein. Ich fing an, ihm alles zu erzählen, aber wir wurden unterbrochen, weil Fliegeralarm angesagt war! Man rief einen Schutzmann, der mich in den Keller eskortierte. Dort standen wir eine halbe Stunde oder so, Personal, Besucher irgendwelcher Amtsstuben, ich, der Verhaftete, mein Polizist, in einem Keller, dessen Decke verstärkungsweise durch lächerliche Vierzollpfosten gestützt war.

Dann gingen wir wieder hinauf, und mein Protokoll wurde fortgesetzt. Worauf ich zum Polizeimeister geführt wurde. Dieser Mann, Herr Olsen, ein nervöser und zerstreut wirkender Mensch, der unentschlossen und schwankend erschien, ging am nächsten Tag, als ich längst weitergereist war, hinunter zum Hafen Fredrikstad, holte die in einem dort liegenden Schiff wartenden deutschen »Touristen« heraus und nahm sie fest. Dazu gehörte Entschlossenheit und Mut. Er wußte genau, daß diese Touristen, wie in anderen Fällen, an anderen Orten, vorausgesandte Nazis waren.

Polizeimeister Olsen absolvierte mich nach wenigen Worten. Er ging dann zu anderen Dingen über, wollte von meinen Emigrationserlebnissen erzählt haben, von den Zuständen in Oslo usw. Schließlich fragte er mich, ob ich in Sarpsborg bleiben wolle, er habe vielleicht Arbeit für mich. Ich fragte, welcher Art? und er sagte »Gegenspionage«. Ich bezweifelte, daß ich da viel nützen würde, da ich ja ohne weiteres von den norwegischen Kollaboratören als Deutscher erkannt würde: Ich war ein Fremder in Sarpsborg und sprach nicht fließend norwegisch, vorsichtig ausgedrückt. Er sah das ein. Ich nahm Urlaub, um zum Essen zu gehen, überlegte mir während des Mittagsmahls im Hotel die Sache, ging zurück und bot mich an, zu bleiben und seinen Vorschlag anzunehmen. Er war aber jetzt ganz anderer Meinung: »Reisen Sie, reisen Sie! Wir werden heute nachmittag nach eingegangenen Meldungen wahrscheinlich einen Fliegerüberfall durchmachen.« Ich war einigermaßen erstaunt und versicherte ihm, daß das doch nichts an meinem Entschluß ändern könne. Aber er blieb bei seiner Meinung. Ich solle auf alle Fälle fahren, denn die Nazis würden in Bälde kommen, und dann sei ich geliefert.

Als ich vors Zimmer trat, fand ich dort zwei deutsche Juden, die ebenfalls festgehalten worden waren. Sie hörten mich deutsch sprechen, als ich die Tür schloß, und baten mich, für ihre Freilassung zu sorgen. Ob sie mich für einen Angestellten der Polizei hielten oder einen bereits amtierenden Nazi oder einen Emigranten, weiß ich nicht. Ich ging zum Polizeimeister und sprach wegen der Leute; aber er sagte, sehr kurz: »Nein, das ist etwas ganz anderes. Die sind nicht in Ordnung.« Ich sagte: »Aber es sind sichtlich Juden«, aber er wiederholte nur, daß es mit ihnen nicht stimme, und ließ mich unverrichteter Dinge gehen.

Nachdem ich eine Stunde auf den Zug gewartet hatte, fuhr ich ab. Die Bahn führte ein Stück weit um die Periferie des Städtchens herum, und als wir die letzten Häuser hinter uns gelassen hatten, hielt er. Soldaten kamen in den Wagen, junge Kerle, achtzehnjährige Buben mit Kindergesichtern und aufgepflanztem Bajonett, geführt von einem vielleicht neunzehnjährigen Gefreiten. Dieser junge Mensch war zuerst allein durchgegangen, hatte sich umgesehen und war dann sofort auf mich zugekommen und hatte mich um meinen Paß gebeten. Ich hatte ihm meinen tschechoslowakischen Fremdenpaß gezeigt, und er war verschwunden. Nun war er wieder da mit zwei vor Wichtigkeit fast zitternden bajonettragenden Kindern hinter sich. Ich solle mitkommen. Ich weigerte mich. Er war etwas hilflos, wußte nicht, was tun. Ich sagte, dies sei vielleicht der letzte Zug, mit dem ich nach Schweden entkommen könne. Er bestand darauf: ich müsse mitkommen. Ich riet ihm, sich beim Polizeimeister zu erkundigen, damit er keinen Schnitzer begehe, und ging mit. Er schickte die zwei schwerbewaffneten mit mir einen kleinen, sanft ansteigenden Abhang hinauf, wo in einem einzelnstehenden Häuschen vermutlich seine Wache war, und rannte davon. Ich schleppte meine zwei Handkoffer und die Schreibmaschine den Hang hinauf, unter den scharfen Wächteraugen der bewaffneten Säuglinge. Der Zug stand, die Insassen standen vor den Abteilen und sahen zu, wie der Spion abgeführt wurde. Als wir beinahe auf der Höhe angekommen waren, rief es hinter uns: »Halt!« Wir hielten, ich setzte meine Koffer ab und sah mich um. Der Gefreite kam angekeucht, legte die Hand an den Helm und salutierte: »Der Polizeimeister sagt, es sei alles in Ordnung.« Er hatte also wirklich telefoniert. Einer der Soldaten nahm sein Gewehr in die linke Hand und in die rechte einen meiner Koffer, und wir gingen, wiederum von den Zugpassagieren aufmerksam beobachtet, zurück. Ich nahm meinen Platz wieder ein; der Zug fuhr ab.

In Halden hatten wir, wie ich erfuhr, eine halbe Stunde Aufenthalt. Ich trat auf den Bahnsteig, um mir »die Füße zu vertreten«. Ein Soldat und ein Zivilist traten auf mich zu, und der Soldat sagte: »Sie müssen mit zum Polizeimeister kommen. Ich war zum dritten Mal festgenommen. Offenbar saß irgendein Stupidian in meinem Zug, der sich nicht beruhigen konnte, daß der dumme Gefreite mich losgelassen hatte. Ich holte mein Gepäck, wir stiegen in ein bereitstehendes Auto und fuhren zur Polizei.

Wie in Sarpsborg war es eine Frage von Minuten, bis der Polizeimeister sah, daß eine Dummheit begangen worden war. Mein Zug war fort, aber es würde bald ein anderer fahren; ich konnte also noch die selbe Nacht nach dem Grenzort Kornsjø kommen. Ich bat den Polizeimeister, mich als Vagabund nach Schweden abzuschieben, um mir über die Schwierigkeiten des Grenzübergangs hinwegzuhelfen; aber das gab es nicht. Norwegen tat sowas nicht, es lud seine Vagabunden nicht dem Nachbarland auf. Dann fragte ich, ob er mir nicht, zum Schutz gegen weitere Festnahmen, einen Ausweis schreiben könne. Er tat es gern. Ich dankte, sagte adjö und ging zur Bahn.

Um 23 Uhr kam ich ohne Zwischenfall in Kornsjø an. Ich stieg aus und schaute mich nach einem Gasthaus um, denn ich brauchte das Tageslicht, um mir die Grenze und die Möglichkeit, sie heimlich zu überschreiten, besehen zu können. Auf einmal sagte hinter mir eine tiefe Stimme: »Wer sind sie? Was wollen Sie hier?« Ich schaute mich um: ein uniformierter Mann mit dunklem Schnurrbart. Ich sagte: »Ich suche ein Hotel, wo ich übernachten kann.« Er wiederholte: »Was wollen Sie hier? Wohin wollen Sie?« Er hatte von Anfang an deutsch gesprochen, ein Zeichen, daß mich wieder irgendeiner denunziert hatte. Ich sagte: »Lassen Sie uns hineingehen, in den Warteraum. Ich will sehen, mit wem ich spreche.« Im Warteraum fragte ich, wer er sei, und er sagte: »Der Grenzinspektor.« »Der schwedische?« »Nein, norwegisch.« Dann, sagte ich, sei alles gut, weil ich mich ja noch nicht in den Händen der Schweden und darum vor der Zurückschiebung befand. Ich zeigte ihm das Schreiben des haldener Polizeimeisters und er sagte: »Mein Chef legitimiert Sie, es ist alles in Ordnung.« Ich fragte ihn nun, wie ich wohl nach Schweden kommen könne, und er wies auf einige erleuchtete Eisenbahnwagen hin mit den Worten: »Dort steht Ihr Zug.« Es klang sehr einfach. Aber das tollste war, daß es auch so einfach *war*: ich stieg in den schwedischen Zug und fuhr ab.

Station Dals - Ed

Während der Bahnfahrt kamen Konduktöre, um die Karten zu kontrollieren. Ich war ohne Karte, Paß und Visum. Wieviel ich zu bezahlen hatte, d.h. ob ich wunschgemäß eine Karte nach Stockholm oder nur eine bis zum nicht fern gelegenen Orte Ed kaufen durfte, habe ich vergessen. Es ist auch nicht wichtig. Wichtig ist, daß ich den üblichen Zettel auszufüllen hatte, den man als einreisender Ausländer bekam, um darauf Herkunft, Ziel, Dauer des voraussichtlichen Aufenthalts usw. anzugeben. Ich gab an, daß ich nach Stockholm wolle, die Absicht hätte, in Schweden nur etwa zwei Wochen zuzubringen und wünschte, nach Mittelnorwegen auszureisen, um als ausländischer Pressekorrespondent der norwegischen Regierung folgen zu können. Ich bekam den Bescheid, in Ed, das zum Unterschied von einem anderen Ort gleichen Namens »Dals-Ed« heißt, auszusteigen und mich beim Landsfiskal zu melden. Der Landsfiskal ist ein juristischer Beamter, eine Art Distriktsanwalt, wenn ich seine Funktion recht verstanden habe.

Gegen Mitternacht kamen wir in Ed an. Ein Norweger aus Südafrika, südafrikanischer Staatsangehörigkeit, der mit Frau und Kind ebenfalls ohne Visum eingereist war, und ich stiegen aus. Vor dem Wagen stand der Landsfiskal (ein Zivilbeamter) und ein Polizist (der lokale Poilzeichef). Wir gingen zum Bahnhofhotel, wo für uns telefonisch Raum hätte besorgt sein sollen, aber alles war voll. Man brachte uns per Auto zu einem anderen Hotel, das im Ort selbst lag.

Am nächsten Vormittag erschien ein Kriminalbeamter und nahm Protokoll auf. Ich erfuhr, daß ich bis zum Eintreffen eines Bescheids aus Stockholm in Ed zu bleiben hätte. Der Beamte war, wie alle, mit denen ich in Stockholm zu tun hatte - einen jungen, eifrigen Mann, der mich von einem Lager ins andere transportierte, und einen der Beamten auf »Socialstyrelsen«, dem Meldeamt, in Stockholm ausgenommen - durchaus anständig und überaus höflich. Das ist so schwedische Sitte. Man redet einander, wenn man nicht per Du ist, in der dritten Person an: »Was denkt Herr Jonsson über das Wetter?«, und man sperrt überraschte Ausländer mit vollkommener, freundlicher Höflichkeit ein und beraubt sie elementarer Menschenrechte. (Mindestens *tat* man es.)

Wiederum einen Tag später wurde mir eröffnet, daß ich nicht mehr im Hotel wohnen dürfe; es sei eine Unterkunft für mich bereitgestellt worden. Ich mußte ins »Gemeindehaus« irgendeiner Religionsgesellschaft umziehen und fand dort ein tschechoslowakisches Ehepaar, das inzwischen ebenfalls aus Norwegen eingetroffen war. Man hatte sie offenbar garnicht erst ins Hotel gelassen, sondern gleich in die große, unbehagliche Halle, in der auf beiden Seiten Bänke aufgestapelt waren, so daß vor der Orgel ein freier Raum entstanden war, verpackt. Der Mann, ein Schuhmacher, war Sudetendeutscher und Sozialdemokrat, die Frau war Tschechin. Sie hatten in Halden gelebt und waren, im Gegensatz zu mir, nicht auf eigene Faust abgereist, sondern hatten sich vom Komitee und der Partei mit Geldmitteln wohl versorgen lassen.

In der Halle standen einige Betten mit Decken herum, und wir richteten uns ein, so gut es ging. Damit uns niemand stehle, war eine Wachmannschaft, bestehend aus drei nicht mehr jungen Männern in grauer Landsturmuniform und komischen breitrandigen Hüten, abbeordert worden. Die Drei standen abwechselnd vor unserer Haustür Posten.

Die acht oder zehn Tage in Ed verbrachten wir damit, bei einer Frau, die von der Polizei oder vom Fiskal beauftragt war, für uns zu kochen, dreimal täglich gute und ausgiebige Hausmannskost zu essen; herumzusitzen und zu warten; trotz der meistens unfreundlichen, trüben, manchmal regnerischen Witterung spazierenzugehen. Ich schrieb einen Artikel für das Blatt in Basel: der Ort füllte sich rasch mit norwegischen Flüchtlingen aus Halden, die natürlich nicht wie wir der sorglichen Hut der Polizei und der Wehrmacht überantwortet wurden. Im übrigen waren wir aber vollkommen frei, uns nach Belieben zu bewegen. Niemand beobachtete oder begleitete uns, wir kamen nach Hause, wann es uns beliebte, etc. Wir waren einfach vorläufig festgehalten, bis die wohlwollende Regierung in Stockholm sich überlegt hatte, was mit uns zu tun sei.

Als der Bescheid da war, war es mit der Freiheit zu Ende. Der gleiche Beamte, der seinerzeit im Hotel meine Angaben über mich und meine Absichten notiert hatte, holte uns ab und brachte uns zum Zug. Wir fuhren landein und kamen nach Stunden zu einer verlassenen kleinen

Bahnstation. Von dort aus fuhr man uns im Wagen durch einen Wald, und nach einigen Kilometern wurden wir in einem Dorf abgeladen, das, noch in Schnee und Eis vergraben, in einem Talkessel lag, am Rande zweier gefrorener Seen und von Wäldern umgeben. Das war Lokabrunn, ein Ort, der im Sommer Kurort und Sommerfrische war, im Winter leer zu stehen pflegte. Jetzt war er schon nicht mehr leer: bekannte Gesichter grinsten uns an; alte Freunde aus Norwegen, die der schwedischen Polizei schon früher als wir in die Finger gefallen waren, empfingen uns. Wir waren gefangen, oder, wenn man schönfärben will: interniert. Außer unseren Mit- »Norwegern« fanden wir auch eine Anzahl Deutscher, Österreicher, Tschechoslowaken vor, die aus Dänemark geflohen waren. Dazu fünf Dänen, die angeblich als Freiwillige nach Norwegen wollten. Diese fünf wurden nach kurzer Zeit freigelassen; ich, der ich journalistische berufliche Gründe für meinen Wunsch, den selben Weg zu gehen, angegeben hatte - bei dem also nicht das Bedenken, meine Entlassung könne als unneutrale Handlung ausgelegt werden, ins Spiel kam – blieb nach wie vor inhaftiert.

Das Lager Loka

Das Lager füllte sich rasch. Kommunisten, Nichtkommunisten, Parteilose, Männer, Frauen, Kinder bildeten im Handumdrehen sozusagen ein deutsches Dorf. Freilich blieb die Spaltung zwischen den politischen Lagern von Anfang bis Ende scharf aufrechterhalten. Zu Beginn hatten die Sozialdemokraten die Kommunisten gefragt, ob sie diskutieren wollten. Die hatten abgelehnt - vermutlich in der Hauptsache deshalb, weil sie es nicht zu leicht fanden, den Bruderschaftspakt zwischen Stalin und Hitler zu verteidigen - und so lebte man denn von da an in kühler Neutralität nebeneinander hin.

Man war in den fast ganz aus Holz gebauten Häusern und Häuschen des Ortes untergebracht, zu zweien oder mehreren in einem Zimmer. Ich traf einen Bekannten aus Stuttgart, Mathias Herrmann[27], der verschiedene linke Blätter gedruckt hatte, auch mein eigenes, das im Februar 1933 sein kurzfristiges Dasein beendet hatte, und den ich dann in Prag, später in Oslo wiedergefunden hatte. Ich bat ihn, mit mir das Zimmer zu teilen, und es wurde so arrangiert.

In diesem Loka brunn verbrachte ich etwa einen Monat. Wir waren vollkommen frei, uns zu bewegen - im Rahmen des engen Dörfchens. Bewacht wurden wir wieder von Landsturmleuten, einem größeren Aufgebot diesmal. Natürlich hielten viele von uns sich nicht unbedingt an die Vorschriften: wir zogen, besonders als die schnell eingetretene und rasch abgelaufene Schneeschmelze vorbei war, rechts und links in die Wälder und machten stundenlange Wanderungen. Außerdem entdeckten wir sehr bald, daß man unsere Post unterschlug, und dauernd mußten einzelne durch die Wälder nach weiter entfernt gelegenen Orten gehen, um Briefe hinauszuschmuggeln. Trotzdem das Lager voll war von Sozialisten aller Richtungen, die alle mehr oder weniger illegale Erfahrungen hinter sich hatten, war doch ein katholischer Pfarrer uns allen überlegen. Er wandelte sacht seines Weges und kam dann heim mit einem Bericht über ein ausgezeichnetes Roastbeef, das er in einem anderen Dorf genossen hatte; er war am besten über die jeweilige strategische Verteilung der Wachmannschaften informiert und sagte einem, wenn er sah, wie man sich anschickte, in den Wald zu gehen: »Gehen Sie den anderen Weg, den, der gestern bewacht war. Heute stehen die Posten nicht dort, sondern hier.« Er berichtete fortlaufend über seine Korrespondenz mit seinem Bischof in Stockholm und den Fortschritt von dessen Bemühungen zu seiner Befreiung.

Wir wurden natürlich vom Staat verpflegt. Eine unfreundliche alte Dame übernahm mit einigen jungen Mädchen zusammen die Küche. Den Mädchen war streng verboten, sich mit uns abzugeben, was natürlich auf beiden Seiten den Reiz, Beziehungen anzuknüpfen, erhöhte. Und da die Männer im Lager bei weitem in der Überzahl waren, wäre es auch ohne das Verbot unausweichlich zu Liebschaften gekommen.

Der Kaufmann aus dem nahegelegenen Dorf öffnete seinen winters geschlossenen Laden in Loka und machte ein ausgezeichnetes Geschäft, da Gefangene immer alles kaufen, was ihnen vorgesetzt wird: eine Art Ersatz für die mangelnde Freiheit. Das Kaufen ist die einzige Gelegenheit, nach eigener Wahl mit Eigenem frei zu schalten und nach eigenem Gutdünken etwas zu erwerben, d.h. sich zu bereichern, sich zum Herrn von mehr Dingen zu machen, als es bis dahin der Fall war. Dinge sind das einzige, an dem man sich noch seine Selbständigkeit und sein autonomes Bestimmungs- und Verfügungsrecht beweisen kann, wenn über so elementare Angelegenheiten wie Aufenthaltsort, Bewegungsmöglichkeit, Wahl der Speisen usw. ohne die Möglichkeit eigener Beeinflussung entschieden wird. Der durch Gefangenschaft oder auf andere Weise der Möglichkeit zu bestimmen, verfügen, wählen teilweise Beraubte heißt jedes Angebot willkommen, das ihm eine Gelegenheit zu eigener Entscheidung gibt; er kauft nicht, weil er nötig hat, sondern hat nötig, weil er kaufen will. Darum ist seine Wahl nie wirklich frei; sie hängt ganz vom Belieben des Anbietenden ab; die Auswahl der angebotenen Gegenstände ist eine Sache untergeordneter Bedeutung; was immer angeboten wird, wird auch gekauft. Wir aßen mehr Bonbons und Schokolade, als wir gewohnt waren, deckten uns mit Wurst, Brot und Käse ein in Mengen, die angesichts der reichlichen, allerdings nicht gut zubereiteten Verpflegung fantastisch ausschweifend erschienen, kauften uns Wäschestücke, Pullovers, Polohemden, Schuhe usw. Hätte man uns Autos angeboten und hätten wir das Geld gehabt, so hätten wir sie wahrscheinlich auch gekauft. Oder Kühlschränke. Oder Führer durch Senegambien oder Grönland. Oder Skistöcke, Lebertran, türkische Sprachlehren.

Einmal machten wir eine - sehr passive - Küchenrevolution. Man setzte uns Nudeln vor, die mit diabolischer Kunst ungenießbar und fürs Auge ekelerregend zugerichtet waren. Sie waren beinahe zu einem Brei verkocht, dazu gezuckert, und hatten ein schleimiges, grünlichschimmerndes Aussehen. Über neunzig von uns zwei- bis dreihundert Leuten stellten das Gericht ungenossen und demonstrativ auf den Mittel- und Anrichtetisch des Saales.

Die Oberköchin segelte zum Lagerchef, und es gab eine Untersuchung, als wären wir verurteilte Schwerverbrecher, die die zugeteilte Zwangsarbeit verweigerten. Zwei junge österreichische Sozialisten erschienen bei mir mit einer Liste, an deren Spitze sie ihre Namen geschrieben hatten, und baten mich, mich ebenfalls einzutragen. Die Liste stellte eine freiwillige Selbstdenunziation vor; die Unterzeichner erklärten, daß auch sie das widerliche Essen abgelehnt und beiseitegestellt hatten. Die beiden hatten die gute und eigentlich selbstverständlich erscheinende Idee, der Lagerleitung eine von *allen* Häftlingen unterschriebene Liste vorzulegen, damit der inquisitorische Versuch, »Schuldige« herauszufischen, zunichte würde. Sie kamen zuerst zu mir, weil sie richtig angenommen hatten, ich würde mittun. Aber außer unseren drei und ein paar zusätzlichen Namen erhielten sie nicht viele: der Gedanke der Solidarität und der gemeinsamen Aktion gegen behördliche Anmaßung erlitt Schiffbruch. Die Folge war, daß der Lagerleiter einen polnischen Juden herausgriff - den er wahrscheinlich deshalb anzugreifen wagte, weil er, obwohl Sozialist, kein führendes Mitglied einer der vertretenen Gruppen war - und ihn damit bestrafte, daß er ihm auf einige Zeit verbot, Briefe zu schreiben und zu empfangen.

Mit der Korrespondenz war es eine eigene Sache. Man wollte der Welt verheimlichen, daß wir in Loka brunn festgehalten und eingesperrt waren. Darum wurde uns zunächst ein vorgedrucktes Formular vorgelegt, das wir versenden sollten. Es enthielt nur zwei oder drei Zeilen und besagte, man sei in Schweden, es gehe einem gut, die schwedische Regierung habe Heime eingerichtet, und in einem dieser Heime befinde man sich. Es war eine unvorstellbare, nichtsdestoweniger aber reale Frechheit und eine Bombendummheit, uns so etwas zuzumuten. Einer ging hin und verlangte für sich allein 200 Exemplare; ich verlangte 30 und erklärte, ich hätte jeden Tag ebensoviele nötig, usw. Kurzum: man gab die unwürdige Idee auf und erlaubte uns, Briefe zu schreiben. Die mußten aber durch eine Zensur gehen. Sie durften keinen wirklichen Inhalt haben; man konnte nichts über die Umstände schreiben, in denen man sich befand, nichts Politisches, der Nazi nicht Erwähnung tun, nicht sagen, wieso man nach Loka gekommen sei, wer sich noch dort befinde usw. Diese Punkte wurden einem übrigens nicht bekanntgegeben; man wußte nicht, *was* nicht erwähnt werden durfte; man merkte nur nach langer Zeit, daß gewisse Briefe nicht an den Empfänger gelangt waren und überlegte sich, was man in ihnen geschrieben hatte. Die beanstandeten Briefe wurden einem nämlich nicht, wie zu erwarten und anständig gewesen wäre, zurückgegeben, sondern von den Zensurbehörden gestohlen.

Nach geraumer Zeit bekam ich einmal eine Liste über 39 Poststücke, die von ihnen unterschlagen worden waren; die Sachen selbst erhielt ich nicht zurück. Später sandte man mir auf mein Verlangen hin eine neue Liste, die 15 Stücke enthielt. Man hatte also im ganzen mindestens 54 Briefe oder Postkarten von mir gestohlen, ohne mir anzugeben, was beanstandet wurde, und ohne mich sofort zu benachrichtigen, daß man sie entwendet habe. Das geschah nicht nur mir, sondern vielen. Unsere Freunde und Verwandten in anderen Ländern hatten seit der Invasion Norwegens um uns gebangt; wir hatten prompt geschrieben, daß wir in Schweden und in Sicherheit seien, und nun, nach Wochen, erfuhren wir, daß sie die Nachricht nicht bekommen hatten und noch immer in Sorge um unser Schicksal lebten. Diese Behandlung, die jedem fascistischen Staat Ehre gemacht hätte, hatte bei mir schon in Ed begonnen. Es war mir mitgeteilt worden, daß alle ausgehende Post auf einem gewissen Büro abzugeben sei - offen, natürlich - und ich Esel hatte gehorcht. Als ich ins Lager Loka verfrachtet wurde, bekam ich die Sachen aber immerhin ausgehändigt, sodaß ich wenigstens wußte, sie waren nicht verschickt, und sie von neuem aussenden konnte.

Es ist selbstverständlich, daß wir sofort mit illegalen Versendungen zu beginnen hatten. Wir merkten, daß wir nicht nur von der Außenwelt abgeschnitten waren, sondern die Außenwelt auch von uns. Journalisten wurden nicht zugelassen. In der Tat war die militärische Bewachung vielleicht hauptsächlich deshalb eingerichtet worden, damit sie Leute von draußen verhinderte, von unserm Dasein und den Verhältnissen, in denen wir lebten, zu erfahren. Diese Vermutung wurde mir später, in Stockholm, durch eine unüberlegte Äußerung des schweizer Konsuls bestätigt. Als ich über die Internierung und unseren Abschluß schimpfte, sagte er - der mir vorher stolz versichert hatte, er sei mit den für diese Dinge verantwortlichen schwedischen Beamten gut bekannt, ja, per Du: »Man sollte halt nicht wissen, daß ihr dort wart.« Als ob das hätte verborgen bleiben können! Als ob nicht die Nazis es von Anfang an gewußt hätten! Mein Verdacht war, daß man, in der Ungewißheit, ob nicht auch Schweden von den Nazitruppen überrannt würde, uns auf einem Haufen beisammenhielt, damit man uns gegebenenfalls ohne weiteres und vollzählig ausliefern könne. Wer für eine etwaige derartige Absicht verantwortlich sein konnte, wußte ich nicht; aber daß gewisse Leute, die uns »in Obhut« hatten, wie der beschönigende amtliche Fachausdruck hieß, solche Pläne hatten, erschien mir wahrscheinlich.

Die Gründe für die an uns verübte Freiheitsberaubung wurden uns nicht mitgeteilt. Wir waren keine Verbrecher, wir waren nicht ohne Legitimation (ich selbst hatte erwartet, in Schweden mich durch zahlreiche Legitimationspapiere ausweisen, durch meine Exverwandten mich dabei bestätigen zu lassen, eine Konventionalstrafe für visumlose Einreise zu bezahlen und nach Norwegen zu fahren); die norwegischen oder dänischen sozialistischen Flüchtlinge hätten uns ohne Mühe ebenfalls legitimieren können, und mindestens die norwegischen hätten es getan; wir waren bei weitem nicht alle mittellos (ich z.B. hatte schon nach Ed Geld aus der Schweiz und aus USA bekommen und gab es im Lager, wo es nottat, ohne weiteres her; es konnte den Internören nicht unbekannt sein; andere waren gleichfalls gut daran). Wir waren ganz einfach in ein Konzentrationslager gesperrt worden (wenn es auch lange nicht so schlimm war wie ein Nazi-KZ oder ein englisches KZ für zivile Buren während des Burenkrieges) ohne Angabe von Gründen, ohne Möglichkeit, sie zu erfahren und ohne die Möglichkeit, mit Freunden in der Freiheit in Verbindung zu treten. Im spanischen Gefängnis war es anständiger: man konnte unzensierte Briefe versenden und empfangen (hier wurden sie zensiert), und man konnte Besuche bekommen (hier waren sie verboten).

Der Frühling kam plötzlich und heftig; die Sonne schien und ihre Kraft wuchs rasch, der Schnee schmolz, in allen Wegen rannen Bäche und Bächlein, ich grub ihnen ums Haus rum Bahnen vor, damit man daneben auf halbwegs trockenem Boden gehen konnte, das Wasser rieselte die Raine herab und in die Felder und zum Bach, der durch die Wiesen lief. Bald war aller Schnee verschwunden, die Erde trocknete, das Gras wuchs und grünte munter, und die Kreuzottern kamen von überall her gekrochen, sodaß man immer Angst hatte, daß eines der Kinder, die in den Wiesen spielten, gebissen werde. Es wurde warm, am 1. März machten wir eine kleine Feier und ein besonderes Kinderfest mit Wettlaufen, Sackhüpfen und anderen Dingen, für die es Preise gab. Morgens trieben wir unter Anleitung und Befehl eines Gymnastiklehrers aus Wien Körperübungen, während die Kommunisten unter der Leitung einer Frau stramme exerzierartige Dinge vornahmen; sie traten militärisch an, durchs Lager hallten die scharfen Kommandorufe der bebrillten Kommandöse, sie marschierten im Gleichschritt usw.

Nach einigen Wochen wurde das Lager aufgelöst - man mußte vermutlich an die Vorbereitungen zur Sommersaison denken, die rentablere Kurgäste nach Loka brunn bringen würde. Die meisten kamen in die Freiheit, die Kommunisten und einige andere, darunter auch ich, in andere Lager. Die Kommunisten wurden nach Långmora geschickt, ich kam nach Smedsbo. Wenn man darüber streiten kann, ob Loka brunn Internierungs- oder Konzentrationslager genannt werden könne, so besteht über Smedsbo kein Zweifel: es *war* ein Konzentrationslager. Natürlich war keine Rede von Mißhandlungen, d.h. Mißhandlungen körperlicher Natur - die unbegründete Einsperrung, die Freiheitsberaubung schienen nach Auffassung der verantwortlichen Schweden keine Mißhandlungen zu sein; aus unserer heraus, die wir aus Liebe zur Freiheit ins Exil gegangen waren, waren sie es ganz entschieden. In Smedsbo kam aber zu Freiheitsberaubung, Briefzensur und anderem noch einiges hinzu: man mußte zur bestimmten Stunde im Bett sein und bekam das Licht ausgelöscht; man durfte nur in genau bestimmten Räumen rauchen; man trug Anstaltskleidung und man hatte Zwangsarbeit zu tun. »Der grundlegende Unterschied zwischen Internierungslagern und Konzentrationslagern«, sagt mein Mitgefangener Joachim Joesten in seinem 1943 in New York erschienenen Buch »Stalwart Sweden«, »ist: daß die ersten lediglich präventiv, die letzteren punitiv sind.« Das heißt, daß die ersten nur aus Vorbeugungs- und Sicherungsgründen einen festhalten, die letzteren aber Straflager sind. »Wenige zivilisierte Länder fordern von den Insassen ziviler Internierungslager Zwangsarbeit. Schweden tat es und tut es. Also müssen Smedsbo und Långmora als Konzentrationslager klassifiziert werden.«

Was mich angeht, so erscheint mir die feine Unterscheidung akademisch: da ich nicht jene Geringachtung der persönlichen Freiheit empfand, die offenbar denen, die über uns die Einsperrung verhängten, so leicht fiel, und die Freiheitsberaubung so wahrscheinlich schlimm empfand, wie einer von ihnen vielleicht fünfzig Knutenhiebe auf seinen edleren Körperteil empfunden hätte, war für mich Loka brunn genug vom KZ-Geist angehaucht und Smedsbo nicht ein neuer Typ Lager, sondern nur ein schlimmerer. Loka wie Smedsbo waren Konzentrationslager, denn der Geist, der sie einrichtete, war der KZ-Geist: er war charakterisiert durch Verachtung aller Rechte des Individuums, durch brutale Anwendung der Machtmittel des Staats gegen eine wehrlose Minorität, die ihrer Gesinnung wegen verfolgt war, durch Verweigerung der Bewegungsfreiheit, des Empfangs von Besuchern, des Beschwerderechts, durch Briefzensur und Briefunterschlagung und, in Smedsbo, auch durch Zwangsarbeit. Der Unterschied war graduell. Nicht die Frage, ob man körperlich oder nur geistig malträtiert wurde, ob man gut oder schlecht ernährt war, ob man an Leib und Leben geschädigt wurde oder nicht, entscheidet über die Qualifikation: die Lager, in denen die Burenfrauen und -kinder verhungerten und aus anderen Gründen umkamen, die KZs der Nazi waren unvergleichlich schlimmer als die schwedischen Lager; aber die Moral, der Geist, die Absicht, die die letzteren einrichtete, waren die gleichen. Der Unterschied zwischen Loka brunn und Smedsbo war nur einer des Grades.

Das Lager Smedsbo

Smedsbo bestand aus einem behaglichen und sauberen Herrenhaus, das auf einem kleinen Hügel (von vielleicht 10 Metern Höhe) lag und zu dem ein kleines Stück umgebendes Land gehörte. Bevor Flüchtlinge dort konzerniert wurden, hielt man in diesem nicht unfreundlichen, in weiter, angenehmer Landschaft liegenden Ort »gefallene« Mädchen in Verwahrung. Sie waren ausquartiert worden, damit die zeitgemäßere Einrichtung des KZs à la suédoise Platz finden konnte. Einige der ehemaligen Insassinnen hatten, sei es im Hinblick auf uns nachfolgende Opfer, sei es zum besten von Handwerkern, die gelegentlich mit der Institution zu tun haben mochten, vorsorglicherweise ihre Heimat-und Freiheitsadresse auf die Unterseite der Stühle geschrieben: ein Zeichen, daß sie sich ihres Falles nicht sonderlich schämten und wenig an ihrer Wiederaufrichtung interessiert waren.

Aus jener weiblichen Epoche hatten wir die frühere Vorsteherin, Fräulein Welin, eine unerquickliche alte Frau, geerbt samt einigen ihrer ehemaligen, natürlich weiblichen Angestellten. Fräulein Welin konnte sich nie an den neuen Ton gewöhnen; glücklicherweise hatte sie nicht viel zu sagen; aber es war ihr unmöglich, bei Tisch, bevor alles sich zum Essen hinsetzte, sich nicht umzudrehen und mit einem langsamen und scharfen Gefängniswärterinnenblick uns alle kurz zu überfliegen, als wären wir ihre gefallenen Jungfrauen, die sie durch die Macht ihres Falkenauges in Bann nehmen und für die Dauer des Mahles zu sittsamem Benehmen zwingen könne. Was ihre Helferinnen betrifft, so hatten sie keinerlei Autorität und waren ihr strikt untergeben; es war aber für uns immerhin ein Anlaß zum Vergnügen, als wir im weißen Arbeitsmantel einer dieser unverheirateten ehemaligen Behüterinnen und Verwahrerinnen »Gefallener« eines Tages eines jener handlichen Objekte fanden, die der welterfahrene Mann manchmal in der Westentasche mit sich trägt und die bestimmt sind, vor gewissen natürlichen Folgen derjenigen Unternehmungen zu schützen, die weibliche Jugend nach Smedsbo zu bringen pflegten. Wenn man selbst zur Sittlichkeitswächterin bestellt ist, braucht man es natürlich mit der Sittlichkeit, die man beschützt, nicht so genau zu nehmen, was die eigene Person angeht.

Der Leiter des Lagers war Magister Gustaf Uhr, ein Mann, der mir wesentlich sympathischer war, als er meinem Kollegen Joesten gewesen zu sein scheint, dessen Amt ich aber mindestens ebensosehr verachtete wie Joesten es tat. Es ist mir immer schleierhaft gewesen, wie ein Mensch von Bildung, ein Mensch mit Humanität und Intelligenz, wie Magister Uhr es war, sich dazu hergeben konnte, Gefangenenwärter zu spielen, dazu noch unter so erschwerenden und unappetitlichen Umständen.

Die Umstände waren die: Die Gefangenen zählten zwanzig bis dreißig Leute. Von ihnen waren rund die Hälfte Kommunisten, andere waren Parteilose, Sozialdemokraten, Anarchosyndikalisten; einer war zu meiner Zeit ein Demokrat. Der letztgenannte Häftling, ein deutscher Student, war eingesperrt worden auf Wunsch der schwedischen obersten Militärbehörde: er war Pazifist und hatte Antikriegspropaganda gemacht. Warum die übrigen - offiziell - inhaftiert waren, wußte man nicht, da man nicht darüber informiert worden war. Einige hatten kein Geld, die meisten hatten sich in der Freiheit durch Arbeit selbst ernähren können oder waren, wie Joesten oder ich, auf geraume Zeit hinaus mit Geld versorgt. Es konnte also nicht etwa eine Verwahrung zu dem Zwecke sein, der schwedischen Sozietät Fürsorgeausgaben zu ersparen.

Wie ich in Smedsbo erfuhr, hatten meine Mitopfer feierliche Schreiben bekommen, in denen man ihnen mitteilte, daß beschlossen sei, sie in Smedsbo zu internieren, ohne daß ein Grund für diese Maßnahme angegeben war. Es wurde außerdem mitgeteilt, daß diese Internierung jedes Jahr nachzuprüfen sei und daß es gegen sie keine Möglichkeit der Beschwerde gebe (»ingen overklagelse«). Mir hatte man überhaupt nie etwas Schriftliches gegeben. Möglicherweise sah man voraus, daß ich eines Tages - denn ewig konnte man mich ja nicht eingesperrt halten - über die Einrichtung der schwedischen Konzentrationslager einiges sagen würde; ich war vermutlich vor allem deshalb aus Loka nach Smedsbo gekommen, weil ich schon in Loka dem Lagerleiter gegenüber und in Briefen an die Außenwelt mehr gesagt hatte als andere[28]. Wenn man mir kein Papier in die Hand gab, war leichter zu leugnen, war ich leichter der Lüge zu zeihen - so mochte man gedacht haben. Indessen ist es schwer, einen der Lüge zu bezichtigen, wenn Dutzende von Zeugen existieren, die das Leben in den schwedischen Lagern aus eigener Erfahrung kennen.

In der Tat habe ich später, in New York, erlebt, daß es Leute gab, die, was ich berichtete, unwahr nannten: Eine Gruppe von Sozialdemokraten, von denen einige in Loka brunn mit dabei gewesen waren, keiner Smedsbo oder Långmora kannte, die Hälfte nicht einmal Loka auch nur mit dem Fernrohr, geschweige denn von innen, gesehen hatte, versicherte auf einen Bericht, den ich in der »Neuen Volkszeitung« gegeben hatte, hin anonym, er sei nicht wahr. Diese Gruppe von Wahrheitsfreunden, einschließlich derjenigen Hälfte, die nicht einmal das verhältnismäßig milde Lager Loka brunn kannte, log, um glaubwürdiger zu erscheinen, sie habe von der Flucht aus Norwegen an mein Schicksal geteilt, sei also dabei gewesen. Den Grund zu ihrer merkwürdigen Abneigung gegen die Wahrheit - sie genossen zur Verbreitung ihrer Unwahrheit den vollen Schutz der Redaktion, denn diese weigerte sich, mir Gelegenheit zu geben, zu erwidern und die »Dabeigewesenen« als Nichtdabeigewesene zu entlarven - ist wohl in der Tatsache zu suchen, daß die schwedische Regierung, die seinerzeit die Errichtung der Lager beschlossen hatte, fünf Sozialdemokraten einbegriff, wovon einer der Ministerpräsident war.

Ein anderes Dementi kam von schwedischer Seite. Der schwedische Gesandte in Washington, Wollmar F. Boström, erteilte im Dezember 1940 der amerikanischen Presse folgende Aufklärung (ich zitiere nach Joestens oben erwähntem Buch): »Es gibt in Schweden keine Konzentrationslager. Derartige Lager würden im Widerspruch stehen zur Verfassung des Landes... Die Wahrheit ist, daß die schwedische Regierung in diesem Frühjahr eine Einrichtung errichtete - und später eine zweite - wo mittellose Ausländer, die als Flüchtlinge nach Schweden gekommen sind, zusammengebracht werden können, in erster Linie aus humanitären Gründen. Diese Einrichtungen gehören dem Staat, und die Zustände sind ziemlich die selben wie in einer ländlichen Pension...« Gegen diese Behauptungen wäre zu sagen: 1. Es ist unwahr, daß es in Schweden keine Konzentrationslager gab; wahr ist, daß die offiziellen schwedischen Stellen ihre Lager nicht so *nannten*. 2. Es ist unwahr, daß die eingerichteten Lager - deren Existenz Herr Boström zugab, nachdem er sie vorher geleugnet hatte - für *mittellose* Ausländer bestimmt waren. Mehrere von uns hatten auch im Lager ausreichend bis reichlich Mittel; andere hätten in der Freiheit Existenz und Möglichkeit der Selbsterhaltung gehabt, wie vor ihrer Einsperrung, einige wenige mögen wirklich mittellos gewesen sein, hatten aber hilfreiche Freunde oder Verwandte. 3. Es ist unwahr, daß man aus humanitären Gründen ins Lager gesperrt wurde. Über die Gründe sind verschiedene Vermutungen möglich (politische Abneigung; Furcht vor Nazireklamationen; Eifer der Behörden, mit Nazideutschland zu kooperieren; Angst vor Nazispionen in der Rolle von Exilanten; Anpassung an den (Nazi-)Zeitgeist, der das Individuum vor dem Herrschertron des Staates und seiner Macht nicht als Rechtsperson anerkannte usw. usw.), aber daß *keine* humanitären Gründe vorlagen, diese Behauptung gehört nicht ins Reich der Vermutungen. 4. Es ist unwahr, daß die Zustände denen in einer ländlichen Pension ähnlich waren. Alles andere als das!

Man wurde nach der Ankunft eingekleidet, von Hemd und Taschentuch an bis zu Hose, Schlappen, gefütterter Jacke, bekam eine Nummer, durfte wöchentlich nur einen einzigen Brief schreiben, der zensiert wurde, dazu noch Postkarten, für die das gleiche galt. Man mußte um 22 Uhr das Licht abdrehen und im Bett sein. (Jeden Abend kam Magister Uhr, öffnete die Tür des Schlafzimmers, machte Licht, wenn es aus war, sodaß er sich überzeugen konnte, daß alle da waren, sagte »Gute Nacht!«, drehte das Licht ab und schloß die Tür hinter sich.) Man konnte - mit Ausnahmen, die noch zu erwähnen sein werden - keine Besuche empfangen.

In Spanien, im »richtigen« Gefängnis, konnte ich unzensierte Briefe aussenden und erhalten, und in unbegrenzter Anzahl. Ich konnte ferner zweimal wöchentlich plus jeden zweiten Sonntag Besuch bekommen, und die Besucher hatten nicht einem ganz engen Kreis Nahestehender anzugehören wie in Smedsbo, konnten Freunde, Bekannte oder Fremde sein - freilich war Konversation nur auf Distanz möglich, wie an anderen Orten geschildert worden ist.

In Smedsbo konnte ich nur im gemeinsamen Raum oder im Freien rauchen, im Treppenhaus oder im Schlafzimmer war es verboten. Im spanischen Gefängnis konnte ich immer und überall rauchen. Nach meiner Zeit - denn die Lager bestanden noch Jahre, nachdem der Herr Gesandte Boström ihr Vorhandensein öffentlich geleugnet hatte - verschärfte sich das Regime noch; von den 40 oder 50 Öre, die man für die tägliche Zwangsarbeit bekam, wurde nach Belieben strafweise ein Tages- oder Wochenlohn abgezogen, wenn man beim Rauchen am unrechten Ort getroffen wurde. Alle diese kindischen Beschränkungen und Bestrafungen, wurden, nicht zu vergessen, nicht gefallenen Mädchen oder straffälligen Jugendlichen zugefügt, sondern erwachsenen Menschen, die Arbeiter, Gewerbetreibende, Kaufleute, Schriftsteller, Journalisten, Lehrer, Juristen usw. gewesen waren. Manche Einzelzüge unterstrichen noch die Komik dieses Kleinkinderschulsystems (aus der Zeit von 1880), z.B. die Tatsache, daß wir statt unserer Pyjamas die lächerlichen Nachthemden zu tragen hatten, die vom Staat gestellt wurden. (Nachtmützen mit Zipfeln waren unbegreiflicherweise nicht vorhanden; ein Versehen, wahrscheinlich.)

Und nun der entscheidende Zug dieser »ländlichen Pension«: die Zwangsarbeit. Was von einem gefordert wurde, war im allgemeinen nicht schwer oder schlimm, und soweit ich betroffen war, machte es mir meistens Freude: denn so wie die Institution nun einmal aussah, hätte man doch nur wenig Gelegenheit gehabt, für sich allein zu sein und beispielsweise zu schreiben, und das Leben in Zwangsgemeinschaften mit seinem ewigen Miteinandersein gehört nicht zum Erquicklichsten, was es gibt. Wandern und die Gegend kennenlernen durfte man ja auch nicht. Zwar waren wir nicht bewacht; das Tor ins Freie stand offen; wir waren sozusagen Gefangene auf Ehrenwort; aber unsere Bewegungsfreiheit war nun einmal offiziell auf das kleine Gebiet des ehemaligen Mädchenheims und etwa hundert Meter eines rechts und links mit Bäumen besetzten Wegs, der an der Landstraße endete, beschränkt.

Arbeit war also im Grunde willkommen. Das Üble war, daß man sie nicht tun durfte, sondern mußte. Wir waren keine verurteilten Sträflinge. Wir waren nicht einmal verhört worden; es war keinem mitgeteilt worden, daß man ihm den oder jenen Vorwurf mache und daß er dafür büßen müsse. Wir waren - bis auf zwei oder drei Ausnahmen - politische Flüchtlinge, die sich den Gesetzen gegenüber wie normale Bürger verhielten, nichts anderes wünschten, als in Ruhe und in Freiheit leben zu dürfen, und wir waren, wie aus einem Hinterhalt und von Räubern, überfallen und gekidnapped worden. Wir waren wie Leute, die nichtsahnend ihres Weges gingen, ihrem Geschäft oder ihrem Vergnügen nach, und die plötzlich überfallen, verschleppt und in ein dunkles, vergittertes Kellerloch geworfen wurden. Zum Dank für diese Vergewaltigung und Mißhandlung - denn wir liebten die Freiheit und fühlten uns durch unsere Einsperrung schwer mißhandelt, was die schwedischen Behörden, vermutlich aus weniger tiefer Hochachtung vor dem Begriff Freiheit, nie verstehen wollten - sollten wir nun nach dem Willen und der Anordnung unserer Kidnapper noch für sie arbeiten.

In Spanien, im »richtigen« Gefängnis, gab es keine Zwangsarbeit. An ihrer Statt spielten wir Ball, Schach, Domino und plauderten, während andere mit Tabak und Zigaretten handelten, in ihrer Zelle gekochten Kaffee verkauften, ein Schneider auf eigene Rechnung schneiderte usw.

Zu alledem kam in Smedsbo noch eine besonders entwürdigende Sache: die Umstände, unter denen sich die wenigen erlaubten Besuche vollzogen. Besuche wurden - nach längerem Kampf um dieses Recht, oder vielleicht müßte man, da man ja durch die Einsperrung völlig rechtlos geworden war und mit einer im Verhältnis zu uns absoluten Macht zu tun hatte, von Gnade sprechen - nur den Frauen der Verheirateten und den Bräuten der Ledigen gestattet. Manchmal - nicht zu freigiebig. Die meisten hätten auch nicht allzuoft von der Erlaubnis Gebrauch machen können, weil es nicht so einfach war, nach Smedsbo zu gelangen. (Wie in Loka brunn hatte man uns auch hier fürsorglich in einem wenig verkehrsreichen Provinzwinkel begraben.) Die nächste Bahnstation, Horndal, lag 10 Kilometer entfernt, es hielten nicht zu viele Züge und um sie zu erreichen, hatte man in Krylbo umzusteigen und je nachdem längere oder kürzere Zeit auf den Anschluß zu warten, sodaß die Reise von Stockholm bis Horndal allein schon eine gute Weile in Anspruch nahm. Von Horndal aus wurde dann das Problem erst wirklich ernst; denn die Taxifahrt nach Smedsbo und zurück kostete rund 15 Kronen. Da aber im Krieg, Mitte 1940, alle Taxifahrten bereits rationiert waren (wegen Benzinmangels), hatten die Behörden der Provinz Kopparberg, in der sich unser Hotel befand, kurzerhand und grundsätzlich die Genehmigung von Taxifahrten von und nach Smedsbo suspendiert. Die Besucherinnen kamen also, wenn sie konnten, von Horndal mit dem Fahrrad, gingen zu Fuß oder gaben viel Geld aus für eine Reise mit einer Droschke. Diese mißlichen Umstände beschränkten natürlich die Zahl der Besuche.

Immerhin, wenn die Frauen oder Mädchen kamen, folgten zwei peinliche Sachen, deren erste unvermeidlich war, während die zweite sowohl vermeidlich als auch unnötig, schändlich und von oben, den Herren in Stockholm, vorgeschrieben war.

Das erste war, daß die Besucher und ihre inhaftierten Freunde die paar Stunden, die ihnen schließlich geblieben waren, entweder in Gesellschaft anderer Leute oder auf dem kleinen Raum um das Haus, der uns zur Verfügung stand, immer in Sichtweite anderer, zu verbringen hatten, oder aber im Schlafzimmer des Mannes, letzteres immer im Bewußtsein, daß seine Zimmerkollegen, um ihnen das Alleinsein zu ermöglichen, sich die ganze Zeit absichtlich fernhielten. Daß auch die Stunden zu Zweien nicht ohne Befangenheit waren, läßt sich denken.

Das andere war die Körpervisitation. Ich wiederhole, für Ungläubige: Körpervisitation. Die Besucherinnen mußten sich eine Untersuchung bis auf den Leib gefallen lassen, damit sie nicht etwa gottweißwas einschmuggelten. Anfänglich hatte Frau Uhr, die Frau des Magisters, die beschämende Handlung auszuführen; aber sie verabscheute diese unsaubere Arbeit und richtete es so ein, daß sie öfter und öfter abwesend war, wenn die sonntäglichen Besucherinnen eintrafen. (An anderen als Sonntagen gab es keine Besuche: wir hatten ja schließlich unseren Gefängnisstundenplan und konnten nicht von der Arbeit abgehalten werden. An ihrer Stelle hatten sich dann die Besucherinnen vor Frau Welin oder einer ihrer Gehilfinnen auszuziehen, oft nackt. Dann wurden ihre Kleider und ihre mitgebrachten Sachen sorgfältig untersucht und sie konnten sich wieder anziehen.Selbst einem Kinde, einem Mädchen, das eine Mutter mitbrachte, wurde das nicht erspart. Kurioserweise wiederholte man die Prozedur nicht, wenn die Gäste abreisten, obgleich die »Gefahr« - die einmal angenommen sei, damit der geistige Zustand, aus dem heraus die hohen Behörden diese Schweinigelei angeordnet hatten, wenigstens annähernd eine Art Erklärung finde - ja weniger darin bestand, daß die Besucherinnen unerwünschte Nachrichten oder Bomben einschmuggelten, als vielmehr darin, daß sie unzensierte Beschwerde- und Anklagebriefe mit hinausnahmen.

Es gab natürlich viele Leute, vor allem Schweden, die sich darüber empörten, daß wir die Behandlung, die uns widerfuhr, nicht dankbar hinnahmen: Hatten wir nicht Wohnung, Kleidung, Essen - und alles umsonst? Wer sonst bekam das in Schweden? Waren wir nicht sozusagen gehalten wie Fürsten - durch die weise Fürsorge der Behörden aller Existenzsorgen enthoben?

Ähnlich wie diese schwedischen Fragen und Vorwürfe lauteten auch die der Sudetendeutschen. Ihre vollkommene Polizeifrommheit und Unterwürfigkeit unter die Macht, die uns in Händen hatte und mißhandelte, fiel uns in Loka brunn auf. Sie schlossen sich von der »lauten« demonstrativen Maifeier aus, obwohl im Lager sehr wenig Demonstration möglich war; sie waren zum größten Teil willige Arbeiter, als die Verwaltung uns anbot, gewisse Instandsetzungsarbeiten selbst zu machen: Wiesen zu mähen, Wege auszubessern, Laub zu rechen usw., und dafür ein Öre zahlte, während die Mehrheit der Internierten es ablehnte, als widerrechtlich Gefangene sich dazu herzugeben; sie redeten uns zu, wenn wir widerspenstig waren: »Was wollt ihr denn? Wir haben alles, was wir brauchen, völlig umsonst; niemand tut uns hier was; wir leben wie die Herren, haben nur an Essen, Schlafen, Spazierengehen zu denken. Worüber habt ihr euch zu beklagen?« Ein Appell an das Freiheitsbewußtsein oder an ihre Menschenwürde blieb erfolglos: sie begriffen im Grunde garnicht, worum es ging, und hatten nur die eine Angst, daß wir Unbotmäßige Repressalien hervorrufen könnten, die sie mitträfen. Sie kamen denn auch alle in die Freiheit, als das Lokalager aufgelöst wurde, und nicht nach Smedsbo oder dem anderen Straflager, Långmora: der Lohn der Bravheit und Unterwürfigkeit.

Auch die Gruppe jener Wahrheitsfreunde, die später in New York anonym die Zustände in den schwedischen Lagern leugnete, setzte sich zur Hälfte aus Sudetendeutschen zusammen. Diejenigen, die logen, sie kennten die Lager, ohne sie überhaupt gesehen zu haben, waren Sudetendeutsche und Österreicher.

Es war auch ein Sudetendeutscher, welcher mir das unerwartete und unglaubliche Beispiel eines deutschen Handwerkers gab, der ohne sein Werkzeug reiste. Als im Lager die Notwendigkeit einer Reparaturwerkstätte für die vielen kaputtgehenden Schuhe auftrat, erinnerte ich mich des Mannes, der mit seiner Frau zehn Tage mit mir in Dals-Ed festgehalten worden war, und forderte ihn auf, seine Werkstatt aufzumachen.

»Ich habe kein Werkzeug bei mir«, antwortete er. Ich sagte: »Ihr seid doch mit soundsovielen Koffern über die Grenze gekommen.« »Ja, freilich; aber wir haben natürlich die wichtigen Sachen mitgenommen: Bettzeug undsoweiter.«

Leben in Smedsbo

Die Arbeit im Lager war, wie schon gesagt, nicht hart. Sie zerfiel in Hausdienst, Küchendienst und Außendienst. Wir hatten unsere Zimmer abzustauben, zu fegen, zu schrubben, ebenso Gänge und Treppen, unsere Betten zu machen usw. Dieser »Hausdienst« wäre uns eine Selbstverständlichkeit gewesen, angesichts des Fehlens von Personal, soweit es sich um das Ausfegen unserer Räume handelte. Selbst das Bettmachen wäre, als eine Notwendigkeit, verständlich gewesen; aber mit Eimer und Schrubber wie Gefangene oder gefangene Mädchen über den Fußboden herfallen, ja außerdem noch die Treppen behandeln zu müssen, wäre eine Aufgabe für gedungenes Personal gewesen.

Der »Küchendienst« - Kartoffeln schälen, Holz herbeischleppen und vorher kleinmachen, Tisch decken und abdecken, Geschirr spülen und abtrocknen - war eine absolut ungehörige Beschäftigung für Leute, die nicht etwa strafweise in Smedsbo untergebracht und, ihrer Neigung zu Allotria wegen, »nützlich beschäftigt« und von Dummheiten ab-, zu vernünftigem Treiben hingelenkt werden sollten.

Im »Außendienst« sägten und spalteten wir Holz, gruben den Boden um, rechten gefallenes Laub zusammen und fegten die Anfahrtsstraße, schippten (im Winter, nach meiner Entlassung, also ohne meine Beteiligung) Schnee, schippten (im Sommer) Erde, transportierten per Schubkarren Mist, arbeiteten auf dem Acker: setzten Setzlinge, häufelten die Pflanzen, die das gewohnt waren, düngten, spritzten usw. Einmal brachte ich dem Assistenten des Magisters, dem jungen Kandidaten Friberg, bei, daß wir einen Komposthaufen nötig hätten, und wir bekamen Erlaubnis, einen anzulegen. Solange ich im Lager war, wurde nicht viel daraus: wir arbeiteten zu dritt daran: Heinrich Pfordt, der ehemalige Häuptling der Saarkommunisten, der in Oslo mit der Partei gebrochen hatte; Fritz Benner, ein Anarchist, Textilarbeiter aus Barmen, und ich kamen in dem harten, steinigen Boden, der nur eine verhältnismäßig dünne Erdschicht trug, von harten Baumwurzeln und großen Steinen durchsetzt war, nur sehr langsam vorwärts. Außerdem hatten wir in gebührend kurzen Abständen Pausen einzulegen. Wir wünschten uns immer ein Foto: drei Männer, die nichts anhatten als ein dünnes kurzes blaues Höschen und ein paar Schlappen und nun auf ihre Hacken und Schaufeln gestützt fast nackt herumstanden und dicke Zigarren rauchten. (Rauchmaterial wurde natürlich nicht von der Verwaltung gestellt; wir kauften es selbst.)

Die schwerste Arbeit - vor der ich durch meine Entlassung im Juli 1940 gerettet wurde - bestand im Waschen der Wäsche und Bettwäsche der Anstalt.

Alles in allem war die Arbeit nicht schlimm, manches davon war angenehm, und wenn ich als Kurgast in dieser »ländlichen Pension« gelebt hätte, hätte ich vielleicht soweit freiwillig dies und jenes davon getan. Als Zwangsarbeit war aber alles nur Zwang und übel.

Die verschiedenen Beschäftigungsarten waren auch verschiedenwertig; Magister Uhr führte genau Buch über die Arbeiten, die er den einzelnen zuteilte. Der Zweck war erstens, dafür zu sorgen, daß jeder im Turnus an die verschiedenen Funktionen kam, sodaß nicht die gleichen immer die selbe leichte Arbeit hatten, andere immer die schwere. Man wechselte also von Haus- zu Küchen- und zu Außendienst. Zweitens waren die Arbeiten verschieden bewertet; Magister Uhr hatte ein Punktsystem, nach dem er unsere Leistungen rechnete. Schwere Arbeiten gaben mehr Punkte, leichte weniger. Die Arbeitszeit war sechs Stunden im Tag. Gelegentlich konnte man sich durch Mehrarbeit eine Stunde oder mehr Freizeit verschaffen; einmal hatte ich einen ganzen freien Nachmittag, weil ich an den vorhergehenden Tagen abends Überstunden gemacht hatte (meistens durch Spritzen des Kohlrabifeldes).

Obgleich wir auch in Smedsbo keine politischen Diskussionen mit den Kommunisten hatten, kam es in einem Fall, und zwar wegen einer bestimmten Arbeit, zu einer verabredeten gemeinsamen Besprechung und Auseinandersetzung. Nachdem eine Zeitlang das Gerücht gegangen war, es sei eine Ausdehnung des Lagers oder vielmehr eine Vermehrung der Insassen ohne Ausdehnung des Lagergebiets beabsichtigt, wurde die Sache spruchreif.Die Leitung teilte uns mit, daß Baracken aufgestellt würden, und zwar in Gestalt von vorfabrizierten Holzhäusern, die an Ort und Stelle nur zusammengesetzt werden müßten. Die Belegschaft konnte diese Arbeit selbst ausführen und würde wesentlich besser entlohnt werden als bisher. Die Gewerkschaften hatten in diesem Falle nichts gegen unsere Beschäftigung einzuwenden. Diese Generosität bedeutete, daß wir grundlos Eingesperrten das Recht hatten, uns statt der täglichen 40 oder 50 Öre »Fleißpfennige« (wie unser bisheriger »Lohn« offiziell hieß) etwa das Drei- bis Vierfache zu verdienen, also immer noch nur einen kleinen Bruchteil dessen, was der freie schwedische Arbeiter bekommen hätte. Wir nahmen das Angebot zur Kenntnis und beschlossen, am Nachmittag, nach Arbeitsschluß, eine gemeinsame Diskussion darüber abzuhalten.

Bei dieser Aussprache zerfiel die Belegschaft in zwei scharf getrennte Lager. Unsere, der Nichtkommunisten, Stellung war: Wir sind gegen unsere Vorstellung von Recht vergewaltigt und eingesperrt worden und benutzen jede Gelegenheit, sowohl der Lagerleitung gegenüber wie auch in Mitteilungen an Freunde in der Freiheit gegen die uns widerfahrene Behandlung zu protestieren. Nun werden wir aufgefordert - und durch ökonomischen Vorteil, nämlich bessere Bezahlung, angelockt - für neue Opfer des Systems, das uns so behandelt, die Gefängnisräume zu bauen. Der Vorschlag ist abzulehnen. Die Kommunisten dagegen erklärten: Die Gewerkschaften haben nichts dagegen, also ist alles in Ordnung.

Sozialdemokraten, unser pazifistischer Demokrat und ich lehnten es also ab, an den Baracken zu arbeiten; die Kommunisten taten es, d.h. sie errichteten die Bauten, in denen neue Opfer später eingekastelt wurden.

Eines Tages bekamen wir Zuwachs - das war noch, bevor die Baracken standen: deren Besetzung habe ich nicht mehr mitangesehen - und zwar einige Österreicher und einen jungen Deutschen, die von der Besatzungsarmee in Norwegen desertiert waren. Der Deutsche hatte einer SS-Formation angehört, d.h. der SS-Truppe, nicht der alten, politischen »Elite«staffel. Die Österreicher waren unwissend und politisch völlig naiv; sie waren nicht wirklich aus Gesinnung oder politischer Überzeugung desertiert, sondern weil sie einfach nicht weiter Soldaten sein wollten oder - so naiv es klingt, ist es doch wahr - glaubten, sie könnten über Schweden und durch Deutschland einfach heimgehen. Die einzige politische Begründung für ihren »Antinazismus«, die ich überhaupt einmal aus einem herausquetschen konnte, hieß: »Mir wolln halt unser Landl wider ham«. Als politischer und intellektueller

Zuwachs waren sie eher ein Minus für uns als bloß Null, denn sie brachten keinen Funken innerer Auflehnung mit, waren dozil und beinahe glücklich darüber, daß sie durch die weise Fürsorge der gefangenhaltenden Behörden der Sorgen ums tägliche Leben enthoben waren. Natürlich verdienten sie sich Geld mit Barackenbau.

Einmal ging einer durch. Man konnte in sehr dringlichen Fällen einmal Urlaub zum Besuch seiner Familie bekommen; etwas leichter war es, Tagesurlaub zum Besuch eines ausländischen Konsulats, zwecks Beschaffung eines Visums, zu erhalten. Die Kommunisten machten viel Gebrauch von dieser Möglichkeit, und benutzten - auch nach Ansicht des Magisters - die Gelegenheit vermutlich auch dazu, Information über die übrigen Insassen des Lagers zu erteilen. Wir hatten von Anfang an vor allem auch dagegen protestiert, mit Kommunisten zusammengesperrt zu werden, da sie erstens damals Bundesbrüder der Nazis waren und die Partnerschaft der beiden fascistischen Staaten verteidigten, zweitens die Gelegenheit wohl benutzen würden, russische Stellen (und damit indirekt auch nazideutsche) über den Aufenthalt ihrer der sozialdemokratischen Partei oder linken Splittergruppen (Trotzkisten, Brandlerianern) angehörigen oder wie ich aus der KP ausgeschlossenen Mitinhaftierten zu unterrichten; aber auch diese Proteste halfen nichts.

Eines Tages fuhr nun ein Anarchosyndikalist zum Konsul von Guatemala oder Ecuador oder sonst einer mittelamerikanischen Republik. Er hatte lange petitionieren müssen, bis er die Erlaubnis erhielt; denn Magister Uhr traute ihm nicht. Der Mann - er hieß, glaub ich, Ahlers - hatte eine schwedische Frau, ein Kind und lebte bis zur Festnahme als Fotograf. Während des ersten Weltkriegs war er wegen Kriegsdienstverweigerung wiederholt in deutschen Gefängnissen gesessen und zweimal entronnen.Einmal hatte er sich den Arm gebrochen, indem er ihn auf seinen Stuhl legte und das schwere Gefängnisbett darauf fallen ließ, hatte dann die Verletzung einige Tage geheimgehalten, bis der Arm ernstlich schwärte, sodaß er ins Gefängnisspital gebracht werden mußte, und war von dort entflohen. Als er nach Stockholm abreiste, sagte er uns nichts von seiner Absicht; aber als er abends nicht zur gewohnten Zeit zurückkam, öffnete man seinen Wandschrank und fand, daß nichts darin war als die von der Verwaltung gestellten Klamotten. Seine eigenen Sachen hatte er heimlich hinausgebracht gehabt und im Walde versteckt. Offenbar hatte er sie abgeholt oder abholen lassen, nachdem er endlich auf seinen Tagesurlaub gegangen war. Er hatte mir wiederholt von seinem Plan, zu entweichen und sich illegal in Schweden und Norwegen aufzuhalten, gesprochen und gefragt, was ich davon dächte. Mir schien es nicht sehr möglich, daß er sich auf lange Zeit im besetzten Norwegen als angeblicher Schwede würde halten können. Aber nun hatte er es riskiert, und solange ich noch im Lager war, wurde er nicht zurückgebracht. Auch nicht nach Långmora. Und auch nicht - denn wir hätten das erfahren - ins Gefängnis.

Versetzung nach Långmora oder ins Gefängnis wurden in Smedsbo als Disziplinarstrafmittel verwendet. Mehrmal kamen Unbotmäßige nach dem etwas strengeren Långmora, und verschiedentlich wurde der eine oder andere, der sich weigerte, gewisse unangenehme Arbeiten zu verrichten, wie Waschen oder Latrinereinigen, oder der aus Grundsatz sich weigerte, überhaupt Zwangsarbeit zu tun, von der Polizei abgeholt und nach Falun gebracht, wo er einen Monat oder zwei wie irgendein anderer Gefangener im Gefängnis saß. Nicht genug damit also, daß man vollkommen willkürlich und ohne Angabe von Gründen, ohne Verhör, ohne Beschwerderecht zu gewähren, Leute nach Smedsbo schickte und zur Zwangsarbeit verurteilte, man sperrte sie auch, ohne daß sie gegen Gesetze oder auch nur Polizeiverordnungen verstoßen hätten, ins Gefängnis. Und es handelte sich dabei nicht um eine kurze, vorübergehende Festhaltung, bis die Abschubpapiere ausgefertigt waren, wie sie mir in Spanien zugestoßen war.

Der Fall Schweden ist deshalb so empörend, weil man an Schweden andere Anforderungen stellen durfte als an Spanien. In Wirklichkeit erwies sich das humanitäre, fortschrittliche Schweden als unhumaner, reaktionärer und unethischer als Spanien.

Menschen

Magister Uhr, der Vorsteher des Lagers Smedsbo, kommt im Buch meines Mitinternierten Joesten nicht sehr gut weg. Selbst sein Hund, ein deutscher Schäfer, muß sich ein »bösartiges« Aussehen bescheinigen lassen. In Wirklichkeit war er ein ruhiges, gescheit aussehendes, freundliches Tier, mit dem ich mich sehr gut verstand, der gern mit einem umging, sich streicheln und halten ließ, sich anschmiegte und auf eine beherrschte Art spielte.

Ähnlich verschieden sind unsere Einstellungen zum Magister. Joesten sah ihn »kurz, stämmig«, während ich ihn mittelgroß, eher groß, und schlank nennen würde. Sein Gang war ruhig, aber ohne Zögern im Schritt, dabei federnd, panterhaft. Er war seiner Aufgabe durchaus gewachsen. Eine andere und viel interessantere Frage aber war - und ist - warum sich ein Mann wie er dazu hergab, das wenig ehrende Geschäft der Leitung eines solchen Lagers zu übernehmen. Daß er Sozialdemokrat war, macht das Rätsel nicht größer; denn wie gesagt waren für die Schaffung der Lager die Sozialdemokraten in erster Linie verantwortlich. Aber er war ein Mann von Wissen, Bildung, Anstand, Anständigkeit und, so schien es mindestens, innerer Integrität. Und seine Frau machte kaum einen Hehl daraus, daß sie die Einrichtung Smedsbo und ihre Rolle als Gattin des Gefängniswärters nicht schätzte, ihre Pflicht, an den Besucherinnen Leibesvisitation vorzunehmen, verabscheute.

Magister Uhr war früher Lehrer an der Volkshochschule Brunnsvik gewesen; aber nach gelegentlich fallengelassenen Äußerungen hatte er auch Zeiten im Ausland verbracht. Einmal sagte er, als man die Zukunft erwähnte: »Ich weiß nicht, ob ich dann in Schweden sein werde«. Diese Bemerkung unterstützte ein Gerücht über ihn: daß er dem schwedischen Geheimdienst angehöre. Andere Äußerungen erschienen uns noch deutlichere Hinweise hierauf. Seine stille Wachsamkeit, seine Verschlossenheit, sein lautloses Auftauchen an unerwartetem Fleck und mancher andere Zug paßten nicht schlecht in das Bild eines Geheimagenten. Und wenn das Gerücht recht hatte, war es nicht so schwer zu verstehen, daß er sich bereit gefunden hatte, die Stelle in Smedsbo zu übernehmen. Es war dann ein Befehl seiner Oberen, dem er zu gehorchen hatte, und außerdem mochte die Aufgabe gerade ihm besonders gut angemessen sein. Er hatte politische Ausländer unter sich und war der Mann, nicht nur aus den Briefen, die er zensierte, sondern auch aus ihrem Verhalten, aus ihren Worten, aus den Spannungen und Beziehungen zwischen ihnen als erfahrener und sachkundiger Mensch viel zu erfahren und zu schließen. Wenn Smedsbo ein Lager für besonders genau zu Beschnüffelnde war, so hatte man in ihm sicherlich den besten Mann eingesetzt, den man finden konnte.

Sein Helfer dagegen war ein junger, naiver und femininer Kandidat Friberg, ein Mensch, der weder von Menschen noch von anderen Dingen viel wußte. Als Vorgesetzter zählte er nicht, denn er hatte keinerlei Autorität und war uns höchstens ein Gegenstand des Witzes und Spottes.

Im Sommer wurde Friberg durch einen jungen Pfarrer, Karl Gustaf Rinder ersetzt (oder war es nur eine Vertretung während Fribergs Urlaub? ich weiß es nicht, denn ich wurde während dieser Zeit entlassen). Er kam mit Frau und reizendem kleinem Buben, und die Dinge änderten sich gewaltig, zumal er zeitweise Alleinherrscher war, da auch der Magister kurzen Urlaub nahm. Rinder war vor allem ein Mensch; ihm erschien die ganze Einrichtung Smedsbo ebenso verwerflich wie uns; er lehnte völlig ab, sich wie ein Gefängnisdirektor zu benehmen; er kümmerte sich um den Einzelnen, und ohne daß er dabei etwa versucht hätte, Religion ins Spiel zu bringen. Er war interessiert an den Personen, den Persönlichkeiten, den Erlebnissen des einzelnen und begriff im Gegensatz zum Magister sowohl die Selbstverständlichkeit unseres Wunsches nach Freiheit als auch dessen Legitimität und Berechtigung. Er half, wo er konnte. Einige Wochen später traf ich ihn einmal in Stockholm, auf der Vasagata. Er kam gerade von Socialstyrelsen, dem unter anderem auch für Ausländer zuständigen polizeilichen Amt, und erzählte mir, daß etwa zwei Wochen früher zehn deutsche Flüchtlinge aus Dänemark eingetroffen seien. Man habe sie nicht akzeptiert, sondern zurücktransportiert. Jetzt war Nachricht über sie eingelaufen: »Sie sind alle schon tot«.

Schweden hat in dieser Beziehung nicht wenig auf dem Kerbholz, denn das war nicht der einzige Fall, in dem es Leute zwang, nach Hause, in den Tod, zu gehen. Pfarrer Rinder hatte eine Idee. Er nahm mich mit in sein Hotelzimmer, wo ich seine Frau begrüßen konnte, während der Bub bereits schlief, und entwickelte mir einen Plan für den Fall, daß die Nazis Schweden ebenfalls überfielen. Er war bereit, mir zu helfen, als Schwede im Lande unterzutauchen. Der Plan war nicht schlecht; er ist sicher ausführbar, und ich werde mich darum hüten, ihn hier auseinanderzusetzen. Man weiß nie, wie man selbst oder ein anderer eines Tages in die Lage kommen kann, sich auf die von Rinder vorgeschlagene Weise zu tarnen.

Magister Uhr war fast allmächtig. Was er den Machthabern in Stockholm, die unser Schicksal in Händen hatten, vorschlug, wurde getan. Aus irgendeinem Grund kamen die Kommunisten auf den Gedanken, daß Pfordt, der Saarländer, und ich bei ihm einen Stein im Brett hätten, und es ereignete sich eines der amüsantesten Zwischenspiele. Wir hatten einen Mann namens P. dort, der in Danzig die Kommunistische Partei geführt hatte, und der Magister zeigte ihm kein Wohlwollen, gab ihm vor allem nicht den gewünschten Urlaub. Plötzlich sahen wir, daß P. von seinen Genossen gemieden wurde; er lief einige Tage völlig isoliert herum; unfreundliche Bemerkungen wurden fallen gelassen. Dann begann P. sich uns zu nähern. Wir wurden auf eine Weile ein richtiges Dreiblatt; denn Pfordt und er brachten mir Skat bei, und wir spielten nun stundenlang, im Zimmer, im Freien, unter den Bäumen usw. Schließlich begann P. seiner Verbitterung Luft zu machen; er äußerte sich lieblos über seine mitinhaftierten Genossen, er begann die Partei unfreundlich zu beurteilen, er legte die Axt ans geheiligte Rußland. Er schimpfte, spuckte aus und war froh, mit der Bande nichts mehr zu tun zu haben; er war entschlossen, mit der Partei definitiv zu brechen. Wir spielten Skat und wunderten uns. Natürlich gaben wir ihm recht. Das ging so eine Woche oder zwei, dann wurde P. plötzlich wieder eins in Leib und Seele mit seinen Genossen; er kannte uns kaum mehr; ein anderer dritter Mann trat an seiner Stelle in unsere Skatgenossenschaft ein; es war, als hätte P. uns nie sein Herz ausgeschüttet. Was dahinter steckte, wurde uns rasch klar und machte uns lachen, bis uns der Bauch weh tat: P. hatte wieder einmal ein Gesuch um Urlaub eingereicht. In der Hoffnung, daß es eher genehmigt würde, wenn er sich, als »gebessert«, mit uns zeigte (so naiv sahen die Kommunisten wieder einmal das menschliche oder bürokratische Problem als ein parteipolitisches), hatte er sich demonstrativ von ihnen getrennt und sich uns angebiedert; nun war aber das Gesuch trotz dieser Speichelleckerei abgelehnt worden, und so brauchte er sich auch nicht mehr zu verstellen.

Im Juli 1940 kam ich in Freiheit. Als Wohnort wurde mir die Kleinstadt Trosa zugewiesen; aber damit ich auch nach Stockholm reisen und mich bei ausländischen Konsulaten um ein Visum bemühen könne, lautete mein Ersatzpaß auf »Trosa ock Stockholm«. In Trosa würde ich mich wöchentlich beim Landsfiskal zu melden haben, war aber im übrigen mein eigener Herr.

Der Kurgast

Trosa ist eine kleine Sommerfrischenstadt, die irgendwo versteckt an einem versteckten Seitenarm einer Ostseebucht liegen muß, ein Stück südlich von Stockholm. Genauer kann ich es kaum sagen. Das offene Meer sah man nicht, einen Hauch der Welt atmete man nicht. Das Städtchen lag da und schlief, Wälder, Felder, nach Osten hin das Brackwasser und dahinter Inseln oder Landzungen um sich.

Nach Trosa wurde ich verschickt aus dem merkwürdigsten Grunde, nämlich weil man mich dort nicht haben wollte. So arbeitet nun einmal der Bürokratismus. Lassen Sie mich erklären: Im Krieg fiel ich einst beim Bataillonskommando furchtbar auf. Ich mußte mit meiner Gruppe unerwartet zum Gasmaskenverpassen nach hinten, wo das Bataillon und der gassichere Unterstand lag. Als der Kommandör, Hauptmann Kaulbach, auftauchte, ließ ich antreten und meldete. Er ließ sich die Gewehre zeigen und fand am Visier eines der Soldaten einen Flecken neuen Rostes. Daraufhin wurde die ganze Gruppe, in zwei Hälften, in den Sanitäterunterstand geholt; jeder Mann mußte sich ausziehen, und es wurde über jedes Loch in der Wäsche Protokoll aufgenommen, außerdem darüber, daß wir alle verlaust waren. Kurzum: Unteroffizier Barth war aufs schauerlichste aufgefallen. Das Resultat war unvorhersehbar: Ich hatte von da an einen Stein im Brett beim Bataillonsführer. Wahrscheinlich war ihm mein Name irgendwie in Erinnerung geblieben, ohne daß sich ein unangenehmer Eindruck damit verband. Er dachte offenbar, ich sei ihm statt schlecht gut aufgefallen. In meinem Grabenabschnitt war alles in Ordnung, wenn er die Stellung besichtigte. Er klopfte beim Betreten meines Sektors dem ersten Mann, der meldete »Gruppe Barth«, auf die Schulter und sagte: »Na, da ist ja alles, wie es sein soll.« Ich konnte keine Fehler machen; bei mir gab es nichts zu kritisieren; er passierte mich mit wohlwollendem Kopfnicken und sagte: »Wenn es nur überall so wäre wie bei Ihnen«. Usw. usw. Ich erntete die Vorteile, die einem sonst nur für »gutes« Auffallen zuteil wurden.

Trosa war den Behörden in Stockholm auch aufgefallen - ob gut oder schlecht, wage ich nicht zu entscheiden. Auf alle Fälle: der Name des Ortes hatte sich in meinen »Fall« eingeschlichen und haftete ihm nun mit geheimnisvoller Klebkraft an. Trosa erntete schuldlos Vor- oder Nachteil: mich.

Mein Exschwager in Stockholm hatte während meiner Festhaltung in Smedsbo mit schwedischen Bekannten über mich gesprochen und um Ratschläge gebeten, was man tun solle, um mich zu befreien. Man war allgemein der (irrigen) Meinung, es handle sich darum, jemand zu finden, der politisch und wirtschaftlich für mich garantierte, damit ich entlassen würde. Der Redaktör einer Illustrierten glaubte, mich oder mindestens meinen Namen zu kennen (es war ein Irrtum; aber er blieb auch später dabei, als ich ihn kennen lernte) und machte sich ernstlich Kopfzerbrechen. Es fiel ihm ein, daß es einen Zeitungsherausgeber gebe, einen Mann um Fünfzig herum, der unlängst einen Band Gedichte veröffentlicht hatte; ein etwas kauziger, liberaler, unabhängiger und eigensinniger Kopf: der könne vielleicht bewogen werden, mich aufzunehmen und den Behörden gegenüber für mich einzustehen. Zu ernähren brauchte er mich ja nicht, da ich Geld hatte. Dieser Mann wohnte in Trosa. Mein Schwager schrieb ihm und bekam keine Antwort. Dafür lief aber in Smedsbo ein temperamentvoller Brief ein, den mir Magister Uhr zum Durchlesen gab. In diesem Schreiben, einer hitzigen und kochenden Epistel, schrieb der pp. Redaktör, es habe ihm da ein oder eine Soundso aus Stockholm geschrieben - er wisse nicht mal, ob es sich um Männchen oder Weibchen handle, da der Vorname nicht ausgeschrieben sei - ob er mich in Trosa aufnehmen wolle. Ganz und gar nicht! Er wolle »mit dieser Geschichte nichts zu tun haben«.

Damit war Trosa offenbar zu einem Detail des Falles Barth geworden. Es war aufgefallen, sein Name haftete im Gedächtnis der Verantwortlichen und in den Akten.Was war natürlicher, als daß man mich nach Trosa verbannte, wo ich unerwünscht war!

Es war keine schmerzliche Verbannung. Der Landsfiskal sah mich groß an, als ich mich – wie mir aufgetragen war - meldete. Ich hatte ihm zu erklären, was für ein gefährlicher Zeitgenosse ich sei, daß ich soeben aus der Einkarzerung käme und nun unter seiner Kontrolle brav in Trosa leben solle. Er nahm es mit Ergebung hin, als einen der vorkommenden und unbegreiflichen Schicksalsschläge, die obere Instanzen über untere zu verhängen pflegen, bestätigte auf meinem Ausweispapier, daß ich dagewesen sei, und sagte höflich adiö. Ich ging einige Kilometer über Land und holte mir bei einem anderen Beamten meine Lebensmittelkarten. Ich ging zur Alkoholverwaltung, dem »System«, wie man in Schweden sagt, und ließ mir ein »Motbok« geben, auf deutsch: ein Gegenbuch, nämlich ein kleines Buch, in dem man gegenzeichnet für die Alkoholeinkäufe, die man macht. Als Ausländer bekam ich ohne weiteres auf Verlangen die Höchstquote von vier Litern Schnaps (oder Likör) im Monat. Wein konnte man, wenn man ein Motbok hatte, in unbegrenzten Mengen kaufen.

Das beste Hotel des Ortes war voll, aber während der Saison hatte es zusätzliche Zimmer in Privathäusern zur Verfügung. In einem solchen wurde ich einquartiert. Die nächsten Wochen verbrachte ich nun damit, in dem (bald ausgeschrittenen) Nest spazieren zu gehen, am Kanal entlang, auf das die Sonnenkringel durch das Laub überhängender Bäume fielen - vielleicht war es auch kein Kanal, sondern ein träger Bach oder ein bachähnlicher Arm der Bucht; einem Damm hinaus, der weit und kahl ans schilfige Wasser führte; durch die Felder im Westen der Stadt und die Wälder im Westen und Norden, moosvolle und heimatlich anmutende Fichtenwälder. Ich schrieb Briefe und anderes. Ich stand an der Busstelle und genoß die Kleinstadtsensation, Neuankommende kommen und Abreisende gehen zu sehen. Ich frühstückte, aß Mittagessen, vesperte und nahm das Abendbrot im Hotel, in einer Laube, und zahlte schauerliche Fremdenpreise. Und jede Woche fuhr ich auf drei oder vier Tage nach Stockholm, anfänglich, um südamerikanische und mittelamerikanische Konsuln zu sprechen, dann - da sich bald zeigte, daß nicht viel Aussicht bestand, ein Visum zu erhalten - einfach so, um aus Trosa hinauszukommen und in Stockholm, wo es von Freunden wimmelte, wieder unter Menschen zu sein. Ich mußte auch dort im Hotel leben, und auch das war nicht billig. Die ganze Reiserei war langweilig und sinnlos. Ich mußte von Trosa mit dem Bus eine halbe oder eine ganze Stunde fahren, bis nach Vagnhärad, dort eine Weile auf den Zug warten, dann eine Stunde oder so mit der Bahn nach Stockholm gondeln. Bei der Rückkehr das Ganze umgekehrt; ich kam um Mitternacht an, stieg aus dem Bus, ging heim in mein Zimmer, schlief, stand auf, frühstückte usw. usw. Es war nicht mal ein capuanisches Leben: es war einfach langweilig wie abgestandene Limonade.

Eines Tages ging ich in Stockholm zu Socialstyrelsen und begehrte einen Mann zu sprechen, von dem man mir gesagt hatte, er sei für solche Dinge zuständig.Er kam; ich sagte ihm, die Geschichte komme mich zu teuer: das Hotelleben in Trosa und Stockholm, die Reisen usw.; Trosa sei zudem sterbenslangweilig, in Stockholm hätte ich Freunde und (bereits schwedisch gewordene) Verwandte. Er sah meinen Paß an, sagte: »Hier steht ja: 'Trosa *und* Stockholm' - Sie können ohne weiteres umziehen.« Und wo und wie oft müsse ich mich melden, fragte ich. »Da steht nichts von Meldung«, sagte er.

Die ganze Trosaepisode, auf die man mich geschickt hatte, war, samt Polizeiaufsicht und Geldverschwendung, unnötig gewesen.

Nichts mehr von Trosa als ein einziges Wort: In Schweden nennt man es »världens ende«, auf deutsch: »Das Ende der Welt«. So kams mir auch vor.

Stockholm

Stockholm wird nicht umsonst die »Königin des Nordens« genannt. Es ist eine schöne Stadt. Es hat nicht die einzigartige Lage Oslos, das am Ende des Fjords liegt, von Höhenzügen umgeben ist, die man in wenigen Minuten leicht erreichen kann; aber es hat seine eigenen Reize, auch landschaftlich. Es ist flach und schimmert, wenn man von Skansen (der Schanze, einem Hügel mit kleinem Zoo, Wäldchen, Runensteinen, Restaurant und Café) hinabschaut, hell und reich, mit seinen Vierteln, Türmen, Großbauten alter und neuer Stile, die zwischen die Arme von Meer und Mälarsee hineingestreut sind. Es ist eine gepflegte Stadt, eine Stadt des Wohlstandes. Im alten Teil stehen noch viele Häuser, deren Torbogen oder Ecksteine deutsche Inschriften tragen - eine Erinnerung an die Zeit, da der halbe Gemeinderat deutsch war.

Die Atmosfäre ist von jener königlich republikanischen Art, die ich schon in Oslo kennengelernt hatte. Nur ist bei den Norwegern der Akzent deutlich auf »republikanisch«, während in Schweden das dynastische und monarchische Moment stärker hervortritt. Aber zu Grunde liegt die gleiche Haltung. Die skandinavische Staatskonzeption ist etwas so Reifes und Weises, daß ich mit Sehnsucht an das verschollene Deutschland von vor 1914 zurückdachte, in dem immerhin bei uns Südwestdeutschen noch etwas davon übrig war. Der Skandinavier ist bewußter Kleinstaater, unaggressiv, unimperialistisch, aber hartnäckig auf seinem Recht und seinem Zuständigkeitsbereich bestehend. Das Ideal jenes badischen Revolutionärs von 1848 ist im Norden verwirklicht: die Republik mit dem Großherzog an der Spitze. Der Monarch gibt der Republik beinahe erst ihren Sinn; er garantiert eher, als daß er stört oder hemmt, den wahrhaft republikanischen Ablauf der Dinge. Der Staat ist dem Volk noch nicht unübersichtlich geworden; es kennt noch die Leute, für oder gegen die es Stellung nimmt, die es mit Verantwortung und Aufgabe belehnt oder denen es sie entzieht. Nirgends ist mir so deutlich wie in Skandinavien klar geworden, daß das künftige Europa nicht zentralistisch, sondern föderativ konstruiert sein muß -

und daß auch Deutschland wieder zu seiner natürlichen Staatsform, Föderation mit weitgehender Selbstverwaltung und Selbstregierung seiner Glieder, zurückgehen muß, wenn es gedeihen soll[29]. Smedsbo und Stockholm - das war wie Tag und Nacht. In der Stadt war man frei, die Polizei war, wie in Oslo, anständig, höflich, ja zuvorkommend; wenn man Einheimische kennen lernte, hatte man mit ihnen vieles gemein, man schloß Freundschaften, man erzählte von den Lagern und fand die meisten überrascht, daß es so etwas gab, andere interessiert, weil sie bereits unbestimmte Gerüchte darüber gehört hatten; alle mißbilligten die Einrichtung der Lager und die Einsperrung der Antinazis.

Ich fand Exschwager und -schwägerin, Exschwiegermutter und eine neugeborene sozusagen Exnichte oder Beinahenichte vor. Ich traf Freunde aus Paris, Prag, Barcelona, Oslo, Loka brunn. Joesten bekam Urlaub, um seine schwedische Freundin zu heiraten, und wir hatten ein Hochzeitsessen zu vieren. Socialstyrelsen war strikt gegen diese Heirat gewesen; Pfarrer Rinder hatte gedroht, die Trauung an Ort und Stelle in Smedsbo vorzunehmen und sein Amt niederzulegen, falls Socialstyrelsen ihn daran zu hindern suche. Darauf hatte dann die Behörde nachgegeben und Joesten vier Tage Heiratsurlaub erteilt - sie wollte offenbar nicht, daß auch andere Häftlinge auf den Gedanken kämen, im smedsboer KZ Hochzeit zu machen.

Ich wohnte in einer Pension auf Drottninggatan, und bald zog auch Peter Weiss ein, der junge tschechoslowakische Maler, den ich seit Prag kannte. Nun trafen wir uns wieder, nach zwei Jahren, und hausten in der gleichen Pension. Auch einige andere frühere Deutsche lebten dort, Geschäftsleute. Es wurde ein fröhliches Leben. Wir hatten große Festivitäten, bei denen fast ein Dutzend Nationalitäten vertreten waren: Schweden, Deutschland, Ungarn, Rußland (wenn auch nicht USSR), Tschechoslowakei, Norwegen, Polen, Schweiz, England. Peter malte mit Fleiß und Begeisterung, ebenso Nemeš, der zu meiner Zeit in Prag zu den großen Hoffnungen der jungen tschechoslowakischen Moderne gehört hatte (obgleich er von Rechts wegen Ungar war). Beide hatten Ausstellungen.

Wir hatten unsere Kreise, man war im Weltall wieder zu Hause, denn man wußte, wo man wen voraussichtlich treffen könnte, wenn man ihn oder sie haben wollte - das heißt natürlich: in welchem Café. Es gab

Austausch, man kam mit schwedischen Intellektuellen in Berührung, man hatte internationale, d.h. europäische, Zirkel. Die Norweger veranstalteten mit uns gemeinsame Abende; sie betrachteten uns als die Ihren; wir hatten, wie sie, aus Norge fliehen müssen; vom April 1940 bis zum Jänner 1941 ernährte die norwegische Regierung rund 120 Emigranten, die nach Schweden herübergeflohen waren, vielen zahlte sie die Wohnung oder gab ihnen Taschengeld.

Der Gedanke an Smedsbo verblaßte nicht, aber der Groll starb langsam dahin. Nur wenn man auf der Straße einem begegnete, der auf einen Tag Urlaub in der Stadt war, wurde alles wieder wach. Man hörte von verschärften Maßnahmen, kindischen Schikanen, von Neueinweisungen unglücklicher Flüchtlinge. Gewisse schwedische Intellektuellenkreise nahmen sich der Sache an; sie hofften, etwas tun zu können. Ich wurde zu Verwandten eines Ministers eingeladen, um berichten zu können. Andere fanden andernorts Gehör. Aber da noch nach Jahren die Lager blühten, scheint alles nichts genutzt zu haben.

Viele von uns sind in Schweden geblieben und haben Wurzel geschlagen. Es herrscht dort eine wohltuende, herzerleichternde Atmosfäre. Etwas amerikanisch flach allerdings; die Einbildung auf den Wohlstand, die Weltanschauung, in der kein Raum ist für Tragik (und daher nicht für Strindberg), die Schwärmerei der Mädchen von zwölf Jahren an für die kitschigsten Filmzeitschriften, die Geburtstage, Liebesangelegenheiten, Heiraten der Filmstars usw, die allgemein skandinavische Problemlosigkeit (die erst überwunden wird, wenn der Alkohol die Hemmungen gelöst und Zunge und Geist zur Diskussion befreit hat) - das und anderes sind Dinge, die der eine leichter nimmt als der andere. Josef Hofbauer, der in Prag das Feuilleton des »Sozialdemokrat« redigiert hatte, schrieb mir - schon nach Oslo - aus Malmö die trübsten Briefe, weil er die Seichtheit und Flachheit des Lebens nicht ertragen konnte. Er ging frühzeitig nach Deutschland und starb als Redaktör in Frankfurt. Andere fühlten sich mehr und mehr zu Hause. Was mich angeht - ich habe eine wahrscheinlich unvergängliche Sehnsucht nach der *Stadt* Stockholm (und nach dem *Land* Norwegen).

Die schwedische Höflichkeit ist ehrfurchterregend. Selbst die Polizei ist nett, entgegenkommend, bittet, wo sie anordnen könnte, ruft an und fragt, ob man nächster Tage einmal auf dies oder jenes Amt kommen könnte, schreibt eine Karte, man möge doch, wenn möglich Herrn Soundso in Zimmer Soundsoviel aufsuchen, usw. Wenn man auf dem Siezfuß miteinander steht, redet man einander in der dritten Person an. »Wie geht es Herrn Olsen?«, »Nimmt Herr Jansson noch einen Schnaps?«, »Herr Svensson hat ganz recht« (statt: »Sie haben recht, Herr Svensson«). Ja, auch Kinder gegenüber ist es nichts Ungewöhnliches, etwa zu sagen: »Will Ole noch ein Brot?« Zu meiner Zeit machte eine Zeitung eine Rundfrage unter ihren Lesern, um zu hören, wie sie über diesen alten Zopf dächten. Die Mehrheit war dagegen und für die Einführung des »Sie«, das »Ni« heißt. Manche hielten aber streng am Gebrauch fest, einige waren für »Du«; auch der später in Palästina ermordete Graf Folke Bernadotte trat dafür ein, daß man - wenn schon, denn schon - gleich »Du« zueinander sage. (Wie es übrigens die Isländer tun.)

In Schweden lebt noch der Knicks fort; es war für unsereinen besonders genant, wenn in den Läden, wie es einem nicht selten passierte, eine Dame in durchaus reifem Alter vor einem knickste. Man wußte nie, was nun von einem erwartet wurde. Sollte man einen tiefen Bückling machen, ihr die Hand küssen, oder sich aufs Knie niederlassen und mit erhobener Hand »Heil Euch!« rufen? Danksagungen sind besonders verwirrend. Statt »Bitte!« sagt man wiederum »Danke!« Man tut eine kleine Handreichung, und der andere sagt: »Tack!« (Danke), darauf sagt man selbst ebenfalls »Tack!« Man weiß nie, ob es, wenn man etwa im Fall des zuerst Dankenden ist, mit dem einen Mal genug ist, oder ob man auf das zweite »Tack!« hin mit einem dritten antworten müsse usw.

Das Telefon ist allgemein verbreitet. In der Pension zahlt man nicht für die Gespräche, die man führt. Früher konnte man in jedem Laden, jedem Gasthaus oder Café umsonst telefonieren. Als ich in Stockholm lebte, gab es noch einige Stellen, bei denen man, wenn man nicht zu gierig war, es ebenfalls umsonst tat, z.B. in den Vorhallen von Zeitungen. Auch die Cafés der Firma Landelius, die in den verschiedenen Teilen der Stadt sich finden, hatten kein Zahlentelefon und nahmen kein Geld.

Die Warenhäuser liefern Qualitätsware. Die Schweden sind in allen Dingen an Güte gewöhnt, im Essen, Trinken, Kleidung, Gerätschaften usw. Zwar gab es ein billiges Warenhaus oder zwei, Läden, die jene

Allerweltsware verkauften, die man in amerikanischen, deutschen, französischen Warenhäusern zu finden erwartet; aber für wenig mehr Geld bekam man in dem großen Haus, das den Gewerkschaften gehörte, und in einem noch um eine Kleinigkeit teureren einer anderen Gesellschaft alles, was man suchte, und das in ausgezeichneter Qualität.

Die Schweden lebten besser als irgendein anderes Volk, das ich kannte - und noch kennen lernte: denn auch der Amerikaner erreichte ihn nicht in der Güte und Auskömmlichkeit der Lebenshaltung, wenn ihm auch vieles handlicher gemacht war, mehr Arbeit durch geschickte Vorrichtungen und effektive Organisation abgenommen war.

Was das Leben schwer machte, war, daß man, wie überall in Europa, auch dort seinen Lebensunterhalt nicht verdienen durfte. Man mußte privatisieren. Man hatte keinen rechten Daseinszweck, zumal weniger Möglichkeit bestand, sich politisch mitzubetätigen, als das in Prag oder Oslo der Fall gewesen war. Man wußte auch nicht, ob es den Nazis nicht doch noch einfallen würde, Schweden zu überfallen. Einstweilen stellten sie Forderung über Forderung, und das Land mußte den meisten nachgeben. Schweden war im Grunde ganz in ihr Netz eingesponnen. Das war freilich nicht von heute. Schon vor der Invasion war selbst das Deutschland ferner gelegene Norwegen unter der Nazifaust. Ich bekam einen Brief aus Jugoslawien: er war in Deutschland geöffnet worden. Durchgangspost war also vor den schmutzigen Fingern der Nazis nicht sicher. Ein englisches Blatt druckte im Herbst 1939 das Äußere eines Flugpostbriefs ab, der von Oslo nach London gegangen war: die Linie war Oslo, Kopenhagen, London: dies waren die drei einzigen Punkte, an denen die Erde berührt wurde, aber der Brief war von den Nazis zensiert und wieder zugeklebt worden, mit dem Zensurstreifband. Ich sandte im Frühjahr 1940 eine in ein Bändchen gebundene Sammlung von Groteskgedichten an meine Schwester nach New York, um sie in Sicherheit zu bringen. Das Päckchen ging auf norwegischem Schiff nach USA, aber es wurde irgendwo geöffnet und mit dem Stempel der Zensurstelle der Nazis versehen; sie hatten aus dem Vorwort herausgeschnitten, was ihren lächerlichen und blutigen Führer verspottete. Das war alles *vor* dem Überfall auf die skandinavischen Staaten, sei wiederholt!

Nun mußten die Schweden »Krankentransporte« und »Urlauberzüge« durchlassen; es war offenes Geheimnis, daß Truppenverschiebungen von und nach Norwegen auf diese Weise vorgenommen wurden; auch Munition wurde so transportiert. Eines Tages flogen auf der Station Krylbo, der Bahnstation, der Smedsbo am nächsten lag, Munitionswagen in die Luft. Man redete von schlimmeren Forderungen: die Nazis wollten eine ganze Bahnlinie nach Norwegen haben und die Bahnhöfe selbst besetzen. Das indessen schluckten die Schweden nicht.

Sobald ich gemerkt hatte, daß es mit der Weiterreise nach Nordnorwegen nichts sei und ich in Stockholm festsaß, war ich zur schweizerischen Gesandtschaft gegangen, weniger um mich anzumelden, was ich schon im Herbst 1938, auf der Durchreise, getan hatte, als um zu sehen, ob ich gewisse Manuskripte aus Oslo herüberbekommen könne. Schon von Loka brunn aus hatte ich die Gesandtschaft schriftlich gebeten, mir zur Freiheit zu verhelfen, damit ich nach Norwegen weiterfahren könne. Der Brief erschien später auf der Liste der »beschlagnahmten« Poststücke; die schwedischen Behörden hatten sich also nicht gescheut, die Post einer fremden Gesandtschaft zu erbrechen. Glücklicherweise hatte ich aber einen Durchschlag aus dem Lager hinausgeschmuggelt, sodaß er sein Ziel richtig erreichte.

Kanzler und Konsul Füeg machte mir Vorwürfe. Es schien, daß er mit unserer Einsperrung und unserer Absperrung von der Außenwelt völlig einverstanden war. Anders der Gesandte, ein Welschschweizer, Herr D. Er hatte nach Eingang meines Briefes sofort nach Basel, an die »National-Zeitung«, telegrafiert, und es war der Mangel der Zivilkurasche dieses Blattes, der mich weiter im Gefängnis hielt. »Wenn sie nur ein ganz klein bißchen positiver geantwortet hätten«, sagte mir eine Angestellte des Konsulats, »so hätte der Chef Schritte unternehmen können. Aber so durfte ers nicht.«

Ich habe gefunden, daß im allgemeinen - Kanzler Füeg in Stockholm und der schweizerische Konsul in Manila, ein Geschäftsmann, kein Angehöriger des diplomatischen Korps, waren die Ausnahmen - die schweizerischen Vertreter im Ausland im Gegensatz zu ihren Heimatbehörden bei weitem nicht so feindselig gegen uns waren und sogar recht hilfsbereit, wenn sie auch nur den schmalsten Weg sahen, uns zu helfen. Kanzler Dr. Graeb in Prag hatte auf den Brief der sozialdemokratischen »Volksstimme« in St. Gallen hin für mich interveniert

(»inoffiziell« aber wirksam), sodaß ich nicht konfiniert wurde; Generalkonsul Dr. Hegg in Oslo hatte es als genügende formale Grundlage angesehen, daß ich meinen einen Koffer als Eigentum der »National-Zeitung« erklärt hatte, und ihn im Archiv verwahrt; der Gesandte in Stockholm hatte sofort telegrafiert und hätte sehr gerne für mich eingegriffen. Daß er es nicht konnte, war die Schuld des Blattes, das ihm nicht den kleinen formalen Grund, die notwendige Handhabe bot. Im Gegensatz zu seinem Kanzler hatte er auch Verständnis für meine Empörung über die Behandlung, die uns in Schweden widerfahren war, und mißbilligte unsere Einsperrung. Plötzlich unterbrach er sich und sagte: »Aber ich darf ja nichts sagen, wir machens ja mit unseren Emigranten geradeso; wir sperren sie in der Schweiz auch in Lager.«

Er tat mehr als sympathisieren, ja, mehr als telegrafieren. Als ich um ein Schreiben bat, das mir beim Sowjetkonsul dienlich sein könne, bedauerte er freilich, weil die Schweiz keine diplomatischen Beziehungen mit der USSR unterhielt. Aber eine für alle Fälle verwendbare, vielleicht nützliche Bestätigung, daß ich mit schweizerischem Pressepapier nach Südamerika wolle, gab er gerne, und er faßte sie auf so wunderbare Weise ab, daß sie im Wortlaut hierhergesetzt sei: zu Nutz und Frommen aller Gesandten und Konsuln, die - in welchem Winkel der Erde es auch sei - in Verlegenheit geraten sollten, wie sie einem Mann in ähnlicher Lage helfen und sich dabei doch decken können. Er diktierte: »La légation de Suisse déclare que l'important journal suisse »National-Zeitung« de Bâle serait désireux d'envoyer le porteur des présentes, Monsieur Max Barth, comme son correspondent en Amérique latine et apprécierait, par conséquent, que son voyage lá-bas pût être facilite.« Auf deutsch: »Die Gesandtschaft der Schweiz erklärt, daß die bedeutende schweizer »National-Zeitung« in Basel den Inhaber dieses Schreibens, Herrn Max Barth, als ihren Korrespondenten nach Lateinamerika zu senden wünscht, und würde es infolgedessen schätzen, wenn seine Reise erleichtert werden könnte.« So *kann* mans lesen. Im französischen Text aber bringt der Satzbau es mit sich, daß das Subjekt nicht so eindeutig feststeht: »apprécierait« kann sich auch auf die Zeitung beziehen, sodaß man lesen kann: »...erklärt, daß die... Zeitung Herrn M.B. zu senden wünscht *und es schätzen würde*, wenn...« Das heißt, der Gesandte war gedeckt; wenn ihm Vorwürfe gemacht würden, konnte er sich jederzeit darauf berufen, daß die letztere die richtige Lesart sei. Mir dagegen war das Dokument, andersrum gelesen, sehr nützlich.

Die gewünschten Manuskripte aus meinem in Oslo liegenden Koffer bekam ich ratenweise herüber. Ein umständlicher diplomatischer Umweg war nötig: Der schweizerische Generalkonsul in Oslo entnahm die Papiere meinem Koffer und übergab sie dem schwedischen Gesandten in Oslo. Der schickte sie an sein Außenministerium in Stockholm. Das brachte sie zur schweizerischen Gesandtschaft in Stockholm. Die rief mich an, und ich ging und holte sie mir.

Abschied von Europa

Im Winter 1940-41 mußte ich mich allmählich mit dem Gedanken vertraut machen, Europa zu verlassen. Das untätige Leben in Stockholm war nicht auf die Dauer erträglich; ich konnte nicht ewig als Grandseigneur ohne Arbeit und ohne Einnahmen leben; die Gefahr eines deutschen Überfalls war nicht so drohend, wie sie im Frühjahr 1940 gewesen war, aber umso mehr mußte man fürchten, daß Schweden eines Tages dem Druck erliegen und freiwillig in loserer oder strafferer Form sich an die Achse anschließen würde, und das hätte für die meisten von uns wahrscheinlich die Auslieferung an die Nazis bedeutet.

Ich hatte nie die Absicht, in den Vereinigten Staaten auf längere Zeit Zuflucht zu suchen; dagegen lockten mich immer Süd- und Mittelamerika. Die Vereinigten Staaten hatte ich zwanzig Jahre lang beobachtet; ich hatte dort Verwandte und deutsche wie amerikanische Freunde; ich hatte die Literatur, die Zeitschriften, die Presse und die Politik des Landes ziemlich gründlich verfolgt; ich hatte in Europa amerikanische Besucher aller Art, normale Reisende, linke Studenten, Profeten irgendwelcher neuausgedachten Religionen, kennen gelernt. Alles, was ich durch diese verschiedenen Medien, auf diesen verschiedenen Wegen über das Land erfuhr, vermittelte mir den Eindruck einer Atmosfäre, eines Systems der Lebensgewohnheiten und eines Gewebes menschlicher Beziehungen, die mich nicht anzogen. Die USA kamen für mich also nur als Durchreiseland nach anderen amerikanischen Staaten in Betracht.

Ich hatte zweimal Schritte getan, ein Visum zu erhalten, weil mir, je enger der schmale Raum wurde, auf dem in Europa die freiheitlichen Menschen noch Stand finden konnten, klar wurde, daß man eines Tages über die Vereinigten Staaten würde entweichen müssen. Das zweite Mal bestand in einer Bitte an meine Schwester, die schon seit Jahren mir vorgeschlagen hatte, mir die Einreise nach USA zu beschaffen, nun doch Schritte zu tun, damit ich ein Besuchervisum bekäme. Diese Bitte war aus Loka brunn getan worden, unter dem anekelnden Eindruck der Behandlung, die uns nach der Flucht aus Norwegen zuteil wurde. Das erste Gesuch hatte ich Monate vorher bereits gemacht, in Oslo. Dort hatte man mich auf dem amerikanischen Konsulat versehentlich das falsche Formular ausfüllen lassen: statt eines Besuchervisums hatte ich ein Einwanderervisum beantragt. Als ich es entdeckte, ging ich zum Vizekonsul und bat um Erlaubnis, das ändern zu dürfen. Ich bekam meine erste Ahnung vom amerikanischen Bürokratismus, als er mir sagte: »Das gibts nicht. Sie sind als Einwanderer registriert und haben Ihre Nummer bekommen. Das Gesuch läuft weiter; Sie können es nicht zurücknehmen.«

Der amerikanische Konsul in Stockholm, ein Mann namens Snow, war ausgesprochen emigrantenfeindlich, oder doch mindestens ein Feind der deutschen antinazistischen Flüchtlinge. Ich bekam ihn nie zu sehen; wurde aber, wie andere auch, von seiner rechten Hand, einer räsen, bösartig blickenden alten Jungfer, wie Dreck behandelt. Dann, im Jänner 1941, gelang es dem von Frau Eleanor Roosevelt geleiteten Komitee, in Washington eine Änderung herbeizuführen, die zur Folge hatte, daß die ganze Clique der amerikanischen Konsulatsbeamten, die in aller Welt in Allmacht und Willkür unsereinem eiskalte Feindseligkeit bewies und den Eintritt nach USA verbarrikadierte, flog. Ein amerikanischer Freund schrieb mir: »Endlich ist es uns gelungen, die sabotierende Gesellschaft in Washington an die Luft zu setzen. Es wird sich jetzt alles ändern.« In der Tat bekam ich bald darauf von meiner Schwester Bescheid, daß mein Besuchervisum genehmigt sei. Der neue Konsul, Mr. Washington, war ganz anderen Schlages als sein Vorgänger; er sah die Gesuchsteller selbst, besprach mit ihnen ihren Fall und tat sein Bestes, etwaige im Weg stehende Schwierigkeiten zu beseitigen. Ich erzählte ihm offen, daß ich Kommunist gewesen sei, da ich wußte, welche pathologische Reaktion man in USA amtlicherweise auf sowas zu zeigen pflegte; im Grunde hoffte ich, daß ich durch eine Ablehnung der Notwendigkeit, mich selbst zu entscheiden, ob ich nach den Vereinigten Staaten reisen wollte oder nicht, entzogen würde. Aber der Konsul zuckte mit keiner Wimper: wenn ich bereit war, sollte ich kommen, das Visum zu holen.

Die nötigen Vorbereitungen bestanden hauptsächlich in der Beschaffung des Sowjetvisums. Das war eine sich lang hinziehende Geschichte, bei der man immer wieder stundenlang beim Konsul zu antichambrieren hatte, um schließlich zu erfahren, daß man ein anderes Mal wiederkommen solle. Da der schwedische Fremdenpaß ein wahrer Steckbrief war, nicht nur durch Format und Farbe deutlich vom normalen Paß unterschieden, sondern auch durch mannigfache gedruckte und geschriebene Einträge, die in mehreren Sprachen versicherten, man dürfe mit diesem Papier nicht nach Schweden zurückreisen, schwedische Stellen im Ausland dürften einem nicht Schutz und Beistand gewähren, und sich nicht damit begnügten, die deutsche Staatsbürgerschaft des Inhabers (d.h. seine Ungeschütztheit durch konsularische Vertreter) großgeschrieben festzustellen, sondern sicherheitshalber auch noch die des Vaters ebenso deutlich bekanntgaben, entwertet, hatte ich mir an seiner Statt einen norwegischen geholt. Er unterschied sich nur für den ganz genau Hinsehenden von dem eines norwegischen Staatsbürgers und schrie nicht jedem Zoll- und Grenzbeamten laut ins Gesicht, daß man ein schutz- und rechtloser Vagabund sei. Dieser Paß wurde mir in New York während des ganzen Krieges Jahr für Jahr erneuert; die norwegischen Behörden anerkannten einen also weiterhin als einen »ihrer« deutschen Flüchtlinge und legitimierten einen.

Bei der Stellung des Antrages um ein Sowjetvisum hatte man natürlich einen Fragebogen auszufüllen. Eine der zu beantwortenden Fragen bestand in der Erkundigung, ob man in seiner Heimat einer der sozialistischen Parteien angehört habe. Auch wenn die kommunistische Partei infolge ihrer stalinistischen Entwicklung und erst recht seit dem Bruderbund Stalins mit Hitler nicht alles Anrecht auf die Bezeichnung »sozialistisch« verwirkt gehabt hätte, hätte ich natürlich nicht angeben können, daß ich ihr Mitglied gewesen war. Ich machte in die betreffende Rubrik einen Strich und ließ es darauf ankommen, in der USSR als ausgeschlossener Kommunist Schwierigkeiten zu bekommen.

Man wundert sich oft, wieso wir den Weg über die Sowjetunion gewählt haben - als ob man die Wahl gehabt hätte! Über den Atlantik nach Amerika reisen konnten nur zwei Gruppen von Exilanten: Erstens diejenigen, die über Spanien und Portugal gehen und so den Südatlantik kreuzen konnten, wo die Nazi-Uboote und -Kriegsschiffe nicht so zahlreich und nicht stark genug waren, die Schiffahrt nach Belieben zu unterbrechen; zweitens, im Norden, diejenigen, die politisch vollkommen unbelastet waren. Jeder andere wäre auf See durch die Nazis vom Schiff geholt worden. Überdies mußten die schwedischen Schiffe, die den Atlantik befuhren, sowohl den Engländern als auch den Deutschen die Liste ihrer Passagiere vorlegen. Die einzigen von uns, die den direkten Weg nach USA benutzen konnten, waren also gewisse Juden, und zwar nur solche, die sich in Deutschland in keiner Weise politisch betätigt hatten. Für Politische, Juden wie Nichtjuden, war der Atlantik versperrt und es blieb nur der Weg nach Osten.

Ich wäre trotzdem der Gefährlichkeit der Lage wahrscheinlich doch nicht ausgewandert, wenn nicht noch ein besonderer Umstand hinzugekommen wäre. Ich hatte mich verliebt, und das Mädchen wollte unter allen Umständen fort von Schweden, sowohl weil sie im Falle gewisser Nazimaßnahmen schwer gefährdet, vielleicht verloren gewesen wäre, als auch weil sie Schweden satt hatte. Sie war bereit, mit nach Lateinamerika zu gehen. Ich selbst war, nachdem ich die Möglichkeit, das amerikanische Visum zu bekommen, einmal hatte, irgendwie uninteressiert geworden; andere blieben auch; die Gefahr, daß Schweden nazistisch oder doch Naziverbündeter würde, schien nach der Ablehnung der extremen Forderungen Berlins etwas geringer; ich hatte angefangen, eine Art Seßhaftigkeit zu entwickeln, wenn es auch weit entfernt war vom Heimatgefühl, das mich an Norwegen band; Schweden war immerhin noch Europa, und Norwegen war nahe: kurzum, wäre nicht der Anstoß von außen erfolgt und die Aussicht, mit einer geliebten Frau anderswo ein ganz neues Leben von Grund auf anzufangen, aufgetreten, so wäre ich sehr wahrscheinlich geblieben. Aber solche Dinge entscheiden über Schicksale. Als ich, einige Monate später, in Manila saß, brach der Krieg zwischen den beiden Herzbrüdern Hitler und Stalin aus, und ich wußte, daß ich das Mädchen nicht mehr oder erst nach vielen Jahren wieder sehen würde. Ich mußte nach USA weiterreisen, wohin mich nichts zog, während sie in Schweden festsaß.

Als ich schließlich das Sowjetvisum erhielt, geschah es unter überraschenden und etwas beunruhigenden Begleitumständen. Der Vizekonsul schlug mir nämlich vor, er wolle Moskau telegrafieren, damit ich dort von WOKS (Gesellschaft für kulturellen Austausch mit dem Ausland) empfangen würde. Ich wünschte natürlich nichts weniger, als dort irgendwie Aufmerksamkeit auf mich zu lenken. Weder als ausgeschlossener Kommunist noch als Nazigegner wollte ich unter den Stalinisten und Nazibrüdern herumgereicht werden. Möglicherweise würde man sogar einen deutschen Parteigenossen dazu auserwählen, mir die Honneurs zu machen, und das war das letzte, was ich ersehnte. Ich gab zu bedenken, daß ich nur einen Tag in Moskau sein würde, dankte und lehnte ab. In diesem Moment kam der Presseattachee ins Zimmer und unterstützte den Vorschlag des Vizekonsuls. Er war nebenbei auch noch Vertreter von WOKS, sodaß es nur eines Wortes von ihm bedurfte, um die Organisation in Moskau zu mobilisieren. Der Konsul wiederholte sein Angebot, und um nicht seinen und des Attachees Verdacht zu erregen, gab ich nach, sehr besorgten Gemütes, wie man verstehen wird, und das umso mehr, als ich offenbar von denen, die sich anschickten, zu gleicher Zeit wie ich nach Wladiwostok zu reisen, der einzige war, dem man solche Sonderbehandung angeboten hatte. Aber es gab nun einmal keinen anderen Weg als den durch die Sowjetunion, und die Liebe ist ein mächtiger Befehlshaber: ich würde es riskieren und reisen.

Elisabeth sollte mit dem nächsten Schiff fahren; da ich der im Falle irgendwelcher Naziaktionen mehr und zunächst Bedrohte war, bestimmte das Komitee, daß ich mit der ersten sich bietenden Gelegenheit reisen müsse. Als einzige Dampfer kamen drei Schiffe der Jonsonlinie in Betracht, die ständig zwischen Wladiwostok und Nord-, beziehungsweise Mittel- oder Südamerika hinundherpendelten. Es waren Frachter mit Personenbeförderung, und jedes Schiff kam nach ungefähr drei Monaten wieder nach Wladiwostok. Bis vor kurzem standen auch japanische Dampfer zur Verfügung; aber die Japaner hatten ihren Nazifreunden zulieb die Beförderung deutscher Flüchtlinge eingestellt.

Auf dem Büro der Schiffslinie wurde mir gesagt, ich könne nur befördert werden, wenn sie die Garantie hätten, daß ich auch wirklich in Amerika bleiben dürfe - sonst müßten sie mich eines Tages unentgeltlich zurücknehmen. Ich ging zum amerikanischen Konsul und bat ihn um ein Schreiben, das die gewünschte Versicherung abgab. Er erklärte sich bereit, es auszustellen, dann fiel ihm ein: »Inzwischen ist auch Ihr Einwanderervisum gekommen; das garantiert ja eo ipso, daß sie drüben bleiben dürfen. Warum benutzen sie nicht einfach das?« Und so reiste ich denn, der einfacheren Formalitäten wegen, nicht als Besucher, sondern als Einwanderer nach USA.

Ende Mai 1941 fuhr ich mit Elisabeth in der Morgenfrühe nach Stora Essingen. Vor einer Brücke schickten wir das Taxi heim, dann gingen wir zu Fuß bis zu ihrer Wohnung. Im Dämmern des frühen Tages nahmen wir unter den grünenden Bäumen Abschied. Die Kirschen blühten in den Gärten, durch die ich heimwärts schlenderte; die Dämmerung lichtete sich; an der Brücke flog aufgeschreckt ein Sumpfvogel empor und zog ab. In der Pension Schedin packte ich die letzten Kleinigkeiten und wartete, bis es Zeit war, das Taxi zu bestellen, das mich zur Abgangsstelle des Autobusses brachte, der die Flugpassagiere zum Flugplatz schaffte.

Moskau 1941

Die erste Etappe der Reise nach New York bildete die Strecke Stockholm-Moskau. Wir flogen um neun Uhr früh ab, hatten bald das schwedische Schärengebiet unter uns, sahen zur Rechten, in einigem Abstand, die Insel Gotland liegen, oval und dunkel, mit gelblicher schmaler Einfassung, dem Streifen Strand, der sie umsäumte, sodaß sie alles in allem wie ein großer Gelbrandkäfer aussah, hatten zur Linken von den Ålandsinseln nur eine leichte, nebelhafte Ahnung, traten in die rigaer Bucht ein und erreichten Riga um die Mittagszeit herum. Ein Jahr früher hatte übrigens Sigrid Undset die gleiche Reise gemacht. Sie berichtete in einem Buch, das bald nach meiner Ankunft in New York erschien und den Titel »Return to the Future« (Rückkehr zur Zukunft) trug. Es war ein Buch, das sich durch Ungenauigkeiten und durch beinahe pathologische Beschimpfung nicht etwa der Nazis, sondern Deutschlands, der Deutschen, der deutschen Reformatoren usw. auszeichnete. In ihrem Bericht nannte sie Riga »Tallinn«-etwas was einem uruguayischen oder siamesischen Schriftsteller verziehen werden könnte, nicht aber einer skandinavischen Autorin.[30]

In Riga hatten wir Aufenthalt zwecks Zollrevision und Paßkontrolle. Das trostlose Büfett im Warteraum zeichnete sich eher durch das, was es dort nicht gab aus als durch das, was geboten wurde. Man konnte Brot, Wurst, hartgesottene Eier, Bier und Schnaps erhalten. Tischtücher gab es nicht. Das ganze machte den trübseligen Eindruck eines mecklenburgischen, pommerischen oder ostpreußischen »Kruges«.

Als ich, anderthalb Jahre früher, aus Riga ausgefahren war, war das Land noch frei gewesen; nun war es unterworfenes Kolonialland der Bolschewiken, und der Zustand und das Aussehen der Flugwartehalle erweckte die traurige Vermutung, daß es mit der Sauberkeit und der Wärme der menschlichen Atmosfäre, die ich in Erinnerung hatte, wohl heute nicht mehr so wohl beschaffen sein würde wie damals.

Die Kontrolle war sehr genau. Ich erweckte einige Beunruhigung, weil sich unter meinen Papieren außer dem norwegischen Fremdenpaß, der mein Sowjetvisum enthielt, auch ein giltiger schwedischer befand. Ich mußte Erklärungen abgeben; es gab geheime Beratungen im Allerheiligsten des nicht persönlich in Erscheinung tretenden obersten Mannes, aber schließlich bekam ich auch den schwedischen Paß zurück: »Als Souvenir«, wie man mir wohlwollend mitteilte.

Jedes Stück Wäsche, jedes Stück Papier, jedes Amatörfoto wurde genau besichtigt. Die Russen haben Zeit, besonders wenn es sich um die anderer Leute handelt. Damit ich bei der Ausreise in Wladiwostok nicht ebensolange herumstehen müsse, bat ich darum, daß man mir den einen meiner beiden Koffer plombiere. Es geschah. Dann erschien ein Beamter mit einer Schnur und einer weiteren Plombe. Er legte die Schnur kreuzweis um die Schreibmaschine; offenbar sollte ich sie innerhalb der Sowjetunion nicht benutzen. Es paßte mir nicht; ich protestierte und versicherte, daß ich sie zum Schreiben bräuchte, und ohne daß es weitere Schwierigkeiten gegeben hätte, wurde die Plombierung unterlassen, die Maschine offen gelassen.

Auf dem Weiterflug machten wir noch einmal Station, in Velikie Luki. Kahles, unfreundliches Feld, primitiver Warteraum, ungeheizt und nach Bier und Schnaps riechend, kurzer Imbiß, im Stehen sozusagen, dann ging es weiter. Gegen 16 Uhr, nachdem wir abwechselnd durch Regen, trockene Luft, in dichten Wolken und über dem von der Sonne beschienenen, leicht schäumenden weißen Wolkenmeer geflogen waren, stießen wir ziemlich steil abwärts, durchbrachen das Gewölk und sahen vorne eine weitzerstreute Stadt liegen, umgeben von breiten Gebieten, in denen in Gärten einzelne Häuser standen. Es war Moskau.

Wir stampften über das etwas aufgeweichte Feld, fröstelten im regnerischen Tag und verkrochen uns in der kalten weiten Halle des Flugbahnhofs. Nach geraumem Warten wurden wir abgeholt und ins »Savoy«[31] gefahren. Das Hotel war voll altmodischer und muffiger Eleganz; man fuhr in einem geräumigen, mit vergoldeter Gittertür versehenen Aufzug feierlich in sein Stockwerk; auf jedem Vorraum saß eine Dame in strenger, schwarzer Kleidung und mit den unveränderlich ernsten, ja tragischen Mienen eines Leichenbitters und dirigierte die lautlos herumgeisternden, halblaut redenden Zimmermädchen. Ich wurde einige Kilometer weit durch Gänge, Hallen, über Stufen und durch

Türen und Törchen, Korridore entlang und um Ecken herum geführt, und da war dann endlich mein Zimmer. Schwere Fenstervorhänge, massives Bett, dunkles Mobiliar, an jedem Stück ein Aluminium- oder Blechanhänger mit Nummer und Namen des Hotels, Telefon im Zimmer, sehr einfach gehaltene Toilette in einem kleinen Nebenraum, Zeitungspapier.

Ich legte ab und ging in die Stadt. Es war ein kurioses Gefühl, diese Gänge und Hallen zu durchschreiten, an breiten und verhältnismäßig niedrigen Türen vorbei, durch romanische, enge Torbögen, vorüber an Stühlen und Sofas in Rokokostil und mit Seidensitzen, vergoldeten Lehnen: es fehlten nur die Damen in großer Toilette, die Generäle und Fürsten mit Backenbärten, zweigeteilten, in Spitzen gezogenen Vollbärten, gedrechselten oder wie Drahtstangen rechts und links des Gesichts herausstehenden, gezwirbelten Schnurrbärten, die in diese turgenjew-tolstoi-dostojewskische Umgebung gehörten. Im Jahr 1941 sich in solchem Milieu zu finden, dazu noch im bolschewistischen Rußland, hatte etwas Gespenstisches.

Das Hotel lag nicht weit vom Kreml, dem Roten Platz mit dem Leninmausoleum, der Wassilijkathedrale usw. Ich sah mich ein wenig um und ging dann der Gorkistraße zu. Weite Straßen, weite Plätze, grau gekleidete und grau aussehende, graublickende Menschen. Aus der Untergrundbahn kamen die Arbeiter. Ich sah in Moskau niemand lachen oder lächeln außer den Fremdenführern; es war bedrückend. Dies ist so ziemlich der einzige Punkt, in dem ich mit Sigrid Undset übereinstimmte: die Grauheit und Unfroheit, das Fehlen des Lachens fiel mir ebenso auf wie ihr. Im übrigen aber scheint sie mir mehr gesehen zu haben, was sie sehen wollte, als was sie sah. Sie redet von dem Gestank Moskaus, der überall herumhänge - ich habe nichts davon gerochen; sie redet von der Unsauberkeit - ich habe sie nicht gesehen; ich sah nur Primitivität und Armut. Sie erzählt dem unwissenden Leser, daß die transsibirische Bahn, soweit etwas Gutes an ihr sei, noch aus den Zeiten des Zaren stamme; aber in Wirklichkeit ist gerade die doppelte Linie, die Fortführung nach Wladiwostok, von der sie diese Dinge behauptet, zu ihrer und meiner Zeit noch sehr neu gewesen, und ist das Werk des Sowjetstaates. Frau Undset hätte, wenn sie weniger voreingenommen gewesen wäre, die großen Inschriften (»1934«, »1935«, »1936« und dergleichen) nicht übersehen können, die von den Arbeitern an den Wänden der Durchschnitte, in die die Bahn eingesenkt wurde, angebracht waren.

Die Freudlosigkeit, Gedrücktheit, Ärmlichkeit Moskaus, gleichviel, ob man die Menschen ansah oder die Läden oder die nackten, kahlen, fantasielosen Straßen, waren sehr niederdrückend, umso niederdrükkender, als sie fast der einzige Eindruck blieben und bestimmender Haupteindruck waren.

Im Hotel wurde ich verschiedentlich angerufen; von wem, weiß ich nicht. Männerstimmen, Frauenstimmen meldeten sich und redeten russisch auf mich ein. Ich antwortete englisch, und es kam zu keiner Konversation. Dann, nach 21 Uhr, kam ein deutscher Anruf. Eine Frau stellte sich als Vertreterin von WOKS vor und teilte mir mit, daß für mich ein Besuch der Oper vorgesehen sei. Ich mußte unglückseligerweise dankend ablehnen: Ich hatte die Hose zerrissen; meine Vorsicht, einen Koffer plombieren zu lassen, rächte sich nun, denn ich konnte mich nicht umziehen; der Hotelschneider war schon nach Hause gegangen; die Plombe an meinem Koffer konnte nur von einem Zollbeamten abgenommen werden, und der würde, wenn ich um seinen Besuch bat, in vielleicht einer Woche auftauchen, also wenn ich in Wladiwostok wäre, hatte mir der Hotelmanager erklärt. Kurzum: mit zerissenem Hosenboden konnte ich nicht in die Oper gehen, und nach längerer Konversation gelang es mir, die Anruferin davon zu überzeugen. Wir verabredeten uns auf nächsten Tag, zehn Uhr. Bis dahin würde meine Hose geflickt sein.

Am nächsten Morgen reparierte der Hotelschneider das Kleidungsstück, bekam 15 Rubel dafür, was bei dem damaligen offiziellen Umrechnungskurs drei Dollar ausmachte; ich setzte mich in die Halle des Hotels und wartete. Ein junges Mädchen kam, sie trug einen keck auf der Seite sitzenden Hut und war die erste gut angezogene Frau, die ich in Moskau sah. Sie versammelte um sich die etwa zwei Dutzend Schicksalsgenossen, die mit mir eingetroffen oder schon am Tag vorher nach Moskau gekommen waren und auf den (wöchentlich zweimal gehenden) nächsten Zug nach Wladiwostok warteten. Sie war hübsch und fröhlich und zog mit ihren Schützlingen ab, von der jüngeren Garde dicht umringt. Sie verließen plaudernd und lachend das Hotel und verstauten sich in den wartenden Autos.

Dann trat eine junge, junonisch-stabile Frau mit angenehmem Gesicht auf mich zu und fragte, ob ichs sei. Ich wars. Sie führte mich feierlich hinaus, wo ein blankes Auto mit Schofför meiner harrte; wir nahmen Platz, und in feierlicher Einsamkeit wurde ich durch Moskau gefahren. Ich bekam Straßen- und Gebäudenamen genannt, wir fuhren durch das, was einst Dostojewskis Twerskaja war, ich mußte über mich Auskunft geben und stellte ein paar vorsichtige Fragen. Da ich keine Ahnung hatte, ob der Schofför deutsch konnte oder nicht - das Fenster zwischen ihm und uns war offen - und ob er nicht mehr als mich noch meine Begleiterin überwachen mußte, war ich einigermaßen befangen. Frau Kruglowa, so hieß meine Führerin, fragte mich, ob ich in Deutschland einer der sozialistischen Parteien angehört hätte, und ich antwortete ausweichend und etwas unbestimmt: »Ich bin Demokrat.« Sie sagte: »Schade.« Damals hatte man noch nicht mit einem kühnen Trick Ausdrücke wie »Freiheit«, »Demokratie«, »Recht« und andere bürgerliche Ideale sich angeeignet und als Bezeichnung für die eigenen totalitären und fascistischen Ideen, Gebräuche und Einrichtungen akzeptiert. Man war noch, alter kommunistischer ehrlicher Überzeugung getreu, antidemokratisch. Ich sagte: »Ihr seid jetzt mit den Nazis verbündet; aber das kann nicht mehr lange so fortgehen. Ihr werdet mit ihnen in Krieg geraten.« Sie schaute mich nur an, sagte nichts. Sehr wahrscheinlich verstand der Schofför doch Deutsch.

Von anfang an hatte Frau Kruglowa mir zugeredet, mit ihr die landwirtschaftliche Ausstellung zu besuchen. Ich hatte wenig Lust, versicherte ihr, ich verstünde nicht das geringste von Landwirtschaft; aber sie sagte, das sei nicht nötig, die Sache würde mich doch interessieren. Als sie von neuem auf die Ausstellung zurückkam, konnte ich, wenn ich mich nicht eigensinnig und unhöflich erweisen wollte, nicht mehr nein sagen. Also fuhren wir hin, hinaus vor die Stadt. Es reute mich nicht, daß ich nachgegeben hatte.

Die landwirtschaftliche Ausstellung

Von der landwirtschaftlichen Ausstellung sah ich in den wenigen Stunden, die mir zur Verfügung standen - ich mußte um 15 Uhr bei Intourist sein, dessen Büro im selben Gebäude war wie das Hotel, und um 16 Uhr vom Bahnhof abfahren - nur einen kleinen Teil. Es war viel zu wenig.

Die Ausstellung war zwei Jahre früher, 1939, eröffnet worden. Sie bedeckte ein Areal von 136 Hektar, umfaßte 250 Bauten, darunter 52 Pavillons für die Landwirtschaft und 28 für die Viehzucht. Besondere Bauten waren der Mechanisierung, dem Getreide, der Zuckerwirtschaft usw. gewidmet. Ursprünglich war das ganze als temporäre Sache geplant gewesen; aber man hatte sich anders besonnen und es zur dauernden gemacht. Nun war es eine Art agrikulturelle Zentrale, landwirtschaftliche Hochschule geworden. Laboratorien untersuchten Bodenbeschaffenheit, Wachstumsbedingungen der Nutzpflanzen, große Versuchsgärten waren angelegt, Agronomen hielten Kurse und Vorlesungen, aus dem ganzen Gebiet der Sowjetunion kamen Delegierte der Dörfer, Kolchosen usw., um Ausbildungskurse durchzumachen, von überall her sandte man Bodenproben, ließ man landwirtschaftliche Probleme vorlegen, holte man Rat, wie man angebaute Nutzpflanzen behandeln müsse, zu welcher anderen, ertragreicheren Bebauung man, dem jeweiligen Boden entsprechend, übergehen müsse, usw.

Die Pavillons waren nur zum Teil offen. Sie waren, soweit sie eigentliche Ausstellungsräume waren, von den einzelnen Republiken des Gesamtreiches aufgestellt, angeblich im jeweils autochthonen Stil - das Ergebnis war freilich in jedem Fall irgendwie orientalisch geworden. Der »Stilcharakter« auch der Häuser der westlichen Republiken hatte nichts Westliches an sich. In den Pavillons sah man Statistiken, Bodenschätze, Produkte, Pflanzen, Tierwelt, Darstellungen der Arbeitsmethoden usw. der betreffenden Gegenden. Im georgischen Gebäude zum Beispiel war ein ganzes Treibhaus eingebaut, in dem man unter Orangen - und anderen Zitrusbäumen herumspazierte. In den Pavillons Sibiriens und des Fernen Ostens sah ich unter anderem Scheiben einheimischer Hölzer, die einem Herzklopfen verursachen. Da lagen diese Holzproben, einige Zentimeter dicke Querschnitte durch den Stamm, die Oberfläche poliert: Birke, fast ein Meter im Durchmesser, Eiche, gut ein Meter, Rottannen (Fichten) noch breiter und mit fast papierdünn aufeinanderliegenden Jahresringen, makelloses Holz, edel und fest, Holz, so straff und fugen-, poren-, gefäßlos wie Stein, Holz, so solid, so langsam und zäh gewachsen, daß es wie Marmor war.

Gruppen von Landleuten aus nah und fern, vor allem aus den asiatischen Republiken, schritten in den Pavillons umher; Schulklassen aus Moskau und von auswärts bestaunten die ausgestellten Wunder. Jeder Gruppe, Erwachsenen wie Schülern, waren Führer beigegeben, die erklärten. Die Kinder waren wie anderswo auch: was ihnen doziert wurde, interessierte sie wenig; hinter dem Wall der eifrig lauschenden Musterschüler und dem Rücken der Lehrer gingen sie ihren wirklichen Interessen nach: der Betrachtung der ausgestopften Tiere, der Bilder, der farbigen Diagramme, der Fische, die in Glasbehältern schwammen, ihren privaten Schulkinderneckereien, -boxereien usw.

Das große Gefilde der Ausstellung enthielt unter anderem auch Theater und Kinos und selbstverständlich Restaurants. Wir aßen, auf Kosten von WOKS, in einer usbekischen Wirtschaft, Schaschlik von langen Spießen, tranken roten usbekischen Wein. Frauen mit brauner Haut, schwarzen Augen und schwarzem Haar, das in zwölf bis zwanzig lange, dünne Zöpfe geflochten und meistens um den Kopf gelegt war, manchmal aber auch lang getragen wurde. Männer mit kleinen, schirmlosen asiatischen Großvaterkäppchen oder schweren, zottigen Schaffellmützen, in langen, kaftanähnlichen Röcken, entweder im kosakischen Stil oder aber einem Morgenrock ähnlich. Im Freien standen eine Anzahl Bettstellen, auf denen Decken ausgebreitet waren. (Statt europäischer Bänke, auf denen man mit herunterhängenden Beinen sitzen muß.) Auf den Bettstellen, Ersätzen für Diwane, kauerten sich Männer und Frauen halbliegend oder mit unterschlagenen Beinen zu Rast und Plauderei.

Es war Zeit zum Heimgehen. Außerhalb der Ausstellung hatte die ganze Zeit der Wagen gewartet. Als wir zum Kreml zurückkamen, stand am Leninmausoleum eine lange Reihe sehr einfach gekleideter Leute; meine Begleiterin fragte, ob ich nicht schnell noch Lenin sehen wolle. Ich wies auf die Schlange und meinte, es dauere zu lange, bis wir drankämen. »O«, sagte sie, »als Ausländer gehen Sie vor. Wir kommen sofort hinein.« Der Gedanke, wieder eine Sonderwurst gebraten zu bekommen, während das »niedere« Volk geduldig warten mußte wie im guten alten Zarenreich, behagte mir nicht. Ich lehnte dankend ab.

Nachmittags war Tee beim Vorsitzenden von WOKS, einem Herrn Kemenew, vorgesehen, aber ich hatte keine Zeit mehr dafür. Frau Kruglowa wollte, daß ich Zug und Schiff fahren ließe und einige Wochen als Gast von WOKS in Moskau bliebe; noch eine Viertelstunde vor der Abfahrt zum Bahnhof rief sie mich im Intouristbüro an, um mir zu sagen, daß die Angelegenheit in einer halben Stunde geregelt sein würde; aber ich sagte, danke nein, ich müsse zum Zug. Es hätte mich gelockt, zu bleiben. Man hätte mir - es sei leicht zu machen, sagte mir meine Begleiterin - das Mädchen Elisabeth aus Stockholm mit Extrapost hergeschafft; man hätte die spätere Weiterreise für mich organisiert. Aber erstens hatte ich keine Lust, etwa deutschen Kommunisten zu begegnen oder in eine neue »Säuberungsaktion« hineingezogen zu werden, und zweitens konnte ich unmöglich meinen Schiffsplatz unbenützt lassen: die wenigen Plätze, die dem Komitee in Stockholm zur Verfügung standen, waren wertvoll wie Gold; wer einen bekam, war ein Glückspilz; es war zu spät, einen anderen an meiner Stelle rechtzeitig nach Wladiwostok zu schaffen, und so mußte ich denn die Gelegenheit, die mir geboten war, auch ausnutzen.

Von Moskau nach Wladiwostok

Eindrücke, die man nur im Vorbeigehen aufliest, haben natürlich nur begrenzten Wert. Es ist möglich, daß die Beobachtung, auf die man sich stützt, nur einmalig ist, und man irrt, falls man sie als allgemeingiltig betrachtet und als Maßstab anlegt. Andererseits kann Allgemeingiltiges irrtümlicherweise als Einzelfall oder Ausnahme betrachtet werden, sodaß einem die grundsätzliche, symptomatische Bedeutung völlig verloren geht. Es ist also schwer, wo nicht unmöglich, auf Beobachtungen hin, die nur vom Eisenbahnfenster aus gemacht sind, generelle Urteile oder gar Vergleiche mit anderen Ländern, in denen man infolge gründlicher Kenntnis des Ganzen und des Einzelnen wirklich sich giltige Maßstäbe erworben hat, zu ziehen. Umso schwieriger erst, wenn es sich nicht um Gegenüber- oder Nebeneinanderstellung von Ländern handelt, die trotz vieler unterschiedlicher Erlebnisse im einzelnen doch eine allgemein ähnliche Entwicklungsgeschichte im großen hinter sich haben, sondern solcher, die zwei Welten repräsentieren wie Europa und die - nicht erst vom Ural an - asiatische Sowjetunion.

Was man mit Fug vergleichen kann, sind dagegen Erfahrungen, die unter gleichen Voraussetzungen und Bedingungen geschöpft sind, also z.B. Beobachtungen, die beide nur durchs Eisenbahnfenster gemacht wurden.

Die Reise von Moskau nach Wladiwostok dauerte neun Tage, und jeden Tag legte man rund tausend Kilometer zurück. Wir fuhren von Moskau über Swerdlowsk, Nowosibirsk, Krasnojarsk, Irkutsk, Chita und Chabarowsk. Die Wagen und Abteile (in denen man, wie es sich nach den Platzkarten ergab, zu Vieren schlief, Männer und Frauen im selben Abteil) waren eng und zum Ersticken. Die Fenster konnten oder durften nicht alle geöffnet werden, und soweit sie es wurden, gaben sie allzu oft Wolken feinen Staubes Einlaß. Mehrmals war der Vorrat an Waschwasser auf Stunden erschöpft und man sah sehnsüchtig einer Station entgegen, auf der wieder welches getankt werden konnte, sodaß man sich waschen und auch die Toilette wieder ohne Scheu benutzen konnte. Maxuroff, der von Intourist beigegebene Begleiter, war sprachlich und sachlich seiner Aufgabe nicht gewachsen, dazu wenig freundlich, oft unfreundlich, in einem Fall, einer alten Dame gegenüber, direkt flegelhaft. (Andere Reisegesellschaften haben aber mit anderen Begleitern bessere Erfahrungen gemacht.) Das Essen war nicht gut, manchmal verdorben (altes Fleisch) und ungenießbar und im allgemeinen nicht ausreichend. Die Sauberkeit ließ - wie bis zu einem gewissen Grad auch im moskauer Hotel - zu wünschen übrig. Nach diesen kritischen Bemerkungen ist die Feststellung am Platze, daß alles auszuhalten war. Die Unannehmlichkeiten gingen in der Hauptsache darauf zurück, daß die Organisation noch nicht Schritt hielt mit dem guten Willen. Der Osten ist nun einmal der Osten; es wird noch lange Zeit dauern, bis dort alles so klappt, wie wir im Westen es gewöhnt sind. Man darf sowjetische Dinge nicht an westlichen, man muß sie an zaristischen und orientalischen messen. So betrachtet, sind sie natürlich weit voraus. Auf der anderen Seite ist es eine kindische und unverschämte Anmaßung, wenn sich Sowjetiker einbilden, sie müßten den Westen lehren. Sie sind, als Asiaten und Orientalen, gerade aus den Kinderschuhen heraus; gemessen am Westen sind sie noch in den Windeln. Es gehört bei Europäern, die beide Welten gesehen haben, ein gut Maß Unwissenheit, Dummheit oder Unehrlichkeit dazu, die sowjetische Rückständigkeit dem Westen als nachahmenswertes Vorbild hinzustellen und anzupreisen.

Der Wagenschaffner bereitete den ganzen Tag Tee und verkaufte ihn zu dreißig Kopeken das Glas. Auf allen Bahnhöfen fanden sich Postamt und Kaufbuden, wo man Brot, Milch, allen möglichen Trödelkram bekam, dagegen nicht immer Tabak, und auf den meisten - wenigstens in Sibirien - eine Wasserhalle, wo man seine privaten Töpfe mit kaltem und warmem Wasser füllen konnte. Die Bettwäsche wurde alle drei Tage gewechselt; man bekam sie in einem kleinen, durch eine Plombe gesicherten Säckchen ausgehändigt.

Landschaftlich war die Reise wenig ergiebig. Vom Ural sah man nichts als mitten in der Nacht einige nicht hohe, dunkle Hügel. Der Weg führte größtenteils durch Steppe, weite Felder, Birkenwälder. Was die Schönheit betrifft, war der Baikalsee der Höhepunkt. Wir fuhren vom frühen Morgen bis zum Abend um sein Südende herum. Die Sonne schien, ein einsamer Fischer zeigte sich dann und wann. Das Wasser war still und blau; im Osten erhob sich das Baikalgebirge, eine Gebirgskette mit Schneegipfeln, allem Anschein nach eine mauerartige Sierra mit wenig isolierten Einzelbergen und -spitzen.

Eine Überraschung war die Judenrepublik Birobidjan. Ihr westlicher Teil war das schönste Land, das ich in Sibirien und schon ein Stück vorher gesehen habe. Bereits in einiger Entfernung von der Grenze Birobidjans begann der sandige, leichte, manchmal lehmige Boden zu fester, brauner Erde zu werden, und im größeren Teil des an der Bahnlinie liegenden Birobidjan war es immer der selbe braune, dunkle, fruchtbare Grund, der das Auge erfreute. Er war auch systematischer und in größerem Ausmaß bearbeitet, bebaut und ausgenützt als in anderen Gebieten. Das Ländchen ist im westlichen Teil eine Region mit waldigen Mittelgebirgen, Ebenen am Fuß naher Berge, Tälern mit Feldern und saftigen Wiesen. Schwarzwald, Vogesen, Bayrischer Wald fielen einem ein. Es war für mich eine heimatliche Landschaft: bewaldetes Mittelgebirge, blaue Berge in der Ferne, rinnende Bäche, Vergißmeinnicht, Hahnenfuß, Sumpfdotterblumen, ja, stellenweise Trollblumen. Der östliche Teil von Birobidjan war dagegen wieder kahl, sandig und steppenhaft.

Einmal standen wir einige Stunden auf einem Bahnhof. Neben uns hielt ein Zug ukrainischer Bauern. Sie waren eine Kolchose und wurden nach Sibirien, in die Nähe von Chabarowsk, umgesiedelt. Männer, Frauen, Kinder, Vieh samt einigen landwirtschaftlichen Geräten waren seit drei Monaten unterwegs. Die Menschen waren unerhört schmutzig, vor allem die Kinder. Fast alle, Junge wie Alte, sahen blaß, ungesund, blutarm, ein Teil, besonders der Kinder, rachitisch aus. Der Eindruck, den man schon vorher bekommen hatte, verstärkte sich: daß die Sibirier ein gesundes, kräftiges Land haben, gesund und kräftig leben und ein gesunder, kräftiger Schlag sind. Sie hoben sich als prächtige Exemplare, ausgezeichnete Typen gegen diese körperlich armseligen Ukrainer in ihrem armseligen äußeren Zustand ab. Gegenüber diesen Geschöpfen, die an die ausgemergelten und unterernährten Typen der Slums europäischer Großstädte erinnerten, erschienen sie wie junge, kraftstrotzende Pioniere. Hier sah man auch, im Gegensatz zu Moskau und seiner grauen, gedrückten Bevölkerung, viele frohe, lachende und scherzende Menschen.

Auch das sibirische Holzhaus, das fest, solid, mit behaglichem, geradezu wohlhabendem Habitus dastand, bildete einen krassen Gegensatz zu den vielen schlechten, lotterigen vernachlässigten, windschiefen Bauernhäusern, die wir im Westen, im eigentlichen Rußland, gesehen hatten. Es war oft ein richtiges Blockhaus; es war stabil, behäbig, braun gebeizt oder von der Zeit nachgedunkelt, hatte nicht selten einen wohlgehaltenen, durch einen netten Zaun umhegten Garten bei sich, trug an Giebel und Dachseite Schmuckschnitzereien oder -bemalung, vor seinen Fenstern standen oft Blumentöpfe.

Oft sah man, zwei- bis dreihundert Meter vom Bahngleis entfernt, etwa unter den Randbäumen eines Föhrenwaldes, Barackenlager. Hohe Pfähle, zwischen denen Draht gespannt war - ich konnte nicht sehen, ob Stacheldraht oder gewöhnlicher - umgaben sie. Gelegentlich zeigte sich ein Soldat. Ich kann nicht sagen, ob das die (während der Tageszeit von den auf Außendienst befindlichen Häftlingen verlassenen) Konzentrationslager waren oder nicht. Zivilisten sah ich nie; die Lager waren, wie gesagt, menschenleer bis auf die paar Uniformierte, die sich in Einzelfällen sehen ließen. Einige meiner Kameraden, die auf der anderen, südlichen, Seite des Zuges aus den Fenstern sahen, behaupteten, sie hätten bei einer Gelegenheit ein Lager voller Zivilisten - Männer, Frauen, Kinder - gesehen, und der Draht sei Stacheldraht gewesen. Ich muß ihnen die Verantwortung für diese Behauptung überlassen. Daß die Konzentrationslager und ihre Schrecken existieren, wissen wir. Ob sie so nahe an der transsibirischen Bahnlinie angelegt sind, weiß ich nicht.

Wladiwostok

Wladiwostoks Lage ist schön, die Stadt selbst weniger erfreulich. Das grobe, holprige, bald aufquellende, bald in Vertiefungen absackende Kopfpflaster imitierte aufs geschickteste die unruhige Berg- und Talbahn des Straßennetzes. Betrunkene lagen am hellen Tag in den Hauptstraßen herum. Ein nackter Berg erhob sich über dem Viertel; man sah über den Hafen aufs Meer hinaus und sagte sich, daß überm Wasser die andere Welt lag. Die Sowjetunion im Rücken gab einem durchaus nicht das Gefühl einer Sicherheit und Beruhigung; sie war keine Wand, an die man sich, Fremdes und Feindliches konfrontierend, lehnen konnte, keine Rückendeckung. Man war ungeduldig, fortzukommen, und die 40 Stunden, die wir länger als vorgesehen warten mußten, waren nicht leicht zu ertragen. Wir hatten vier Tage bezahlt; sie waren in der Intouristrechnung inbegriffen, den Rest mußten wir an Ort und Stelle blechen, und das kam teurer als die Pauschalpreise. Ich schaute etwas trostlos auf den Stillen Ozean hinaus oder vielmehr auf das kleine Stückchen von ihm, das man sah, die Bucht von Wladiwostok: Europa, das Land, in dem man trotz allem daheim war und nach dem alle noch vor einem liegenden Wege wieder führen mußten, war fern; das weite Sowjetland, an dessen Rand ich nun hockte, war eine Wüste, die wie eine riesige Wunde zwischen Menschheit und Menschheit klaffte - und mein Ziel war ein Land, vor dem mir schon grauste, ehe ich es betrat, weil ich glaubte, eine ziemlich gute Vorstellung von seiner Fysiognomie zu haben: keine bezaubernde.

Im Hotel Tscheljuskin wurde ich in mein Zimmer gewiesen, in dem fünf oder sechs Betten wirr durcheinanderstanden. Ich wählte mir eins aus, schmiß meine Koffer auf ein anderes, schob beide auseinander, um freien Zugang zu meinem zu haben. Mit mir im Raum schlief noch Herr Gewertz und ein junger Amerikaner; dieser ein wortkarger, äußerlich auf den College-Boy-Typ normierter Jüngling, verschwand am nächsten Morgen und ward nicht mehr gesehen. Herr Gewertz aber war in den nächsten Tagen viel mit mir in Berührung, denn er wurde mein

Agent. Er verkaufte, was ich an Sachen zu eben diesem Zweck aus Schweden mitgebracht hatte, und offenbar betrieb er das, solange er im Tscheljuskin wohnte, gewohnheits- und geschäftsmäßig. Ohne ihn und ähnliche illegale Verdiener wären die Reisenden, die ja alle darauf rechneten, durch solche Verkäufe dem Zwang zu entgehen, Dollars zu dem ungünstigen amtlichen Kurs in Rubel umzusetzen, schlecht drangewesen.

Herr Gewertz war etwa fünfundzwanzig Jahre alt und stammte aus Warschau. Von dort war er vor den Nazis nach Kowno geflüchtet, dann nach und nach nach Moskau und schließlich nach Wladiwostok gekommen, und nun saß er da und wartete darauf, daß ihm die Juden in Japan das Einreisevisum dorthin beschafften. In Wladiwostok saß er schon drei Monate; ab und zu, einmal auch während meiner Anwesenheit dort, bekam er ein trostvolles Telegramm aus Tokio, in dem es hieß, das Innenministerium werde seinen Fall nun bald erledigen, und zwar günstig.

Herr Gewertz war vif wie ein Eichhörnchen und rothaarig; er redete jiddisch und glaubte, ich müßte ihn verstehen, aber soviel Deutsches und Mittelhochdeutsches auch in dieser interessanten Sprache erhalten ist, hatte ich doch recht oft Schwierigkeiten mitzukommen. Mit meinem Briefpapier wollte er sich nicht befassen. Er hatte schon einmal mit einem Papierhändler Scherereien gehabt und der hatte gedroht, ihn anzuzeigen. »Se nemmen nicht von mir«, sagte er. Dagegen zog er mit meinen Weckern, Rasierklingen und Ledergürteln vergnügt los; sie waren offenbar leicht an den Mann zu bringen, denn er lieferte rasch Geld dafür ab. Einmal brachte er auch ein junges Ehepaar ins Zimmer und verkaufte ihm einen Wecker. Ab und zu sagte er von irgendeinem Stück: »Das gefällt mir, das möchte ich gern für mich selbst haben«. Ich nahm als selbstverständlich an, daß das nur gesagt war, damit ich ihm einen besseren Preis mache, und gab es ihm billiger als die anderen Sachen. Im allgemeinen bekam er fünfundzwanzig Prozent. Natürlich war alles Vertrauenssache; er kam zurück und sagte: »Ich habe für das und das achtzig Rubel bekommen«, gab sie mir, und ich gab ihm seine zwanzig. Ich weiß, daß es bei den meisten »Kulturvölkern« üblich ist, in der Fremde den Andersrassigen zu mißtrauen und lieber grob und beleidigend aufzutreten als zu riskieren, daß der Fremde einen als gutgläubige Dummköpfe betrachtet und sich ins Fäustchen lacht. Ich konnte diese Haltung nie einnehmen, und meine Erfahrungen mit dem spanischen Korruptionssystem haben mich nur noch darin bestärkt, Ehrlichkeit in der Unehrlichkeit vorauszusetzen. Handeln, ja - das ist etwas anderes; man sucht selbstverständlich den Preis herabzudrücken bis auf den Punkt, an dem man beim anderen den nicht mehr abzuschleifenden Grundfels spürt. Aber wenn man in der Form Vertrauen zeigt, muß man es auch in der Tat beweisen. Ich denke auch heute noch, daß Herr Gewertz sich ehrlich an unsere Abmachung gehalten hat. Sollte er aber wirklich noch einen kleinen Extraprofit gemacht haben, so war er dennoch ehrlich; denn dann setzte er eben stillschweigend voraus, daß ich als weltgewandter Mensch bei Geschäften dieser Art die Abziehung einer Kommission als selbstverständlich betrachtete. Womit er nicht unrecht hatte.

Das Leben in der USSR war äußerst teuer. Der Dollar wurde zu fünf Rubeln gerechnet, aber die Preise waren sehr hoch. Da wir länger als vorgesehen auf die Abfahrt unseres Schiffes warten mußten und, wie schon gesagt, diese zusätzliche Zeit über unser Essen bar zu zahlen hatten, war es mit dem eingewechselten Sowjetgeld bald aus, sodaß wir hätten Dollars dranwenden müssen, was beim geltenden Kurs sehr bitter gewesen wäre. Das Frühstück - Kaffee oder Tee, Eier, Wurst oder Schinken, Brot, Butter, etwas Marmelade - kostete zwölf bis achtzehn Rubel, also zwei bis drei Dollars. Das gleiche Essen bekam ich später in New York für 50 Cents, mindestens im ersten Jahr meines Dortseins. Für das Mittagessen im Tscheljuskin mußte man 24 bis 32 Rubel rechnen, also fünf bis sechs Dollars. Unter solchen Umständen erschien mir Herr Gewertz beinahe wie ein Engel. Die im Einheitspreisgeschäft in Stockholm gekauften Waren hatten in Wladiwostok den vielfachen Wert und beschafften mir die nötigen Rubel. Wenn ich gewollt hätte, hätte ich meine Wäsche, Kleider und Handkoffer für hohe Summen verkaufen können; Herr Gewertz redete mir heftig zu: in USA sei es ja eine Kleinigkeit, die Sachen zu ersetzen, usw. Aber ich hielt sie fest. Ein wenig spielte dabei der Gedanke mit, daß das, was ich bei mir hatte, in all den Fluchtjahren und Reisen mein eiserner Bestand gewesen war: zwei Handkoffer und die Schreibmaschine (abgesehen natürlich von meiner illegalen Wanderung von Spanien nach der Tschechoslowakei:

da mußte ich mir meine Sachen hintennach von Barcelona nach Praha nachschicken lassen).

Im Hotel Tscheljuskin fand sich täglich auch ein- oder zweimal Kapitän Pick von der »Annie Johnson« ein, die uns befördern sollte. Es war ein kleiner, dünner blonder Mann, der in seinem feierlichen schwarzen Zivil aussah wie ein sehr braver und sehr ernsthafter Bauer im Sonntagsstaat. Ein im Hotel wohnender Amerikaner namens Dickman, der auf eine Fahrgelegenheit lauterte, umwarb ihn heftig. Er schien im Geld zu schwimmen, und der lud den Kapitän, so oft der sich bereit fand anzunehmen, zum Essen und vor allem Trinken ein. Er pumpte ihn voll Alkohol, in der Hoffnung, ihm einen Platz auf der »Annie Johnson« abzulisten. Kapitän Pick tankte, solange die Pumpe lief, aber auch im exaltiertesten Zustand vergaß er nicht, daß nur das Büro seiner Gesellschaft in Stockholm Schiffsplätze zu vergeben hatte. Am letzten Tag unseres Aufenthalts im Tscheljuskin hatte Mr. Dickman offenbar die Hoffnung aufgegeben und das betrübliche Fazit der Gelder, die er nutzlos an den Kapitän gewendet hatte, gezogen, denn er lud ihn nicht mehr ein.

Einmal, gegen Mitternacht, brachten mein tschechoslowakischer Kupeegenosse und ich den charakterfesten, wenn auch nicht mehr gangfesten Kapitän zum Hafen. Wir zogen Arm in Arm durch die mitternächtlichen Straßen, nannten einander du und diskutierten heftig auf schwedisch und norwegisch, jeder seins; daß jeder nur sich selbst zuhörte, machte nichts. Kapitän Pick fühlte den Drang, ein frohes Lied anzustimmen, aber es wurde nichts daraus, unser Zustand war musikalischer Darbietung nicht günstig. Wir segelten am bronzenen Lenin vorbei und grüßten ihn ehrerbietig und kameradschaftlich; er blinzelte uns zu. Da war auch schon der Bahnhof, in dessen Nähe der Kapitän hafenwärts zu seinem Schiff hinabsteigen mußte. Er liebte es sehr und bestand hartnäckig darauf, daß wir mitkämen, um es zu inspizieren und noch den einen oder anderen, den einen und anderen, zu heben, und es war sehr schwer, ihm klar zu machen, daß wir es nicht konnten, weil unsere Pässe in den Händen der Sowjetbehörden waren und wir also nicht ins Hafengebiet eingelassen würden. Schließlich trennten wir uns dann doch, halbgebrochenen Herzens.

Auf See war Kapitän Pick absolut nüchtern und wie ein Teufel dahinter her, daß die Mannschaft keinen Alkohol bekam. In der Tat war er von der Besatzung sowohl dieser als auch anderer Strenge wegen gefürchtet - wenn ich einem jungen schwedischen Matrosen glauben darf, war er sogar ein Teufel. Da unter den elf Nationalitäten, die die rund zwanzig Mann starke Besatzung umfaßte, die norwegische gut vertreten war und die Norweger uns aus ihrem Heimatland gekommene Flüchtlinge ohne weiteres als Genossen behandelten und duzten, bekam ich oft Klagen und Verwünschungen des Kapitäns wegen seiner Härte und Strenge zu hören.

Am Tag vor der Abreise von Wladiwostok wurden wir ärztlich untersucht, aus welchem Grunde, weiß ich nicht; auch war es eine kuriose Untersuchung. Ein Arzt saß vor einem, fragte nach Alter und Namen, klopfte einem ein wenig auf die Brust, sah einem in die Augen, vielleicht - ich erinnere mich nicht mehr - auch in den Mund, griff einem ans Schienbein und um die Wade und rief dabei fortwährend seine Beobachtungen einem Schreiber zu, der hinter einem Vorhang aus weißen Leintüchern saß.

Als es endlich so weit war und wir im Hafen angelangt waren, ging es an die Zollkontrolle, bei der wir alles, was in den Koffern war, und den ganzen Inhalt unserer Rock- und Hosentaschen auskramen mußten. Ich war jetzt froh, daß ich den einen meiner Handkoffer in Riga hatte plombieren lassen, sodaß ich nur den zweiten zu öffnen hatte. Die Zöllner sprachen englisch. Als Erwin Lesser seine Hosentaschen leerte, kam auch etwas leeres Papier zum Vorschein. Sie besahen Blatt für Blatt: es stand nichts drauf - eine merkwürdige, wohl sogar verdächtige Sache! Als ihnen der Gast erklärte, daß manche Leute für alle Fälle etwas Papier mittrügen, weil man ja nicht wissen könne, ob überall für Klosettpapier vorgesorgt sei, kam ihnen das höchst erstaunlich und der Bewunderung wert vor.

Ich hatte für Freunde in USA einige Sätze Sowjetmarken gekauft, jeden Satz dreifach. Man sagte mir, ich dürfe nur je einen Satz mitnehmen. Während ich darüber argumentierte, fragte der eine Beamte: »Wie lange waren Sie in Moskau?« Ich sagte: »Leider nur einen Tag, obwohl WOKS mich einige Wochen dortbehalten wollte.« Es war die richtige Antwort: man gab mir alle meine Marken zurück, winkte ab, als ich den geöffneten Koffer auspacken wollte, und klappte den Deckel zu. Ich bekam meinen Kontrollzettel und war erledigt.

Während ich Renegat und Bourgeois so unerwartete Schonung fand, stieß Bertolt Brecht[32] auf strenge Prüfer. Er und die Seinen hatten zusammen 21 oder 22 Gepäckstücke, und jedes einzelne mußte aufgemacht und ausgepackt werden. Als wir anderen, längst Erledigten, eine Stunde wartend im Vorraum gesessen hatten, ging ich in den Kontrollsaal zurück, um zu sehen, wie die Dinge standen. Sie waren mit Aufpacken, Ausbreiten, Zurückstopfen, Zuschließen beschäftigt. Neben dem Vertreter des Intourist stand ein Beamter und riß gerade einen großen Umschlag auf, der den Aufdruck des mexikanischen Konsulats (ich weiß nicht, ob in Helsinki oder in Moskau) trug und auf der Rückseite fünf große Stempel. Daß es ein amtliches Schreiben war, hinderte die Leute nicht, es zu erbrechen. Ich sagte zum Intouristmann: »Wissen Sie denn nicht, daß Brecht einer der bekanntesten proletarischen Dramatiker ist?« Er sah mir böse in die Augen und erwiderte scharf: »Das wissen wir!« Natürlich war meine Qualifikation Brechts etwas schief. Er ist in Wirklichkeit alles andere als ein proletarischer Schriftsteller; aber »revolutionär« klang mir zu pompös, und auch das wäre nicht das gewesen, worum es ging, wenigstens nicht ganz. Brecht ist ja vor allem revolutionär als Geistiger und als Dramatiker, nicht als Politiker. Aber darum ging es nicht. Der Mann wußte, was ich meinte. Auf alle Fälle war (und ist) es kurios, daß Bertolt Brecht, der in der Sowjetunion anerkannt war und seine ganze Reise von Tantièmen bestritt, die in der USSR festgelegen waren, so peinlich visitiert wurde, während ich, angeblich unpolitisch, auf den Paß eines Landes reisend, mit dem die Sowjetunion soeben die diplomatischen Beziehungen abgebrochen hatte (Norwegen) und legitimiert als Korrespondent einer Zeitung, deren Land seit langem keine diplomatischen Beziehungen mit der Sowjetunion mehr aufrechterhielt(Schweiz), so leicht davongekommen war, offenbar nur auf das Wort WOKS hin.

Wir kamen schließlich doch aufs Schiff und aufs Meer. Als wir die Dreimeilenzone hinter uns hatten, kam der Kapitän und sagte uns Bescheid. Erst jetzt, da wir aus den Sowjetgewässern heraus waren, wurde es uns leichter ums Herz. Weil er wußte, wie wir darauf warteten, hatte uns Kapitän Pick auch gleich informiert.

Taiwan, leuchtendes Juwel

Um halb sechs kam ich an Deck. Der Himmel war blau, ein wolkenloses Gewölbe, und die Sonne golden wie nur je, das Meer hellgrün. Im Osten lag ein hingestreckter, länglicher Smaragd, Taiwan. O, die Portugiesen wußten, was sie taten, als sie diese Insel Formosa nannten, das ist: die Schöne. Immer noch zittert mir das Herz, wenn ich daran denke, wie sie dalag, klar, schimmernd und fern, ein grüner Edelstein in rosafarbener Fassung.

Ich weiß nicht, in welcher Entfernung wir an Taiwan vorüberfuhren; ich weiß nur, daß die Insel aussah wie ein Gebirg unter leuchtendgrünem Moos. Der Moosteppich, der sie bis zum schmalen Samtband des Küstensandes bedeckte und nur an wenigen Stellen Risse zeigte, durch die das helle Gestein schien, dieser fast geschlossene Teppich, waren die Wälder. Alles war so fern und sah dabei so klar und deutlich gezeichnet aus, daß man sich fast mit Gewalt klar machen mußte, was vor einem lag, sei nicht ein schwellendes, handhohes federndes Moospolster, sondern Wald, Wald, bestehend aus tausend und tausenden von Bäumen, deren jeder hoch, mächtig und aus Stamm und Krone gebildet war. Zwischen dem Moosland und der Küste lag der weiße Strand; er war, gesehen aus unserem Abstand und unter unserem Gesichtswinkel, nur ein Streifen. Die Felsen waren helleres und tieferes Rosa und leuchtendes Rot, und der weiße Schaum des anstürmenden Meeres, der an ihnen emporschlug, emporgischtete, emporwogte, erschien uns nur wie eine dünne, leicht unruhige Krause.

Nie und nirgends habe ich - bis jetzt - Schöneres gesehen als dieses Eiland, in dessen Innerem noch in unseren Tagen Kopfjäger lebten - oder gar heute noch leben - und das so verloren mitten im Weltmeer lag, fern und still, ein strahlender Smaragd, eingefaßt in tieffarbenen Rosaquarz, ein köstliches Kleinod, königlich hingebettet auf dem Samtkissen des Meeres, das bei uns grün leuchtete, um Taiwans Küsten aber reinblau, und bestrahlt von einer Sonne, die zu jener Morgenstunde noch nicht brannte, sondern nur glänzte und erleuchtete und die Welt erfüllte. Und die Welt, die sonnenvolle, war ungeheuer, denn der Horizont war so grenzenlos vom Wasser im Osten zum Wasser im Westen, vom Wasser vor uns zum Wasser hinter uns.

Was tat es, daß Taiwan-Formosa längst Städte mit modernen Straßen, Autos, Fabriken, Großhandel, Radio, Eisschränke, Jazz, Konserven und alle Güter des modernen Lebens hatte! Man muß die Dinge nur im richtigen Abstand sehen, dann haben sie ihre alte, natürliche romantische Schönheit noch. Ein Eisberg sieht viel unbehaglicher und häßlicher aus, wenn das Schiff plötzlich in Gefahr ist, ihn unter Wasser zu rammen, als wenn er in sicherer Entfernung majestätisch und schimmernd grandios dahintreibt.

Ruhig und stetig und mir viel zu schnell - denn es trug mich zu rasch von Formosa fort - furchte unser Schiff durch das Wasser, das ruhig dalag, ein schimmernder Spiegel, aus dem nichts aufragte als diese Wunderinsel. In der Ferne war es blau, um unser Schiff hatte das Grün - die Farbe, die man in tessiner oder ungarisch-rumänischen Gebirgsbächen sieht, eine Farbe, sie so herrlich verschieden ist vom braunen Grund und Tümpel des heimatlichen Schwarzwaldbachs. Sie wechselte im Licht der starken Sonne und unter dem leichten, feinen Rieseln der Meeresoberfläche von dünnem lichtgrünem Schimmer zu tiefem Blaugrün und wurde von lichtbraunen Flecken und Strömungen und kleinen Schauern wie von feinsandigen Goldkörnchen durchbuscht. Das Meer atmete ruhig und regelmäßig; sehr leicht, sehr zart hob und senkte sich sein Busen, nur kleine, flache Rieselwellen liefen über seine Oberfläche hin. Ich hatte den lächerlichen Wunsch, hineinzuspringen - und ein wenig Angst, ich würde es tun; denn es sah aus, als könne dieses lichte und freundlich bebende Gewässer nur einen Fuß tief sein, als müsse man in diesem alles durchdringenden Sonnenlicht im hellen, durchsichtigen Wasser kleine Fische huschen und den muschelreichen lichtbraunen Sand sehen können. Aber so hell und leicht das Meer auch schien - kein Fisch war zu sehen. Die Durchsichtigkeit war Trug und Schein.

Viele Stunden behielten wir Taiwan im Gesichtsfeld, es schmolz langsam dahin und verlor die klar erkennbaren Einzelheiten, seine Farbe wechselte in dunkles Grau und Schwarz hinein. Endlich verschwand es weit dahinten, ein übriggebliebener kleiner dunkler Punkt und die letzte

Erinnerung an die Küste der alten Welt. Denn irgendwie lag für mich die Grenze zwischen Asien und der Welt des Stillen Ozeans nicht nur geografisch, sondern auch gefühlsmäßig zwischen Taiwan und den Filipinen, denen wir nun zueilten.

Der Pazifik

Während wir in Manila waren, brach der Krieg zwischen Nazideutschland und der Sowjetunion aus. Es war klar, daß nun unsere Freunde in Schweden abgeschnitten waren; es würde keiner mehr über die Sowjetunion nach Amerika auswandern können. Ich trat die Weiterfahrt mit ungemischten Gefühlen der Trauer und Verzweiflung an, es war freilich mehr tragikomisch als tragisch, daß ich nun nach dem Lande weiterfahren mußte, nach dem ich mich nur Elisabeths wegen auf den Weg gemacht hatte - während sie nun nicht mehr nachfolgen konnte.

Wir brachten vier Wochen auf dem Pazifik zu. Die ersten Tage fuhr der Kapitän sehr vorsichtig und nachts ohne Lichter, weil er so wenig wie wir wußte, ob nicht die Japaner an der Seite der Nazis in den Krieg eintreten und Jagd auf deutsche Nichtnazis machen würden, ob nicht die Russen anfangen würden, Leute wie uns herunterzuholen, oder ob nicht etwa im Pazifik irgendeine der Mächte - etwa ein Deutschland, das sich heimlich im Einverständnis mit Japan darauf vorbereitet hatte - einen Ubootkrieg gegen alle, auch die neutrale, Schiffahrt starten würde, nach dem Muster des im Atlantik geführten. Kurzum: die Lage war unsicher und Kapitän Pick tat vorsichtig Schritt vor Schritt. Es geschah uns indessen nichts, als daß wir am Nordende der Insel Luzón, im Kanal, der uns nach Osten, ins offene Meer führte, in lebhafte Stürme gerieten, die uns peinlich herumwarfen, Wellen übers Deck schleuderten und unseren Fortgang schwer hemmten, sodaß wir nur langsam vom Fleck kamen. Nach einigen Tagen wurde es besser; wir hatten eine Zeitlang heißes und wolkenloses Wetter; die Kopra stank mehr als gewöhnlich; Millionen kleiner schwarzer Käfer, die auf ihr schmarotzten, füllten Kabinen, Deck, Kleiderschränke, wimmelten auf uns und an allen Wänden herum; wenn man ein frisches Polohemd anzog, klebte es einem über den ganzen Rücken fest, bevor man es auf der Brust zugeknöpft hatte. Ich schlief, nur im Pyjama, ohne Decke, auf meinem Faltstuhl auf dem obersten Deck.

Wir waren etwa 30 Flüchtlinge, dazu kamen zwei Amerikaner und die Frau des einen und eine Reisegesellschaft von etwa zwanzig Leuten, die aus dem belgischen Gesandten in Moskau, seinem Stab und seiner Familie bestand. Als die Nazis Belgien überfielen, hatte der totalitäre Bundesbruder in Moskau prompt die diplomatischen Beziehungen mit dem Ländchen abgebrochen und seinen Gesandten heimgeschickt, d.h., da sein Heim envahiert war, nach USA. Die Kinder der Gesandten hatten ein schwedisches Dienstmädchen; es waren zwei hübsche kleine Mädchen und ein verzogener Fratz von jüngerem Bruder, den sie verwöhnen halfen. Ich landete in USA mit zwei tiefen, breiten Striemen im Gesicht, die mir der kleine Guido im Spiel - d.h. für ihn war es Spiel, denn er hatte halt grad den Impuls gemacht, und seine Impulse wurden nie gedämpft - aus lauter Freundschaft mit seinen Krallen über die Backe gezogen hatte.

Zwei Wochen zwischen Himmel und Meer, kein Land am Horizont, kein Schiff, das passierte. Nachts funkelte das Wasser vom Meeresleuchten. Fliegende Fische stießen des Tags in Schwärmen auf, huschten, auseinanderstiebend, über die Wellen hin und verschwanden wieder. Sie erschienen aus der Höhe gesehen nicht größer als Schwalben. Es ist schwer zu schätzen, wenn man von oben hinabschaut und drunten kein fester, bekannter Gegenstand ist, an dem man messen kann. Sie flogen etwa fünfzig Meter übers Wasser, bevor sie wieder untertauchten, und hatten weißschimmernde Leiber.

Dann begann die Temperatur kühler zu werden, das Kreuz des Südens stand jede Nacht tiefer am Himmel und war schließlich verschwunden. Wir merkten, daß wir nicht direkt östlich zogen, sondern nach Nordosten. Der Wendekreis des Krebses blieb hinter uns. Delfine stürzten sich in unser Kielwasser und holten uns ein, schwammen an der Wasseroberfläche neben dem Schiff her und fraßen, was ihnen zugeworfen wurde. Albatrosse mit weiten, schlenkernden Schwingen folgten uns bis gegen das amerikanische Festland hin, ritten auf den Wellen des Kielwassers, schmarotzten an den Küchenabfällen. Wir verfolgten das Kälterwerden und unseren Anstieg in höhere Breiten, die das tägliche Schiffsbulletin uns jeweils angab, und versuchten, uns darüber klar zu werden, warum es ein kürzerer Weg sei, im Winkel nach Nordosten und in der Nähe des amerikanischen Kontinents wieder nach Südosten herab zu fahren. Die Abplattung der Erde schien uns nicht genügende Erklärung zu sein. Nach wie vor dachten wir, der direkte Weg des Breitengrads sei der kürzeste. Wir nahmen Orangen, Nadeln und Nähfaden und steckten mühselig und in groben Versuchen des Nachmessens ab und fanden, daß in der Tat der winklige Weg kürzer sei als der direkte. Wirklich verstehen taten wirs dennoch nicht.

Wir hatten den 15. Juli zweimal und wunderten uns, wieso man immer noch nicht eine Generalzeit für die gesamte Erde eingeführt hatte, durch die dieser schwerfällige Notbehelf, einen Tag zu addieren oder zu subtrahieren, je nach der Reiserichtung, wegfiele. (D. h. mindestens wunderte ich mich - und wunder mich noch.)

In der Nähe Amerikas fingen wir an, wieder nach Süden hinabzusteigen, in wärmere Gegenden. In den letzten Tagen fuhren wir an der kalifornischen Küste entlang; wir passierten schließlich eine Insel vor der Bucht von San Pedro, lagen die Nacht über wieder am Eingang einer Bai und liefen am nächsten Morgen in den Hafen ein. Post wurde an Bord gebracht, Beamte kamen zur Kontrolle, unsere Sachen wurden ausgeladen und über den Kai verstreut, wir stiegen an Land. Ich stand eine Weile herum, kein Mensch machte Anstalten, mein Gepäck zu revidieren; ich holte mir einen Beamten her, öffnete einen Koffer; er sagte: »Persönliche Effekten?«, ich antwortete ja, er klebte auf alles Gepäck einen kleinen Zettel, ohne daß er hineingeschaut hätte. Ich schleppte mein Zeugs vor das Zollgebäude, lud es in ein Auto und fuhr nach Los Angeles, vorbei an den kitschigen einstöckigen Tankstellen, Kleinläden, Imbißläden, an Öltürmen, durch freies Land, Vorstadt und zur Bahnstation.

In Los Angeles blieb ich einen Tag; die Stadt wirkte wie jede amerikanische Stadt, etwas kitschig, etwas billig großartig, Feuertreppen an der Außenseite der Häuser, statt nördlicherer Bäume Palmen und andere Gewächse mit lederartigen Blättern. Ich ging in eine spanische Kirche, schaute, an den Strick herantretend, der sie abschloß, eine kleine, kurze, als Museumsstück erhaltene Straße im mexikanischen Stil an, las in der Zeitung, daß Sumner Welles im Namen der Regierung gesagt habe, die Vereinigten Staaten seien nicht gegen das deutsche Volk, sondern nur gegen die Nazis (es war noch vor dem Krieg, und Herr Morgenthau hatte noch nicht die geringste Ahnung, daß einmal eine der unangenehmsten Episoden der Kriegs- und Nachkriegszeit mit seinem Namen benannt werden würde).

Von Los Angeles nach New York

Am nächsten Tag reiste ich von Los Angeles nach San Francisco; von der Gegend sah ich nicht viel, da es Nacht war. Morgens kam ich an, sah mir die Stadt, die grau und gesichtlos aussah, nicht an, sondern fuhr sofort über eine mehrere Kilometer lange Brücke (die nur zum Teil Wasser überquerte) nach Berkeley, um Helene Stöcker zu besuchen. Ich kam zu einem kleinen, in Sträuchern und Blumen vergrabenen Haus und fand, daß es eine deutsche Pension war - eine vegetarische wußte ich, da ich Helene Stöcker in keiner anderen finden würde. Man war überrascht aber sehr rasch freundlich und teilte mir mit, daß das Objekt meiner Suche zur Zeit in Los Angeles sei, woher ich gerade kam, oder, genau gesagt, in Beverly Hills. Helene Stöcker kam später nach New York, allerhand Umstände waren schuld, daß ich sie dort nie sah. Sie starb nach einigen Monaten, dreiundsiebzigjährig, eine der großen Gestalten des deutschen Pazifismus der Zeit, in der noch das humanistische Sittlichkeits- und Persönlichkeitsideal der gesinnungsmäßigen Haltung zugrunde lag statt ephemererer, unwissend-aufgeregter oder tagespolitisch-teleologischer Konzeptionen und Impulse.

Von den Pensionsinhabern wurde ich zum Mitessen eingeladen und bekam ein Sofa angewiesen, damit ich eine Stunde ausruhen könne. Ich bat sie, mit ihrer Bank zu arrangieren, daß ich einen amerikanischen Scheck über hundert Dollars kassieren könne; sie taten es, ich ging zur Bank, holte das Geld, kam zurück und wurde um ein Darlehen gebeten. Ich lieh ihnen vierzig Dollars, obgleich sie mir klarzumachen versuchten, daß ich, die Fahrkarte und Taschengeld im Sack, doch keine sechzig nötig hätte, um nach New York zu kommen.

Abends reiste ich weiter. Am nächsten Tag, als wir den Nachbarstaat Californias, Nevada, betreten hatten, ging ein junger Mann mit einem Kistchen durch den Wagen und hielt eine kleine Ansprache des Sinnes: Wir träten nun bald in die gefürchtete Wüste von Nevada ein, und wenn man seine Augen nicht schütze, könne man sich bei dem heißen und scharfen Glanz der Sonne, die auf die nackte Wüste brenne, leicht

Augenschäden, wo nicht gar Blindheit, zuziehen. Es sei daher ratsam, sich eine Sonnenbrille zu kaufen. Ich fiel darauf rein, gab ihm einen Dollar fünfzig und erhielt eine Sonnenbrille mit kitschigem weißem Metall»schmuck« an der Nase und an den Bügelansätzen. Ich genierte mich, das Monstrum (dessen Verkaufswert vielleicht 25 Cents war) zurückzugeben, nahm es an, steckte es in die Tasche und ließ es drin. Die Nevadawüste stellte sich als eine fast baumlose Landschaft mit Ebenen und niedrigen Hügeln heraus, in der verstreut kleine Büsche wuchsen. Sonne war kaum welche da, wenn sie schien, tat sie es auf ganz wässerige Weise, und wirkliche Sandflächen, wie man sie in Gedanken mit dem Begriff Wüste verbindet, suchte ich vergeblich zu erspähen. Ich war ein »sucker« gewesen, ein Säugling, der alles einsaugt, was man ihm anbietet.

Nach Nevada kam Utah, der Mormonenstaat. Wir fuhren nicht über Salt Lake City, sondern über Ogden und sahen nicht sehr viel vom See, obwohl wir ihn streiften. Die Anfahrt nach Ogden führte uns aber kilometerweit durch ein breites Schlammfeld, das vermutlich in weniger sommerlichen Zeiten - wir waren im Juli - unter Wasser liegt. Es zeigte sich keine Straße außer dem Eisenbahndamm und dem Schienenstrang. Je mehr wir uns Ogden näherten, desto feuchter wurde der Grund, schließlich fing seichtes Wasser an, das allmählich zu tieferem wurde und den Beginn des Salzsees anzeigte. Einmal, während wir durchs Schlammgebiet fuhren, stand etwa zweihundert Meter entfernt ein einsames Tier, schlank, fuchsartig, aber mit dünneren, höheren Beinen als ein Fuchs - ein Coyote vermutlich.

Die transkontinentale Strecke, die wir fuhren, führte weiter durch die Staaten Colorado, Nebraska, Iowa, Illinois, Indiana, Ohio, Pennsylvania nach New York. Die Landschaften wechselten, aber sehr viel markante Unterschiede oder romantisch schöne Ansichten bekam man nicht zu sehen - es sei denn, wir passierten sie zu meinem Pech bei Nacht. Von Los Angeles bis nach New York brauchte ich drei Tage: vom 21. bis 24. Juli 1941. In Omaha, Nebraska, hatten wir eine halbe Stunde Aufenthalt und die Wagentüren, die im allgemeinen fest geschlossen waren, wurden geöffnet. Ich trat vor den Bahnhof und tat einen kurzen Gang durch die nächstgelegenen Straßen. Sie boten nichts Überraschendes. Hochhäuser machen mir einen merkwürdigen Nichteindruck. Die Masse allein imponiert mir nicht; ich glaube nicht daran, daß die Quantität in Qualität umschlägt (auch darin bin ich im Marxismus immer ein Ketzer gewesen).

Ich hatte natürlich darauf acht gegeben, immer im Raucherwagen zu fahren, und von Los Angeles bis San Francisco fuhr ich gut dabei. Aber von da ab gings schief. Zwischen San Francisco und New York wechselte das Zugpersonal dreimal, jedesmal steckte ich mir die Zigarre an, und jedesmal wurde ich gebeten, sie auszumachen oder im »Raucherabteil« zu rauchen. Irgendjemand - eine Dame, sagte der Schaffner jedesmal - hatte sichs verbeten, und wenn eine Nichtraucherin im ausdrücklich für Raucher bestimmten und mit Aschenbechern versehenen Wagen nun einmal nicht haben will, daß der Reisende von seinem Recht Gebrauch macht, so kann sie ohne weiteres fünfzig Leute, die gerne rauchen möchten und sich darum absichtlich diesen Wagen ausgesucht haben, tyrannisieren. Das »Raucherabteil«, in das man verwiesen wird, ist eine kleine Vorhalle zum Lokus, die Waschbecken und Spiegel enthält und eine Bank, und dorthin flüchtet man sich dann und steht oder sitzt herum und raucht, heimlich und abgeschlossen, wie böse Buben, die in die Rumpelkammer geschickt wurden. Da ich in meinem bis dahinigen Leben nicht dazu erzogen worden war, zum Rauchen auf den Lokus zu gehen, verzichtete ich lieber auf den Genuß, bis wieder neues Personal den Zug übernahm, was mir dann, bis zur ersten Beschwerde, je nachdem, eine halbe Stunde oder Stunde Rauchgalgenfrist gab. Auch im Speisesaal konnte man natürlich rauchen.

In Chicago hatten wir den Zug zu wechseln und mehrere Stunden Aufenthalt (oder unterbrach ich aus eigenem Willen so lange?) Ich ging in die Stadt; es war wie überall in den Städten, die ich gesehen hatte; mir schiens, als hätte ich das alles längst gekannt; ich hatte mir in vielen Jahren der Beschäftigung mit amerikanischen Dingen vom Aussehen der Städte, dem oft zitierten »Tempo«, der grauen Atmosfäre, dem Lärm, der gehetzten und geschäftigen Getriebenheit der Menschen, der Billigkeit von Ladenbauten, Volksabfütterungsanstalten usw. fast genau das Bild gemacht, das sich mir nun darbot. Es war mir nicht wohl; das Milieu bedrückte mich; alles war so trostlos banal und trotz der betonten Lustigkeit und Lebhaftigkeit so durchaus freudlos. In keiner neuen Stadt eines neuen Landes war es mir so gegangen.

Das letzte Stück der Bahnfahrt, im Staat New York und besonders am Hudson entlang, brachte angenehme Landschaftsbilder mit Hügeln, Wäldern, schönen Flußausschnitten usw. In New York liefen wir in der Grand Central Station ein; da man dort als Nichtpassagier nicht auf den Bahnsteig gelassen wird, stand niemand am Kupee, als ich ausstieg. Ich packte meine Koffer auf und steuerte im Strom der anderen dem Ausgang zu. Da standen Schwester und Schwager. Wir fuhren durch die Stadt in ihre Wohnung, vorbei an Rockefeller Center und Radio City. Ich sah die Bauten mit behaglicher Zufriedenheit an, enttäuschte meine Leute aber sicherlich durch meinen deutlichen Mangel an Enthusiasmus. Es war nicht nur, daß mir die Quantität als solche nicht imponiert, diese Stadt in der Stadt hat auch ihre eigene architektonische Qualität; aber ich kannte alles schon aus Fotos, guten Fotos; selbst die Schatten zwischen den einzelnen Bauten waren mir beinahe vertraut, die Fluchtlinie der Fassaden, die Verkürzungen der Perspektiven, ja, ich kann fast sagen, der Geruch dieser Stadt, der über dem ganzen Komplex lag, waren mir nicht neu, sondern wie erwartet und vorausgewußt.

New York

Vom Juli 1941 bis Anfang Februar 1950 habe ich in New York gelebt. Daß ich nicht englisch veröffentlichte, lag in der Hauptsache an mir. Die Sprache hätte mir nicht viel Schwierigkeiten gemacht; ich hatte schon von Norwegen aus einige Male für eine englische Zeitschrift englisch geschrieben. Die innere Umstellung dagegen stand absolut im Weg. Ich konnte nicht aufhören, Europäer zu sein, es wäre undenkbar gewesen, sich zu amerikanisieren. Es hätte zu viel und zu vehemente Negierung alles dessen verlangt, auf dem unsere europäische Kultur, Tradition, Psychologie und Menschheitsgesinnung beruhten - nein, in dem sie wurzelten.

Im Dezember wurden die Vereinigten Staaten in den Krieg einbezogen. Ein großer Teil der deutschen und österreichischen Flüchtlinge traten ins OWI ein, das Propagandainstitut, das sich bald weniger als antinazistisch denn antideutsch erwies. Dieser Eindruck, der sich bei mir sehr bald einstellte, verhinderte mich, mich um eine Stellung dort zu bewerben. Außerdem bekam ich von dort arbeitenden Leuten sehr bald Mitteilungen über die häufigen Merkwürdigkeiten, an denen man mitarbeiten mußte: Texte für die Isländer wurden dänisch ausgefertigt; eine Rede von Thomas Mann mußte aus der englischen Übersetzung von irgendeinem Angestellten trotz seinem Protest ins Deutsche übertragen werden, statt daß man Manns deutsches Original verwendete; eine Sprachenkarte für Europa zeigte als französisch sprechende Gebiete erstens Frankreich, zweitens Wien; später wurden Biografien Darlans ausgegeben, die Stücke aus der Dalueges enthielten usw. usw. Es erschien mir alles nicht nur antideutsch, sondern auch dilettantisch und unzuverlässig.

Andere nahmen Stellen als Briefzensoren an. Auch hier erlebte ich an meiner eigenen Korrespondenz die stupidesten Manipulationen. Wenn ich im März schrieb: »Morgens, wenn ich zur Arbeit gehe, riecht es schon nach Frühling; die Sträucher in den Gärten haben Knospen«, wurde mir der Brief zurückgegeben, weil er »Wettermeldungen« enthielt. Als ich, vom Geschäft heimkehrend, um 17 Uhr nachmittags, erfuhr, daß im Hafen die »Normandie« brenne und in einem Brief nach Schweden schrieb, es sei Rauch in der Stadt gewesen, die »Normandie« habe gebrannt, man habe zunächst Sabotage vermutet, es scheine sich aber nicht um solche zu handeln, durfte der Brief nicht abgehen, obwohl Stockholm schon Stunden vor mir, nämlich als ich noch im Geschäft war, durch Draht oder drahtlose Telegrafie davon unterrichtet worden war und mein Brief zudem erst nach sechs Monaten dort eingetroffen wäre, falls er nicht mit einem versenkten Schiff verschwunden wäre. Abgesehen von solcher Dummheit, die zum Amt des Briefzensors zu gehören scheint, stieß mich dieses Amt auch sonst immer ab: es gehört nicht nur Dummheit, sondern ein gut Maß von Schmutzigkeit dazu, sich zu einem Geschäft herzugeben, das darin besteht, in anderer Leute Privatangelegenheiten herumzuschnüffeln. Es ist ein Amt für Koprophile.

Kurzum: Im Dezember 1941 nahm ich eine Stellung als Lagerarbeiter bei dem großen Zeitungsverlag Hearst an. Wir hatten nur mit den Zeitschriften, nicht den Zeitungen des Verlags zu tun, und zwar mit den Adressen für den Versand der Millionen von Abonnements. Nach einem Jahr war ich allein mit einem kleinen Lager und wenig Arbeit; aber im Mai 1944 stach mich der Hafer, ich kündigte. Anderswo konnte ich mehr verdienen, da Hearst, der ja »isolationistisch«, d.h. gegen Beteiligung der USA am Krieg war, nicht nach Belieben die Löhne erhöhen konnte, sondern vom Ministerium nur die festgesetzte minimale prozentuale Steigerung zugebilligt bekam.

Ich nahm zunächst eine temporäre Stellung bei der British Political Warfare Mission an, dem britischen Propagandabüro. Dort nahm ich bestimmte Sendungen des britischen Radios in London (BBC), nämlich deutsche und französische, auf Platten auf, ließ dann die Platten wieder ablaufen und schrieb den Text nieder. Diese Arbeit wurde später von einer amerikanischen Stelle für die British Warfare Mission mitübernommen. Sie war nicht besonders interessant. Es handelte sich meistens um die vom BBC ausgesandten Nachrichten über den Fortgang des italienischen Feldzugs; aber immerhin hörte ich so die Invasion in der Normandie herannahen, da ich wußte, sie werde in diesen Wochen kommen und darum wie alle anderen bei uns die

Bedeutung mancher kleiner Einzelheiten in den und jenen Berichten verstand.

Nach sechs Wochen trat ich bei einem Verleger von Kunstdrucken ein, der New York Graphic Society, deren Chef und Inhaber ein ehemaliger deutscher Grafiker war. Dort blieb ich, bei regelmäßigen Gehaltssteigerungen, bis ich im Herbst 1948 entlassen wurde, da nach dem Krieg eine Zeitlang fast keine Bilder mehr gekauft wurden und das Geschäft das Personal aufs absolut Notwendige einschränkte. Ich begann, meine Arbeitslosenunterstützung zu beziehen, arbeitete einmal einige Monate lang an einem in Vorbereitung befindlichen neuen amerikanisch-deutschen Wörterbuch mit, nahm dann das zweite Halbjahr meiner Arbeitslosenunterstützung in Anspruch. Eine neue Stellung zu finden, war unmöglich, von journalistischen Arbeiten allein konnte man nicht leben: New York, d.h. die »Staatszeitung«, konnte nicht genug vom einzelnen aufnehmen; deutsche Blätter konnten nichts senden; Schweden und Argentinien, die jahrelang gezahlt hatten, verboten ebenfalls die Ausfuhr von Geld. Auf dem amerikanischen Arbeitsmarkt waren die gewesenen Soldaten und herangewachsene Junge; selbst das Arbeitsamt sagte einem ganz offen, daß man keine Aussicht habe, Arbeit zu bekommen, wenn man über vierzig sei. Als meine Arbeitslosenunterstützung abgelaufen war, ging ich zur Fürsorge und lebte noch ein Jahr von ihr (als Ausländer, note bene, und ohne daß mit der Annahme der Unterstützung irgendetwas Beschämendes verbunden gewesen wäre; man darf sogar als Empfänger der Arbeitslosen- oder der Fürsorgeunterstützung noch eine gewisse Summe Geld hinzuverdienen, ohne daß etwas abgezogen wird). Im Februar 1950, nachdem ich fünf Jahre gehofft und versucht hatte, ins nichtmehrnazistische Deutschland heimkehren zu dürfen, konnte ich endlich heimfahren. Es war für Nichtquislinge schwer, von USA die Erlaubnis zur Heimkehr zu erhalten.[33, 34]

U.S.A.

Heute mit der Bemühung um Objektivität, d.h. Abmessung und Abwägung der positiven und negativen Faktoren, die einem im Lauf der Zeit aufgefallen sind, etwas über die Vereinigten Staaten zu sagen, ist in Deutschland fast unmöglich, weil das Land so umstritten ist wie die Sowjetunion und man den Juden ein Ärgernis, den Griechen ein Greuel ist, wenn man den einen Gutes von USA erzählt, etwa sagt, die Klassenkampftheorie gelte dort nicht, weil sie der sozialen Wirklichkeit nicht entspricht, den anderen Schlechtes berichtet, etwa daß der Antisemitismus in USA mindestens so stark und bösartig ist, wie er es vor 1933 in Deutschland war. Man soll entweder schwarz oder weiß sagen, je nach dem Zuhörer. Diese ungesunde Sachlage würde es nötig machen, über die Vereinigten Staaten jedesmal statt eines Artikels ein Buch zu schreiben; denn jede Behauptung bedürfte ausführlicher und mehrfacher Belegung durch Beispiele: den Lobpreisern des Landes müßte man jeden kritischen Satz durch fünf Seiten Belege, Statistiken, Erfahrungen und Darlegungen der eigenen Gedankengänge und Schlußfolgerungen begründen, den Verdammern jede anerkennende Äußerung durch ebensoviele Nachweise und Darlegungen. Beide Kategorien nehmen sich entweder aufgrund mehrjährigen Aufenthalts in den USA, aufgrund kurzer Besuche oder aufgrund totaler Nichtkenntnis des Landes für sich das absolute Recht, kategorisch und maßgeblich zu urteilen; aber wenn man aufgrund wirklichen Zusammenlebens mit den Amerikanern, jahrelanger theoretischer und praktischer Beschäftigung mit den sozialen, rechtlichen, kulturellen, menschlichen Grundlagen und Aspekten des Landes an Ort und Stelle und Tag für Tag, aufgrund also der selben Unterlagen, nach denen man auch in anderen Ländern, ja, auch im eigenen Land, sich grundsätzliche und generelle Vorstellungen macht, grundsätzliche und generelle Schlußfolgerungen zieht, wird man, je nach der vorgefaßten Meinung des Zuhörers, nach der Vorstellung, die er über die USA nun einmal zu haben sich *vorgenommen* hat, entweder als Amerikahetzer oder als Werkzeug des amerikanischen Imperialismus beschimpft.

Summa summarum: Man will nirgends über die Vereinigten Staaten ein nach bestem Gewissen und nach gründlicher Überlegung so objektiv wie möglich gegebenes Bild haben, sondern immer nur ein bestimmtes, gewünschtes. Ob einer mit gutem Gewissen dieses Wunschbild des anderen bejahen könne, ist unwichtig: er soll entweder loben oder verurteilen, alles andere interessiert nicht. Wenn es dem Zweck dient - das Lob oder den Haß zu begründen – wird eigener Blick aus dem Fenster, eine Stelle aus dem Brief des ausgewanderten Onkels Eberhard, der seit fünfzig Jahren in USA Kohl pflanzt oder in einer Fabrik Ringlein ausstanzt, oder gar die völlige Unwissenheit in Verbindung mit gutem oder bösem Willen hoch über alles bewußt Erlebte, sorgfältig Beobachtete, gewissenhaft Erwogene, gründlich Untersuchte des Urteilsfähigen und Urteilsberechtigten gestellt. Onkel Eberhards Ignoranz triumfiert und wird zur Grundlage historischer Urteile gemacht.

Auf die Gefahr hin, mißverstanden, falsch ausgelegt, verleumdet und beschimpft zu werden - ich bin, seit ich mich wieder in Deutschland aufhalte, bereits daran gewöhnt worden - muß ich mich, da hier statt eines Buches nur ein Kapitel geliefert werden kann, also darauf beschränken, überlegte und im Gegensatz zu den Amerikalobhudlern wie Amerikaverlästerern nach Möglichkeit objektive, aber generelle Aussagen zu machen und die Angriffe, Ablehnungen und Bespeiungen von linker, demokratischer, und von rechter, rotfascistischer, Seite her stillschweigend einzustecken.

Es ist eine Tatsache, die selbst der zur Verdrehung der Tatsachen am ersten Bereite nicht wegstreiten kann, daß die meisten von denjenigen deutschen Flüchtlingen, die amerikanische Bürger wurden und blieben, *unpolitische Juden* waren, Leute, die Deutschland nicht verlassen hätten, wenn sie die Erlaubnis bekommen hätten, sich, in welch demütigender Lage auch immer, anzupassen und einzugliedern, und daß die Mehrzahl der deutschen *politischen* Flüchtlinge, seien sie Juden oder Nichtjuden, entweder nach Deutschland zurückgekehrt sind oder noch zurückkehren wollen. Einige von den letzteren haben einen Mittelweg eingeschlagen, der weder mir noch den Amerikanern sehr schön und sauber erscheint: sie haben die amerikanische Staatsbürgerschaft erworben, dadurch während des Krieges gewisse Vorteile gehabt und nach dem Krieg die Chance, früh nach Hause zu können, und sind dann daheim wieder Deutsche geworden. (Statt grundsätzlich Flüchtlinge, Deutsche, feindliche Ausländer zu bleiben.)

Auf alle Fälle: summarisch gesagt, wählten diejenigen von uns die USA als neue Heimat, denen es nur darum zu tun ist, privatim zu gedeihen und sich egoistisch nach Erwerb und Vermehrung privaten Wohlstands umzutun, während die Leute mit Gesinnung und aufs Allgemeine gerichteten Interessen das Land nur als temporären Zufluchtsort betrachteten.

Was uns Nichtheimischgewordene wohl vor allem von dem Land fernhielt, war die Flachheit und Banalität des Lebens, der Mangel an einer befriedigenden Filosofie; die vorherrschende, eudämonistische Lebensanschauung, die sich doch dadurch auszeichnet, daß ihre Bekenner den Eindruck machen, kein wirkliches Glück zu kennen, das Fehlen der Tragik im Weltbild des Amerikaners, ein Mangel, der es uns unmöglich machen würde, einen ethisch-filosofischen Standort im Rahmen der Dinge zu finden, geistige Konzeptionen zu fassen, die über das Verhältnis des Menschen zum unmittelbar Sichtbaren und Greifbaren über die Alltagswelt hinausreichen und seine Beziehung zum Weltganzen und zu den Weltgesetzen zugleich voraussetzen wie aufzuhellen suchen; die Bewertung des Einzelnen nach seinem Geldwert; das naive Vertrauen auf die arithmetische Lösung der Welträtsel, den Glauben, daß das Unwägbare und Unlösbare durch eine platte rationalistische Formel gewogen und aufgelöst werden könne, das kindliche Vertrauen auf die Zauberwirkung der statistisch errechneten Methode; die gottähnliche Überzeugung, daß niemand seine Probleme so gut gelöst habe wie der Amerikaner und daß jedes Problem bei jedem anderen Volk oder Individuum durchaus auf amerikanische Weise sich lösen lasse - und gelöst werden müsse; die Lautheit; die Unwissenheit, die sich mit soviel Arroganz vorträgt und anpreist, etc.

Einem anderen Menschentypus wird das alles anders erscheinen, und in der Tat haben diese Dinge ihre gute und beinahe wunderbare Kehrseite. Die Flachheit und das naive Vertrauen auf die selbst dem Ungebildeten verständliche Formel sind der Wurzelgrund, aus dem das naive Selbstvertrauen wächst. Sie ermöglichen es dem Amerikaner, vor einer Aufgabe nicht erschauernd und verzagend stillzustehen und sich zu fragen, ob er, der kleine, einzelne Kerl, auch wirklich fähig sei, diese große

Sache zu unternehmen, sondern ohne derartige Bedenken zuzupacken, es zu versuchen, zu beginnen und zu vollenden. Er gibt sich nicht leicht geschlagen. Wenn er keinen Erfolg hat, so packt ers anders an; wenn eine Arbeit, ein Beruf ihn enttäuscht, ihm nicht genug Erfolg bringt, versucht er es mit etwas anderem. Er hält sich nicht für unfähig, nur das zu tun, was er von Kind auf gelernt hat; er vertraut auf den gesunden Menschenverstand und seine eigene Fähigkeit, so gut wie irgendein anderer, eine Situation, ein Problem, eine Aufgabe zu durchschauen und zu lösen. Er glaubt, daß Probieren besser ist als Studieren, oder doch mindestens daß man nichts aufgeben soll, bevor man es versucht hat. Er ist infolge seiner Glückseligkeitsfilosofie überzeugt, daß die Menschheit stracks und unaufhaltsam fortschreitet und daß das Neue immer das Bessere ist, und schaut darum nicht zurück wie Lots Weib, wird nicht zur Salzsäule. Er ist überzeugt, daß die Vermehrung des Wohlstands und des Glücks, wie er es versteht, die Aufgabe des Menschen ist und daß dieser Vermehrung bei gutem Willen keine Grenze gesetzt ist, und ist darum hilfsbereit, opferwillig, eifrig, andere zu beglücken.

Die Vereinigten Staaten sind mehr als irgend sonst ein Land, das ich kenne, ein Land der Gegensätze. Hier gibt es Bauern, die in primitiveren und menschenunwürdigeren Verhältnissen und dunklerer Unwissenheit leben (und das aus eigenem Wunsch) als irgendein deutscher Bauer, und es gibt andere, die modern und unterrichtet sind wie ein studierter Agronom und die ihre Viehherden per Flugzeug überwachen und versorgen, ihre Felder vom Flugzeug aus düngen, ihre Kinder per Luft in die Schule schaffen, ihre Sonntagsfamilienbesuche im Flugzeug machen. Es gibt Staaten, die fünfzehn- oder sechzehnjährige Kinder hinrichten, und Staaten, die keine Todesstrafe haben. Im einen Staat kann man sich scheiden lassen, ohne daß man mehr Grund mitbringt als die Lust dazu, im anderen gibt es keine Scheidung. Im einen steht auf einem gewissen Sexualverbrechen, das bei uns in den meisten Fällen nicht strafbar wäre, die Todesstrafe, im anderen ein Jahr Haft oder 1000 Dollars Geldstrafe; wieder in einem anderen Tod oder Lebenslänglich; anderswo ein Jahr bis 21 Jahre; und wieder wo anders 50 Jahre, Tod , sechs Monate oder 500 Dollar Geldstrafe, usw. usw. Im einen Staat bestimmen die Geschworenen die Höhe der Strafe, im anderen tuts der

Richter. Die meisten Staaten der USA sind »Staaten«, aber Massachusetts und Pennsylvania sind »Commonwealths«, und Texas ist eine Republik, die sich 1854, bei ihrem Eintritt in die Union, ausbedungen hat, daß sie jederzeit auf Wunsch wieder austreten kann.

Die USA sind das Land der Mammutfirmen und das Land der Kleinläden. Wissenschaftlich und bereits auch filosofisch stehen sie vielleicht an der Spitze der Menschheit, aber 1947 hatte es 2,7% Analfabeten. Kirche und Staat sind getrennt, aber das Parlament beginnt seinen Arbeitstag mit einer kurzen Andacht, bei der sich die Priester der verschiedenen Religionen im Turnus ablösen. Das Land ist eine Republik, aber die Verfassung ist die einer konstitutionellen Monarchie und war auf eine solche zugeschnitten. Spontane Hilfsbereitschaft des Einzelnen ist, verglichen mit anderen Völkern, geradezu ein amerikanisches Spezialmerkmal, aber nirgends wird so roh gekämpft, nirgends ist es nach dem Vorkommen in der Literatur, nach Zeitungsnotizen und Gerichtsberichten und nach meiner eigenen Erfahrung und Anschauung so üblich wie in USA, den am Boden liegenden Gegner an den Kopf und ins Gesicht zu treten. Die persönliche Freiheit ist weitgehend geschützt, aber ein Postgeheimnis gibt es faktisch nicht, da die Polizei der Postverwaltung ihre Nase überall hineinstecken kann, wenn sie den Verdacht hat, die Sendung diene betrügerischen oder umstürzlerischen Zwecken oder enthalte obszöne Bilder oder Mitteilungen.

Die Gewerkschaften kämpfen mehr gegen ihre Konkurrenzgewerkschaften und die Unorganisierten als gegen den Unternehmer, dabei sind sie desto exklusiver und machen dem Unorganisierten den Eintritt desto schwerer, je besser bezahlt sie sind. Sie sind nicht sozialistisch, sondern eine der beiden Säulen, auf denen der Kapitalismus ruht, und haben sich in dieses System als Gewinnteilhaber eingebaut. Das Land hat den höchstentwickelten Kapitalismus und die fortgeschrittensten sozialen Tendenzen; der Kapitalismus der amerikanischen Staaten, der sich ohne schlechtes Gewissen frei und frank selbst bejaht, ist aufs sorgfältigste darauf bedacht, zu verhindern, daß es Leute ohne Kaufkraft gibt, und sorgt darum großzügig für Arbeitslose, Mittellose und Alte. Der eine wunde Punkt ist die nur rudimentäre Krankenversicherung, und hier sind es nicht die Kapitalisten, die ihre Vervollkommnung verhindern, sondern die Ärzte, also diejenigen, die ihrer Aufgabe nach ihre Vorkämpfer sein müßten.

Das Land reicht von nördlich des Polarkreises (in Alaska) bis fast zum (tropischen) Wendekreis des Krebses. Es ist landschaftlich, ebenso wie klimatisch, in fast allen erdenkbaren Möglichkeiten variiert. Es ist das kapitalistischste Land der Welt und hat keine Klassen im Sinne des Marxismus, weil die sozialen Schichten und Gruppen nicht beständig sind, dauernd ihrem Personenbestand nach fluktuieren und im ganzen genommen - d.h. von begrenzten Gruppen an den beiden Extremen abgesehen - ungefähr gleichmäßig an den Bedarfsgütern, an den Genußmöglichkeiten und sogar am Wohlstand teilhaben. Die Kommunisten sind in den Vereinigten Staaten nicht die paar kommunistisch organisierten Arbeiter (für eine kommunistische Massenbasis sind die sozialen Vorraussetzungen nicht gegeben), sondern die intellektuellen »Mitläufer«, die Ideologen, vom System des Marxismus bis zur Negierung oder Nichterkenntnis der Realität Besessenen, die Werkzeuge eines ausländischen Imperialismus.

Der amerikanische Unternehmer rafft das Geld mit Baggern ein, wo der europäische Großunternehmer froh ist, ab und zu einen Scheffel zu füllen; aber er ist den Gewerkschaften gegenüber machtloser als der europäische Kollege; er gibt das Geld mit großzügigerer Geste weg, ohne dafür eine Belohnung in Gestalt von Extraprofit zu verlangen; er liebt das ruhig daliegende Geld nicht und ist überzeugt, daß es nur einen Zweck erfüllt, wenn es wieder der Wirtschaft und dem Volk zugeführt wird; er erwartet von dem, was er als Geschenk und Stiftung der Wissenschaft, der Forschung, der Erziehung, der Wohltätigkeit oder dem um eine Existenz ringenden Einzelnen zuführt, keine persönliche Rente, ist aber überzeugt, daß es sich rentieren wird als Beitrag zur gesundheitlichen, geistigen, kulturellen Hebung und Förderung der Nation. Er fühlt sich als Verwalter einer der stärksten Kräfte, die der Menschheit dienen, und wenn er versucht, durch sein Geld und seine Methode andere Länder anzukurbeln, ausländische Produktion zu steigern, die Verteilung der Güter im Weltmaßstab durchzuführen, so steckt ein Ethos dahinter: er glaubt, daß es Gottes Wille oder Gebot der Menschenliebe oder Forderung der Menschenwürde sei, dafür zu sorgen, daß die Not auf der ganzen Erde verschwinde und

Genüge, Wohlstand, Wohlsein und Gesundheit überall an ihre Stelle trete.

Die Amerikaner sind ein Volk von Autodidakten, ein Volk von Selfmademen, das an den Selfmademan glaubt. Deshalb haben sie bei anderen so wenig Geduld, wenn die das Neue aufgrund ihrer Gegebenheiten und Traditionen, nach ihren eigenen Methoden und Entwicklungsgesetzen schaffen wollen. Sie sind ungeduldig wie alle Autodidakten, weil sie glauben, ihr selbstgefundener Weg sei der einzige und immer und überall auch der beste zum gesetzten Ziel. Wo sie plötzlich die Macht in die Hände bekommen, fahren sie gern auf ihre Weise drein, zerschlagen das vorhandene Porzellan und wundern sich, daß die Geschichte nicht klappt: sie hattens doch so gut gemeint. Bis sie dahinter kommen, daß man nicht alle Schuhe auf einen Leisten schlagen kann, dauert es bei diesem Volk, das auf die Massenproduktion und den einen Leisten eingestellt ist, manchmal eine Weile.

Aber man hüte sich, anzunehmen, daß es *nur* ein Volk der Autodidakten und Selfmademen sei. Nach dem ersten Krieg haben die USA Deutschland und England als Führer in Technik und Chemie abgelöst. Seit den Dreißigerjahren sind sie auch das geisteswissenschaftliche und geistige Zentrum der Welt geworden. Man kann sagen, daß die Austreibung des Ulmers Albert Einstein die Entscheidung darüber gebracht hat, ob die Hochburg des modernen Denkens in Deutschland oder Amerika liege. Das moderne Weltbild, die moderne Filosofie, die Biologie, die Ethik sind nicht mehr möglich ohne Einbeziehung der mathematisch gefundenen Erkenntnisse Einsteins. Einstein war nicht der einzige, der an der Enthüllung der Grundlagen des Lebens und der Gesetze, nach denen Atom und Universum leben, mitgearbeitet hat oder mitarbeitet. Rieman, Planck, Maxwell, Eddington und viele andere haben am neuen Bau mitgewirkt und Unentbehrliches beigetragen. Aber Einstein ist das Symbol und die zentrale Figur dieser Gruppe von Forschern geworden, das heutige und kommende Weltbild wird gemeinhin seinen Namen tragen, wie einst ein anderes den des Kopernicus trug, und um ihn gruppiert sich alles, was heute in das Dunkel unseres Nochnichtwissens Breschen schlägt und damit beschäftigt ist, uns die neue Schau zu geben, in der Materialismus und Spiritismus sich in einem materiell-geistigen System der Gesamterkenntnis auflösen.

Die USA haben Wissenschafter, Dichter, Maler, schöpferische Menschen aller Gattungen. In ihnen wird filosofiert; es leben weltfremde Ideologen und Poeten dort; es gibt ein dem Alltäglichen, Zweckhaften, Nutzbringenden fremdes und fernes Geistesleben und Traumleben dort wie je in irgendeinem europäischen Lande; in den Zeitschriften schreiben Menschen stille, besinnliche Dinge über ihr tägliches Leben, das Erlebnis eines fallenden Blattes, die Wirkung eines kleinen Buchs auf sie, über Natur, Wälder, Pflanzen und Tiere, über den Frosch, den Regenwurm, den Sperling, das Reptil. Man glaube nicht, daß die Vereinigten Staaten auch heute noch *nur* ein Land der rücksichtslos sich Durchsetzenden, der Draufgänger, der Unproblematischen sei. Die Religion wird vor allem in ihrem praktischen Aspekt, ihrer Auswirkung als tätige Liebe und Hilfsbereitschaft erfaßt und ausgeübt, und daneben gibt es, in der religiös gestimmten wie der ungläubigen Welt eine breite Schicht, in der Innerlichkeit und Verinnerlichung gesucht werden und oft schon das Leben der Einzelnen beherrschen.

Heimkehr

Der Zusammenbruch war da, das Nazireich war untergegangen, wir feierten den Tag des Friedens - und das alltägliche Leben als Lagerarbeiter ging weiter. Es gab zunächst noch lange keine Hoffnung der Heimkehr für uns, die wir uns jahrelang gesagt hatten: mit dem ersten Schiff! Wer reisen durfte, das waren die Alt- und Neuamerikaner; es gab eine Invasion der Rächer und der Erzieher, viele von den Ungeeignetsten gingen nach Deutschland und nahmen geschwollen ihre Pöstchen ein. Sie blähten sich auf, maßregelten Gescheitere und selbst Sauberere, wie es jener junge Österreicher tat, der als Literaturdiktator die Stirne besaß, Hermann Hesse zu rügen und zu verbieten.[35]

Dann kam allmählich Ordnung ins Gewirr, die Untauglichen wurden ersetzt, eine maßvollere Linie wurde festgelegt, man ging mit mehr Vorsicht und nach sorgfältigerem Studium an die Durchführung. Wir in US konnten noch immer nicht reisen, es sei denn, wir waren oder wurden Staatsbürger oder aber gaben uns zu dem her, was man, den in Griechenland als »Graeculi« für den römischen Eroberer arbeitenden Quislingen des Altertums entsprechend, »Germanuli« hätte nennen können.

Als es nach Jahren auch für den, der weder Beziehungen zu einflußreichen Amerikanern hatte, noch sich befreit fand, als Werkzeug der Besatzungsbehörde nach Hause zurückzukehren, möglich wurde, heimzureisen, war aber dazu die nötige Erlaubnis immer noch äußerst schwer zu erlangen. Es erschien uns klar, daß man Antinazis nicht gerne nach Deutschland lassen wollte; denn während das verstümmelte und leidende Land auf Befehl der Sieger hin oder mit ihrer Duldung sich mit vertriebenen Volksdeutschen, geflüchteten Juden und Antibolschewisten, aus allen Ländern stammenden ausländischen Nazis und Nazihelfershelfern füllte, wurde von den wenigen nazigegnerischen Flüchtlingen, die in den Vereinigten Staaten lebten, verlangt, daß Washington sie unbedenklich finden müsse, daß sie von einer deutschen Stadt Zuzugserlaubnis zugesichert bekämen, daß sie eine Arbeitsstelle in Deutschland nachweisen könnten. Wenn man daran denkt, wieviele Millionen in das zertrümmerte und kleingehackte westliche Deutschland hineingepumpt wurden, ohne daß man besorgt gewesen wäre, zuzusehen, daß sie vorher Wohnung und Arbeit gesichtert hätten, erscheint es klar, daß die stachligen, prohibitiven Ausnahmevorschriften gegen uns in USA lebende Antifascisten nichts anderes als der Ausfluß des unguten Willens waren, uns von der Heimat fernzuhalten, auf die doch keiner ein besseres Anrecht hatte als wir.

Als ich endlich, im Jahre 1948, eine Arbeitsbescheinigung aus Karlsruhe hatte, kostete es Monate, bis ich auch die Zuzugsgenehmigung für einen Besuch von sechs Wochen Dauer bekam. Diese Genehmigung genügte Washington nicht; es mußte von neuem in Karlsruhe petitioniert werden. Nach weiteren Monaten hatte ich endlich 1949 auch die volle Zuzugsgenehmigung. Worauf man mir aus Washington schrieb, die genüge nicht; denn es stehe nicht darin, daß ich auch Lebensmittelkarten bekommen würde und die Erlaubnis, mir ein Zimmer zu mieten. (Als ob eine Zuzugsgenehmigung nicht gerade diese beiden Dinge garantiert hätte!) Ich mußte mich von neuem an Karlsruhe wenden.

Im Sommer 1949 hatte ich endlich mein Papier. Aber ich hatte seit 1947 keine Arbeit gehabt, Erspartes aufgebraucht, als Unterstützungssempfänger gelebt, während ich mich mühte und strampelte, nach Hause gelassen zu werden, und nun kostete es mich nocheinmal ein halbes Jahr, bis ich die nötigen Reisegelder beisammen hatte. Endlich, Anfang Februar 1950, nach fast genau siebzehn Jahren des Exils, konnte ich den Hafen von New York verlassen. Die Überfahrt war stürmisch, das Meer in seiner Wildheit sehr schön, obgleich man fror, wenn man lange an der Reling stand und ins Wellengetöse sah. Glücklicherweise scheine ich Landratte, Nichtschwimmer, Wald- und Berg-, aber garnicht Seemensch, keine Veranlagung für die Seekrankheit zu haben. Ich überstand die fünf Wochen von Wladiwostok nach San Pedro, ohne sie zu bekommen, und ebenso die zehn Februartage von New York nach Bremerhaven. Einer meiner in der Kabine herumtobenden Koffer schlug eine Türfüllung aus, aber ich selbst kam unbehelligt und ohne eine Mahlzeit zu versäumen, übers Wasser. Am 16. Februar landeten wir in Bremerhaven; das letzte Stück meiner Reise um die Welt war beendet. Es war ein kalter, unfreundlicher Morgen, aber Kinder, es war Deutschland und Europa!

ANMERKUNGEN

1 Etwas detaillierter beschreibt Max Barth seine Flucht in einem Brief an Dr. Erich Schairer vom 21. April 1946. Dort heißt es: »3. März 1933 von Vaihingen a. F. aus in Rainer Wittlingers Auto ab; übernachtet im Schwarzwald, bei Kunter. Nächsten Morgen Gepäck aufgegeben, vorsichtigerweise nach Freiburg i. Brsg., nicht nach der Schweiz, und ab. Eine halbe Stunde später erschienen zwei freudenstädter SA-Leute, besahen sich das Gepäck, aber es war zu spät. 4. März durchs Kinzigtal ins Elztal, nach Waldkirch; anderthalb Stunden Aufenthalt, Besuch bei Rechtsanwalt Cuntz, bei einem Onkel von mir, Mittagessen. Dann Freiburg, Kaffee im Café Birlinger, weiter nach Lörrach. Dort verließ ich den Wagen, damit Wittlinger gegebenenfalls nicht bezichtigt werden könne, mich in die Schweiz gebracht zu haben (man hatte noch gewisse Illusionen über die Legalität der Nazis); ich fuhr mit der Straßenbahn nach Basel. Eine Stunde später kamen Wittlinger und meine Frau auf anderem Weg. Das war Samstag; sie kehrten am Montag nach Stuttgart zurück«. (Nachlaß Dr. Schairer, Deutsches Literaturarchiv Marbach).

2 Dieses Urteil wird durch die Exilforschung vollauf bestätigt. Vgl. hierzu vor allem Hans-Albert Walter, Deutsche Exilliteratur 1930-1950, Band 2: Asylpraxis und Lebensbedingungen in Europa, Darmstadt und Neuwied 1972, Seite 106 ff.

3 In Fontana Martina existierte seit 1928 eine sozialistische Siedlung, deren Gründer Fritz Jordi zusammen mit Heinrich Vogeler eine Zeitschrift gleichen Namens herausgab. Vgl. hierzu den von Dietger Pforte herausgegebenen Reprint dieser Zeitschrift: Fontana Martina, Gießen 1976.

4 EKKI = Exekutivkomitee der Kommunistischen Internationale.

5 Im Manuskript Barths fälschlicherweise Hecker. Fritz Heckert war 1924–33 Mitglied des Reichstags für die KPD. Zu seiner Position vgl. E. Matthias/R. Morsey (Hrsg.), Das Ende der Parteien 1933. Darstellungen und Dokumente, Königstein/Düsseldorf 1979, Seite 710 ff.

6 Barth war mit Helene Stöcker persönlich aus seiner Tätigkeit im Friedenskartell und anderen Begegnungen im Umfeld des organisierten Pazifismus bekannt. Zwischen beiden scheint ein Vertrauensverhältnis bestanden zu haben; so teilte Barth in einem Brief an Dr. Bentmann vom 24. Februar 1970 mit, daß er auf den Sitzungen des Friedenskartells Stöckers Stimme mitvertreten habe, wenn sie am Erscheinen verhindert war. Während des Exils bestand der Kontakt Stöcker-Barth auch insofern weiter, als über Stöcker zumindest teilweise die pazifistische Emigrantenhilfe abgewickelt wurde, auf die auch Barth Anspruch hatte. Zu Helene Stöcker allgemein: Helmut Donat/Karl Holl (Hrsg.), Die Friedensbewegung. Organisierter Pazifismus in Deutschland, Österreich und der Schweiz, Düsseldorf 1983, Seite 374 ff.

7 Kurt Hiller war u. a. der Gründer der »Gruppe Revolutionärer Pazifisten«, die die Anwendung »progressiver Gewalt« zur Durchsetzung einer gewaltfreien, sozialisti-

schen Gesellschaft »nicht prinzipiell« ablehnte (zit. nach Donat/Holl, wie Anm. 6, Seite 166). Ihr gehörte auch Barth an, dessen Kontakte zu Hiller zeitweise recht rege waren und bis in die Sechziger Jahre reichten – auch wenn Hiller Barth in seinen Erinnerungen »Leben gegen die Zeit« (Reinbek 1969) mit keinem Wort erwähnt. Zu Hiller vgl. auch die Prag-Kapitel in diesem Buch.

8 Mit Hermann Hesse verband Barth etwa seit Mitte der Zwanziger Jahre ein reger und freundschaftlicher Briefwechsel. Welchen Eindruck Persönlichkeit u n d Werk Hesses auf Barth machten, geht aus dessen Schilderung dieses Besuchs bei Hesse an anderer Stelle hervor: »Der Besuch bei Hesse war mir der eigentliche Abschied von der Heimat. Jetzt war der vertraute Kulturkreis abgetan, die Fremde fing an, das Exil, das was im frühen Deutsch das ‚Elend' hieß« (Max Barth, Spur im Ufersand, Waldkirch 1971, Seite 232).

9 Barths falsches Urteil ist wohl nur vor dem Hintergrund der Angriffe zu verstehen, die das in Mexiko erscheinende »Freie Deutschland« gegen ihn gerichtet hatte. Die Ausgabe vom September 1944 hatte Barth wegen seiner in der Neuen Volkszeitung, New York, geäußerten Befürchtung, die deutschen Emissäre der Sowjetunion könnten die Leitung des Aufstandes gegen Hitler an sich ziehen, einen »anarchisch-trotzkistischen Provokateur« genannt. Daß Kantorowicz indes – jedenfalls zum Zeitpunkt der Niederschrift dieser Erinnerungen – alles andere als ein willfähriger Konformist war, hätte Barth zumindest aus der von Kantorowicz gegründeten und geleiteten Zeitschrift »Ost und West« ersehen müssen, die eine Brücke zwischen den ideologischen Blöcken schlagen wollte und 1949 kurzerhand verboten wurde. Zur Position von Alfred Kantorowicz, der im August 1957 in die Bundesrepublik übersiedelte, vgl. vor allem sein »Deutsches Tagebuch«.

10 Der Fall Hanke diente Barth zusammen mit einigen anderen Fällen von Auweisungsbedrohten als Anlaß für den Beitrag »Selbstschutz der Emigration« in der »Neuen Weltbühne« (30/1936). In ihm rief Barth zu einer offensiven Verteidigung der Menschenrechte Emigrierter auf und forderte zu diesem Zweck mit Hilfe der Öffentlichkeit einen verstärkten Druck auf die zuständigen Behörden der Gastländer.

11 Was genau zum Vorwurf geführt hat, Barth habe einen Nationalsozialisten getötet, hat er selbst nie erfahren. In einem Brief an Joseph Lang mutmaßte Barth, »daß ich nach spanischen Zeitungsmeldungen (die deutschen gaben keinen Grund an) deshalb zum Tode verurteilt worden bin, weil ich einen Nazi umgebracht hätte. Die Wahrscheinlichkeit ist natürlich, daß einer, der angeklagt war, die Schuld auf mich schob, da ich in Sicherheit war. Er war dazu berechtigt.« (Nachlaß Sternfeld, A. I. 3, Deutsche Bibliothek Frankfurt – Archiv der deutschen Exilliteratur 1933–1945).

12 In Wirklichkeit bot diese größte Regionalzeitung des französischen Südwestens zwischen 1933 und 1940 Autoren wie Heinrich Mann, Georg Bernhard, Thomas Mann, Alfred Kerr, Theodor Wolff, Hermann Rauschning u. a. Möglichkeiten zur Veröffentlichung.

13 Fritz Röttcher (1879–1946) war nach 1918 Leiter des süddeutschen Sekretariats der Deutschen Friedensgesellschaft und des Verlags »Friede durch Recht« gewesen; seit 1920 war er außerdem Herausgeber der Wochenzeitung »Die Menschheit«. Ende

1929 brach er mit der Deutschen Friedensgesellschaft und emigrierte noch vor 1933 nach Frankreich, dessen Staatsbürgerschaft er annahm. Vgl. H. Donat/K. Holl (Hrsg.), Die Friedensbewegung . . ., Seite 328 f.

14 Gemeint ist Walter Schultz, den Hiller im Lager Oranienburg kennengelernt hatte.

15 Zum Schicksal Kurt Hillers nach 1933 vgl. dessen Bücher »Rote Ritter. Erlebnisse mit deutschen Kommunisten«, Berlin/Fürth 1980, Seite 51 ff. und »Leben gegen die Zeit. Erinnerungen«, Reinbek 1969, Seite 226 ff.

16 Kurt Großmann (1897-1972) war seit 1926 Sekretär der »Deutschen Liga für Menschenrechte« in Berlin; 1933 Flucht nach Prag, 1933-39 Sekretär der »Demokratischen Flüchtlingsfürsorge« in Prag und Paris.

17 Vgl. hierzu Kühns Darstellung des Prager Emigrantenlebens in Zábéhlice: Heinz Kühn, Widerstand und Emigration. Die Jahre 1928 - 1945, Hamburg 1980, insbesondere die Seiten 131-137.

18 Zu ihren Mitarbeitern gehörte Barth bis 1939.

19 »Journalistisch könnte ich nicht klagen, wenn die hiesigen Honorare anders wären«, schrieb Barth am 2. Januar 1937 an Ludwig Quidde, der ihn von Genf aus mit Mitteln eines Fonds für emigrierte Pazifisten laufend unterstützte, »ich bin sicher einer derer, die hier am meisten publizieren, aber leider sinds Blätter, die fast nichts zahlen«. Und über seinen guten Kontakt zur sozialdemokatischen Presse Prags vertraute Barth seinem ehemaligen Chefredakteur Erich Schairer an, auf der Redaktion des Zentralorgans »Sozialdemokrat« zu Hause gewesen zu sein und »gelegentlich selbst an vertraulichen Sitzungen und Besprechungen der Redaktion« teilgenommen zu haben», zu denen außer den Redakteuren nicht einmal andere Mitglieder des Apparats zugelassen wurden« (Brief Barths an Schairer vom 21. April 1946; Nachlaß Schairer, Deutsches Literaturarchiv Marbach). Trotz dieser Situation befand sich Barth in ständiger Geldnot, dies nicht zuletzt wegen seiner Leidenschaft für Zeitungen und Zeitschriften. »Da man bei mir zuhause die ‚Sonntagszeitung' las und ich die Barthschen Beiträge sehr schätzte«, so der Schriftsteller Eugen M. Brehm in einem Brief an den Herausgeber vom 27. Januar 1986, »war ich hocherfreut, ihn in Prag persönlich kennen zu lernen. Seine große, hagere, beinah asketische Gestalt machte großen Eindruck auf mich, auch sein etwas grobes, aber vergeistigtes Bauerngesicht mit der großen Nase. Bald aber lernte ich ihn als einen Süchtigen kennen. Süchtig nicht im Drogensinne; seine Sucht war das ephemär Gedruckte. Während wir anderen die wichtigsten Zeitungen im Café lasen, wo man sich stundenlang über einer Tasse Kaffee aufhalten konnte (was billig kam), mußte sich Barth nicht nur sämtliche deutschsprachigen Zeitungen Prags und, soweit erhältlich, die Provinzpresse kaufen, sondern auch viele sehr teure ausländische Zeitungen und Magazine, englische, französische, italienische, die man nur an ein, zwei Kiosken am Wenzelsplatz erstehen konnte. Er ‚benötigte' diese Sachen für seine Arbeit, war seine ständige Ausrede, die bis zu einem gewissen Grad auch stimmte - denn manches dort Gefundene ließ sich journalistisch auswerten [...] Bei Barth, hatte nicht nur ich den Eindruck, war diese Kaufsucht eine Art Zwangshandlung, unter der er selber litt. Man sah ihm oft an, daß er hungerte. Befreundete Ehepaare, darunter

auch meine erste Frau und ich, luden ihn des öfteren ein, doch konnte man sich dies nur leisten, wenn man verhältnismäßig gut bei Kasse war, denn Maxens Appetit war dann gewaltig. Seine Wäsche, Anzüge und Schuhe trug er, bis sie fast an ihm zerfielen [...] Er wohnte in einem damals noch halb dörflichen Vorort. Weder Straßenbahn noch Obus führten zu ihm. Man erreichte Prags Zentrum nur zu Fuß über hügeliges Brachland, ohne Straßen; die ausgetretenen Fußpfade wurden bei Regen zu Morast. Hin und zurück waren das schätzungsweise rund zehn Kilometer, Barth machte diesen Gang fast täglich, um zu seinen Zeitungen zu gelangen.«

In welcher Lage sich Barth nicht nur in Prag befand, geht aus seinem Brief an Ludwig Quidde vom 23. März 1937 hervor: »Miete bin ich zwei Monate schuldig; was das Essen betrifft, so bin ich wochenlang in einem Zustand gewesen, in dem ich eine häßliche Wut auf jeden hatte, der zu essen hatte (jetzt, nachdem ich wieder was habe, wird mir noch immer schlecht oder mindestens schwach, wenn ich was im Magen habe) - kurzum, in jenem Gesamtbild, das mir die Welt und das Leben zu Ekel macht. Die psychischen Reserven, mit denen ich einst geprotzt habe, sind längst futsch, und von der Substanz ist auch nicht mehr viel da...Tatsächlich rechne ich damit, eines Tages über Bord zu gehen. Wenn ich mal den richtigen Moment von Verzweiflung und Energie habe, hau ich ab - and welcome to it.« (Nachlaß Ludwig Quidde, Bundesarchiv Koblenz).

20 Wilhelm Sternfeld, gestorben 1972, gehörte zu den Vertrauten Barths und wurde insbesondere seit Barths Rückkehr nach Deutschland im Jahre 1950 zu dessen engstem Freund.

21 Oskar Wöhrle (1890-1946) war kein Emigrant im strengen Sinne, sondern lebte seit Herbst 1932 in Prag, weil ihm durch das Tschechoslowakische Außenministerium ein dreimonatiger Studienaufenthalt für seinen 1930 erschienenen Roman »Jan Hus« angeboten worden war. Wöhrle verlängerte seinen Prag-Aufenthalt aus persönlichen und familiären Gründen und bereitete bereits seit 1934 seine Rückkehr nach Nazi-Deutschland vor, ohne daß sich seine opportunistischen Konzessionen ausgezahlt hätten.

22 Gemeint sind »Abschied von den Eltern« und »Fluchtpunkt«, jeweils Frankfurt, 1961 bzw. 1962.

23 Daß Barth mit dieser harschen Einschätzung des Exillandes Tschechoslowakei in der Exilliteratur ziemlich allein steht, bestätigt auch das Urteil Eugen M. Brehms: »Sein (d.i.: Barths) Haß auf die Tschechen bleibt mir bis heute unbegreiflich: außer den Kommunisten, die ja sozusagen berufsmäßig gegen diesen 'kapitalistischen Staat' waren, kenne ich eigentlich keinen deutschen oder österreichischen Emigranten, der nicht heilfroh darüber gewesen wäre, gerade in diesem liberalen Land mit seiner großenteils liebenswerten Bevölkerung Zuflucht zu finden« (Brief vom 27. Januar 1986 an den Herausgeber).

24 POUM = Partido Obrero de la Unificación Marxista (Vereinigte Marxistische Arbeiterpartei).

25 Ein Kreis von Lesern und Gesinnungsfreunden der »Sonntagszeitung« bzw. der »Richtung« hatte Barth ein Unterkommen in Argentinien besorgen und für die Über-

fahrt aufkommen wollen. Barth war zunächst keineswegs abgeneigt, dieses Angebot anzunehmen: »Wenn ich das Visum erhalten kann, gondle ich natürlich hin« (Brief Barths an Ludwig Quidde vom 3. Oktober 1936, Nachlaß Quidde, Bundesarchiv Koblenz).

26 Welch existentiell prekäre Situationen auch der Norwegen-Aufenthalt Barths und das Halbjahr auf Tromøy bereithielt, das Barth zu den glücklichsten seiner ganzen Exilszeit rechnete, geht wiederum aus einem Brief an Ludwig Quidde hervor, wie diese Korrespondenz überhaupt eine einzige Geschichte der Nöte und psychischen Anspannungen, persönlichen Gefährdungen und Selbstmordabsichten darstellt: »Ich habe nicht mehr viel Kraft. Es ist nicht die materielle Misere, meine zerrissenen Kleider, der Hunger usw., sondern die Unfähigkeit, die Ekelhaftigkeit der Menschen und die Blödheit aller Aussichten länger zu ertragen. Ich hätte es vielleicht am besten gleich in Oslo tun sollen, statt mich wieder zusammenzunehmen, meine Abschiedsbriefe zu vernichten usw. Ich habe das Leben eigentlich nicht satt. Aber ich bin seit geraumer Zeit nun so auf der Kippe, zum Zerspringen gespannt und so, daß ein relativ kleiner Anlaß, eine an sich vorübergehende Depression oder ein Moment der Empörung über irgendwas, mich entscheiden kann...« (Barth an Ludwig Quidde am 13. Juni 1939, Nachlaß Quidde, Bundesarchiv Koblenz).

27 Herrmann war Inhaber der Stuttgarter »Westenddruckerei« und gehörte der Sozialistischen Arbeiter-Partei (SAP) an. Er war aus dem Krankenhaus entflohen, in das man ihn wegen eines Magenleidens aus Gestapohaft verbracht hatte, und lebte einige Zeit illegal in Berlin. Sein Exil führte ihn ebenfalls über Prag nach Skandinavien.

28 Barth hatte beispielsweise am 2. Mai 1940 einen Brief an Ludwig Quidde gerichtet, in dem er ihn über die Existenz solcher Lager und die in ihnen herrschenden Zustände informierte und ihn aufforderte: »Ich bitte Sie, wenn Sie etwas tun können, direkt oder indirekt, vielleicht folgende Kreise und Stellen zu mobilisieren, damit sie sich diese neueste Kulturschande aus der Nähe besehen [...]: Den Völkerbund, das Rote Kreuz [...], alle pazifistischen und anderen humanitären Organisationen, die Union Franco-Allemande« (Nachlaß Ludwig Quidde, Bundesarchiv Koblenz)

29 Barths Votum für den kleinen Staat resultierte vor allem aus seiner Antipreußenhaltung und seiner Abneigung gegen jeden Zentralismus, den er nicht nur politisch, sondern auch aus ethischen und kulturellen Gründen ablehnte; zudem liegt der Zusammenhang mit seinen pazifistischen Ideen offen, wenn er am 7. Oktober 1956 an Willi Sternfeld schreibt: »Der Zentralismus ist eine der gefährlichsten politischen Grundhaltungen - außenpolitisch, weil er Macht konzentriert und die Verfügung über sie an einer einzigen Stelle konzentriert, sodaß es leichter ist, Kriege zu beginnen oder zu provozieren; innenpolitisch, weil er das organische Geschehen im Volkskorper, in der Sozietät in Unordnung bringt, da er alles über einen Leisten schlägt, ohne Rücksicht darauf, daß die Volkscharaktere verschieden sind und darum auch ihre historische und ethnologische Entwicklung und ihre heutigen sozialen und sonstigen Lebensgewohnheiten. Die innere Gleichschaltung erfolgt theoretisch nach einer 'demokratischen' Entscheidung, nämlich einer Abstimmung der Gesetzgeber und der Regierung, durch die mit Mehrheitsbeschluß festgelegt wird, was für alle am brauchbarsten

sei - in Wirklichkeit werden alle in ihrer Eigenart beschnitten und es kommt eine Schundkultur, eine verwaschene Kultur heraus...« (Sternfeld Nachlaß A.I.5 in der Deutschen Bibliothek Frankfurt, Deutsches Exilarchiv 1933-1945)

30 Diese Behauptung ist, zumindest für die von Ella Tonnenmacher besorgte deutsche Ausgabe (Zürich/New York 1944), nicht richtig; vgl. das Kapitel »14 Tage in Rußland«, insbesondere Seite 71, in jener Ausgabe.

31 Einem Leserbrief Barths in der Stuttgarter Zeitung vom 2.(12.?) Februar 1958 zufolge, in dem er Brechts Reise in die USA über Moskau und Wladiwostok schildert, war es das Hotel Metropol (im Leserbrief fälschlich Metropole)

32 Barth begegnete Brecht nicht erst in Wladiwostok. Das erste Mal sah er ihn im März 1933 in Hause von Lisa Tetzner und Kurt Kläber in Carona/Tessin; dann wieder im Zug Moskau–Wladiwostok. Barth schrieb in einem Brief vom 25. Januar 1964: »Wir sprachen uns natürlich im Zug und später auf dem Schiff öfters, redeten auch ein wenig über Literarisches, spielten im Zug ein paar Male Schach, in dem er mich immer schlug, da er mir haushoch überlegen war und ich mich überdies nicht konzentrierte, sondern die sibirische Landschaft gierig beobachtete, da sie ja etwas Fremdes und daher voller möglicher Überraschungen war. Brecht schien diesen Dingen gegenüber völlig uninteressiert und immer auf sich, seine Gedanken und Beschäftigungen konzentriert zu sein« (Nachlaß Barth, Oberrheinisches Dichtermuseum Karlsruhe)

33 Aus der recht kursorischen Schilderung seiner amerikanischen Exiljahre geht nicht Barths gelegentliche, jedoch lebhafte Beteiligung an den deutschlandpolitischen Diskussionen und Neuordnungskonzeptionen hervor. Diesen Aspekt hat Will Schaber in seinem Aufsatz über Max Barth in den Vordergrund gerückt, der in einem für 1987 angekündigten, von Prof. John M. Spalek herausgegebenen Band über deutschsprachige Literatur in den USA enthalten sein wird. Schaber geht darin insbesondere auf die Stellung des südwestdeutschen Elements im föderalistischen Denken Barths ein und hebt dessen (in einem von zwei deutschlandpolitischen Memoranden enthaltene) Forderung hervor, die Alliierten müßten »eine Idee haben von dem, was wir anzubieten haben an autochthoner, unnazistischer, unpreußischer, humanistischer Mentalität, Kultur und Handlungsbereitschaft.« Eben diese Chance zur Demokratie aus eigenem Antrieb und Vermögen vermißte Barth im deutschlandpolitischen Konzept der Siegermächte und sah »Deutschland und die Deutschen nur von einer Sklaverei in die andere gehen« (Barth an K.O. Paetel, 17. April 1944). Und in einem Brief an Paul Tillich vom 16. April 1944, in dem er die Verweigerung seiner Unterschrift unter eine nicht von allen Gruppen des US-Exils getragene Erklärung begründet, spricht Barth von der »beabsichtigten Unterdrückung und Mißbehandlung Deutschlands und der Entmachtung Europas durch die Sieger«, damit jede politische Verpflichtung gegenüber denjenigen Staaten verneinend, »deren Vormächte - Großbritannien, USA und USSR - jahrelang mit Hitler und Nazideutschland nicht nur auf sehr freundschaftlichem Fuß standen sondern sogar kooperierten und in manchen Fällen (Spanien, Tschechoslowakei, Moskaupakt) sogar dessen Bundesbrüder waren«. Hingegen hätte eine von allen deutschen Organisationen und Persönlichkeiten des US-Exils getragene Erklärung »mit Würde und Ernst die Stimme Deutschlands« repräsentieren und »Pro-

test des Gewissens« sein können, der auch dann seinen Sinn gehabt hätte, »wenn ihm sichtlich kein Erfolg beschieden« war. - Den hier als einen Grundzug des barthschen Charakters deutlich werdenden skrupulantischen Rigorismus hat Barth selbst an sich als Problem erkannt; anläßlich der - dann aber nicht verwirklichten - Vereinbarung, in die Redaktion der Zeitschrift »Prisma« (Desch-Verlag München) einzutreten, schrieb er an Karl O. Paetel am 15. Februar 1948: »[...] obwohl ich noch nicht hier [in München, A. d. Hrsg.] bin, hat sich bereits mein alter Fluch quicklebendig erwiesen, der in der Jugendbewegung so aktiv war: So wie dort, wenn ich hinkam, immer die latenten inneren Spaltungen manifest wurden und Auseinandersetzungen kamen, die oft mit definitiven Scheidungen endeten [...] - so hat schon jetzt der erste Artikel, den sie von mir bringen wollten und schon vor dreiviertel Jahren gesetzt haben, einen der Hauptanlässe zu einem großen Krach abgegeben, der zwischen der Zeitschrift und dem Verleger, dem Woolworth der deutschen Nachkriegsliteratur, monatelang dauerte und erst vor einigen Wochen durch ein Vernunftabkommen beendet wurde [...] Ich hab den Redakteur mahnend darauf hingewiesen, daß das ein böses - aber mich nicht überraschendes - Omen für meine spätere Beteiligung sei.«

34 Relativ wenig ist bislang über die persönlichen Verbindungen und Kontakte Barths während seines New yorker Exils bekannt. Allzu ausgedehnt wird man sie sich für die ersten Jahre kaum vorstellen dürfen, wie aus einer brieflichen Äußerung - wiederum an Paetel - vom 30. September 1947 hervorgeht: »Ich bin zur Zeit arbeitslos, was den Vorteil hat, daß man - zum ersten Mal seit sechs Jahren - schreiben kann, und den Nachteil, daß man fast nichts zum Leben hat. Aber der Vorteil überwiegt«. Neben der Teilnahme an einer außenpolitischen Diskussionsgruppe um Karl O. Paetel hatte Barth vor allem zu sozialdemokratischen Exilorganisationen Kontakt und scheint deren Veranstaltungen und Treffen besucht zu haben, während er seine Kontakte zu den bayerischen Föderalisten bald wieder aufgab, weil diese ihm reaktionär und partikularistisch erschienen (Barth an Paetel, 22. August 1943). Kontakte bestanden zu new yorker Redaktionen, voran zum »Aufbau« mit Manfred George und Will Schaber; Beziehungen zu Emil J. Gumbel und Paul Tillich dürften dagegen eher singulärer und anlaßbezogener Natur gewesen sein. Ein, wie aus dem folgenden Brief hervorgeht, ebenfalls eher sporadischer, dafür von gegenseitiger Verbundenheit zeugender Kontakt bestand zu Oskar Maria Graf, der anläßlich eines seiner beiden Deutschlandbesuche ursprünglich die Absicht gehabt hatte, Barth zu sehen.

Oskar Maria Graf
34 Hillside Avenue
New York 40, N.Y. 14. April 62

Lieber Max Barth!
Das freut einen, wenn man von Freunden, die man zwar wenig gesehen und gesprochen, aber von denen man immer gewusst hat, sie stehen einem in jeder Hinsicht nahe - wenn man da plötzlich ein Lebenszeichen kriegt. Will Schaber, der mich in letzter Zeit Gottseidank wieder öfter besucht, hat mir von Dir und deiner deutschen Einsamkeit

erzählt, und ich dachte mir, so ungefähr hätte es mir beim »Heimkehren« auch gehen können: Zuerst sowas wie offne Arme, dann, wenn man aufsässig geworden wäre, langsames Ausweichen und Meiden, schliesslich ein resigniertes Zurückziehn auf sich selbst inmitten eines so »gewaltigen« Auftriebs bei Euch da drüben. Mir hat schon beim damaligen Besuch anno 58 zur 800 Jahrfeier Münchens gegraust, wieviel Aufgeblasenheit und freche Wichtigmacherei überall herrscht. Ich hab mir dann noch das KZ Dachau mit zwei Freunden, die dort 14 Jahre verbringen mußten, zeigen lassen und bin »heim nach meinem geliebten New York« (das ist keine Phrase). Dann war ich 60 nochmal auf Einladung der Berliner Akademie dort, es hat mir wirklich nur in Berlin halbwegs gefallen, wo anders nirgends, am wenigstens in meiner vollgefressenen Heimat und in München, wo sich jetzt die Prominenten ansammeln und gegenseitig beweihräuchern, was ich bei den festlichen Feiern der Berliner Akademie schon reichlich mitmachte.

Ich habe dann bei verschiedenen Radiostationen Bandaufnahmen meiner Erzählungen gemacht, bin endlich zur Erholung ins Tessin, wo ich meine ersten Vagabundenjahre verlebt habe, - und sofort schwer krank geworden: Nieren- und Gallenkoliken und eine Lungenentzündung dazu. Lag in dem katholischen Spital »St. Agnese« in Locarno acht Wochen! Da ist natürlich alles, alles gründlich anders, vor allem überwiegt das Tüchtigkeitsvolk, die lauten Deutschen.

Seither bin ich wieder in NY, geplagt von vielem Asthma und zwischenhinein auch Rippenfellentzündung etc. Der Winter tut mir hier sehr weh, aber weg möcht ich doch nicht. Kann sein, dass ich den nächsten irgendwo im warmen Süden zubringen muss. Was schreibst und was machst Du wohl immer? Hast Du keine Verlagsmöglichkeiten? In der Stuttgarter liest man sowenig von Dir. Ist das alles? Ich glaube fast, Du solltest nach Österreich, nach Wien gehen - dort ist noch etwas echteres, ernsthaftes literarische [!] und politisches Leben, und dort findet unsereiner schnell zu den sehr geweckten, lese- und vortragsbereiten Arbeitern, die sich sehr, sehr wesentlich von den deutschen unterscheiden!

Ich würde Dir auch raten, dem Feuilleton der »Arbeiterzeitung« 95 Rechte Wienzeile, Wien V kleine Sachen zu schicken, das Feuilleton ist gut, bezahlt wird allerdings für deutsche Verhältnisse schlecht. Schicke auch meinem Freund Erich Lissner (unter Berufung auf mich) ab und zu kleine Sachen/Frankfurter Rundschau - Große Eschenheimerstr. Fr. a.M./

Ich selber habe mich nach längerer Krankheit wieder einmal überarbeitet und ein neues, sehr lustiges Bucherl fertiggemacht. Erschienen ist ja allerhand, ich schicke Dir einiges, aber muss erst Zeit dazu finden. Eben ist mein »Grosser Bauernspiegel« bei Desch rausgekommen.

Nun leb wohl, lieber Barth, alles, alles Gute und lass gelegentlich was hören. Wie immer Dein O.M. Graf

35 Gemeint ist Hans Habe. Vgl. hierzu das Nachwort in diesem Band.

NACHWORT DES HERAUSGEBERS

Am 16. Februar 1950 landete Max Barth, mit dem Schiff aus New York kommend, in Bremerhaven. Nach beinahe 17 Jahren des Exils, das ihn durch sieben Länder und rund um den Erdball geführt hatte, betrat er erstmals seine Heimat wieder, die er 1933 gezwungenermaßen verlassen hatte, weil er befürchten mußte, von den Nazis wegen literarischen Hochverrats verurteilt zu werden. Was dies bedeutet hätte, darüber konnte sich der Publizist Barth, dessen Artikel und Aktivitäten den wachen Beobachter der politischen Entwicklung verraten, keinerlei Illusionen hingeben. Bis März 1933 hatte Barth schließlich das in seinen Möglichkeiten Stehende getan, vor einer faschistischen Entwicklung und Machtübernahme zu warnen: in der »Sonntagszeitung« hatte Barth seit 1924 gegen Militarismus und Spießernationalismus angeschrieben; als Kriegsgegner war er Mitglied der »Gruppe revolutionärer Pazifisten« und des Friedenskartells - gehörte also dem engeren Führungskreis des organisierten deutschen Pazifismus vor 1933 an - und schließlich hatte Barth, als er im August 1932 von Erich Schairer bei der »Sonntagszeitung« gekündigt worden war, seinen - wie er es nannte - »eigenen Laden aufgemacht«: eine Wochenzeitung mit dem Titel »Die Richtung« - in ihr hatte Barth, um die drohende nazistische Machtübernahme abwenden zu helfen, zum Generalstreik und dessen nachfolgender Umwandlung in politische Aktion aufgerufen. Deswegen des erwähnten »literarischen Hochverrats« angeklagt, war Barth kurz vor den Wahlen vom 5. März 1933 und in einem Klima eskalierenden Terrors nur noch die Möglichkeit der Flucht geblieben, nachdem seine Zeitung beschlagnahmt worden war und schon ein erstes Verhör stattgefunden hatte. Am 3. und 4. März 1933 war Barth dann über Freudenstadt (wo bereits die SA auf ihn aufmerksam geworden war) und seine Heimatstadt Waldkirch nach Basel geflohen, wodurch er seiner im Mai 1933 durch das Reichsgericht Leipzig verfügten Verhaftung entging.

Als Barth, der nie ernstlich ein anderes Ziel gehabt hatte, als nach der Beendigung der Naziherrschaft die erste sich bietende Gelegenheit zur

Rückkehr nach Deutschland zu nutzen, nach langen Verzögerungen endlich die Rückreise antrat, tat er es in der Hoffnung und in der Erwartung, nun als Publizist das Seine zum Aufbau eines demokratischen Deutschland beitragen zu können. 17 Jahre Exil waren 17 Jahre des Wartens und Hoffens gewesen, des Wertens und Siebens aller Nachrichten aus seiner Heimat nach Anzeichen für ein Ende des ihm so verhaßten Systems; siebzehn Jahre Exil in sieben Ländern waren für Barth nicht, wie er sich ausdrückte, Omnibusrundtouren gewesen (wie mancher Daheimgebliebene denken mochte), sondern Jahre der Not und existenzieller Gefährdung - mit Blick auf die Zukunft aber waren es vor allem Jahre des Lernens, der Auseinandersetzung mit Sprache und Kultur der Wirtsländer gewesen, mit deren sozialen und politischen Gegebenheiten. Nun, nach dem Ende des Nationalsozialismus, stellte Barth - klassischer Vertreter einer Berufsauffassung, der es stets um eine *Sache* geht – keine langen Überlegungen an, welche Pfründe ihn erwarteten, was er sich von einem neuen Deutschland in persönlicher Hinsicht erwarten konnte, sondern erwog seine Rückkehr in der selbstverständlichen Absicht des Gebrauchtwerdens, der Anwendung seiner Erfahrungen und Kenntnisse. Bereits am 1. März 1940 hatte Barth, der Entwicklung mit seinen Hoffnungen weit vorausgreifend, vom norwegischen Exil aus an den in Genf lebenden Friedensnobelpreisträger Ludwig Quidde geschrieben: »Meine Moral ist einstweilen immer noch gut, weil wir ja bald heimgehen. Ich arbeite vor allem für Deutschland: sobald Hitler gestürzt ist, gehe ich nach Stuttgart und suche mir eine Redakteurstelle. Ich werde sofort Verlagen Manuskripte anzubieten haben (für Buchveröffentlichungen), ich bin gestopft voll mit Sachen für Zeitungen, und ich lege mir bereits zurecht, was ich im Rundfunk lesen will.«

Weshalb Max Barth, als es schließlich soweit war, nicht gleich zurückreiste, braucht hier nicht noch einmal erwähnt zu werden. Im Troß der Sieger heimzukehren - als germaniculus, wie er in den vorliegenden Erinnerungen schreibt - widerstrebte ihm. Er wollte niemandes Erfüllungsgehilfe sein und verstand sich als Atom eines anderen, nicht nazistisch infizierten Deutschland, und als solches wollte er den befreiten Deutschen gegenüber den Befreiern eine politische Stimme verschaffen. Daran freilich war wiederum den Siegern nicht gelegen, nicht den amerikanischen zumindest, und so vergingen bis zu Barths Rückkehr noch einmal fünf Jahre.

Nach kurzem Aufenthalt in Karlsruhe, für das Barth endlich Arbeitsbescheinigung und Zuzugsgenehmigung erhalten hatte, ließ er sich in Stuttgart nieder, das mit seiner journalistischen und schriftstellerischen Laufbahn vor 1933 so eng verbunden war. Von hier aus schien Barth der Wiedereinstieg ins »Geschäft« am besten zu bewerkstelligen; hierher, an den ehemaligen Herausgeber der »Sonntagszeitung« und seinen alten »Chef« Erich Schairer, hatte Barth am 21. April 1946 einen vierseitigen Brief gerichtet (»den ersten, den ich nach Deutschland schicke, seit die Post wieder eröffnet ist«), in dem er seine Exilodyssee schilderte, das Kriegsbeil zu begraben vorschlug und Pläne für seine journalistische Zukunft entwickelte. Überdies verfolgte Barth, dessen Ehe während des Exils gescheitert war und dessen Hochs und Tiefs immer aufs engste mit seinen intensiven Beziehungen zu Frauen zusammenhingen, dort erneut Heiratsabsichten, die es in New Yorker Emigrantenkreisen noch im Sommer 1950 zu Klatschwürden bringen sollten.

In Stuttgart jedoch wurde Barth mit einer ungeahnten Entwicklung konfrontiert. Andere hatten Barths Enttäuschung vorausgesehen, ihm erfolglos von einer Rückkehr abgeraten, darunter auch Hermann Hesse, mit dem Barth seit Mitte der Zwanziger Jahre eine mitunter rege Brieffreundschaft verband. »Barth wird wohl leider an den Zuständen drüben zugrunde gehen«, hatte auch Barths Exilfreund Wilhelm Sternfeld gegenüber dem gemeinsamen Bekannten Eugen M. Brehm gemutmaßt, aber es sei »sinnlos, ihm abzuraten und ihn zu warnen; er folgt seinen Empfindungen«. Und Oskar Maria Graf fühlte sich in seinem Brief an Barth vom 14. 4. 1962 angesichts dessen »deutscher Einsamkeit« an sein eigenes mögliches Schicksal erinnert: »so ungefähr hatte es mir beim 'Heimkehren' auch gehen können: Zuerst sowas wie offne Arme, dann, wenn man aufsässig geworden wäre, langsames Ausweichen und Meiden, und schließlich ein resigniertes Zurückziehn auf sich selbst inmitten eines so 'gewaltigen' Auftriebes bei euch da drüben«. Sieht man von den »offnen Armen« einmal ab, dann hat Graf das Schicksal Barths ziemlich genau beschrieben: 1950, bei Barths Rückkehr, waren die Kreise nämlich geschlossen, die Zirkel gebildet, die Posten besetzt und, mehr noch, die Vorbehalte gegenüber Exilanten bereits wieder spürbar. Wichtiger aber war die politische Entwicklung: in dem Maße, wie der Antikommunismus grassierte, begann, wie Thomas Mann formuliert hat, der Antifaschismus unmoralisch und verdächtig zu werden, weil er »von dem einzig vorschriftsmäßigen Haß« ablenkte. Die Auseinandersetzung mit der eignen Vergangenheit war bereits stark in den Hintergrund getreten; das böse Wort vom falschen Schwein, das man geschlachtet habe, machte die Runde. Barth machte die Erfahrung, daß Deutschland den Nazismus nicht überwunden, sondern sich lediglich hinter ihn zurückgezogen hatte, in die geistige Welt seiner Großväter. »Dann kam ich heim, und die Heimat war die Fremde«, schrieb er in einem undatierten Aufsatz ohne Titel, »keine Katharsis, keine Metanoia war geschehen. Deutschland hatte sich für die Restauration entschieden, die Jugend war unrebellisch und schaute sich nach dem festen Halt einer traditionellen und konventionellen Weltanschauung um, Deutschland war muffig; die Kulturpolitik holte sich aus den verstaubten Schubladen vorväterlicher Kommoden ihre Ideale, der liebe Gott hatte eine so gute Presse, wie sie ihm in meinen Jugendjahren, im letzten Jahrzehnt des Kaiserreiches nicht beschieden gewesen war. Eine alte Erfahrung wurde von neuem bestätigt: wenn der Deutsche konservativ wird, wird er reaktionär«.

Man kann das als hochmütig bezeichnen, als ungerecht, als hochfahrendes Urteil eines eifernden Enttäuschten mißverstehen – nur muß man dann wissen, daß sich ein solches Urteil nicht gegen Barth allein richtet, sondern gegen weithin repräsentative Einschätzungen der Exilanten schlechthin. Barths Urteil jedenfalls war kein isoliertes, ja nicht einmal ein besonders harsches – so wie er hat gedacht und empfunden, wer in der Welt des Exils Rang und Namen besitzt. Barths Urteil konnte wohl auch nur deshalb so kompromißlos ausfallen, weil hier jemand urteilte, dem aufgrund des späten Heimkommens der Widerspruch zwischen dem antifaschistischen Soll und der tatsächlichen gesellschaftlichen Verfassung unmittelbar ins Gesicht sprang, alle Zwischenstufen der Gewöhnung, alle Mählichkeit solcher Entfernung vom »Ideal« überspringend. Ganz so hatte es auch Brecht empfunden, den das Verhalten der Deutschen empörte, die so taten, »als wären bloß ihre Häuser zerstört«; ganz so hatte auch Döblin geurteilt, als er schrieb, die Deutschen hätten »noch nicht erfahren, was sie erfahren haben«. Mit der Idee eines politischen *Neu* anfangs im Kopf, einer gesellschaftlichen *Neu* gestaltung und der Vorstellung an ihr Anteil zu nehmen, war Barth aufgebrochen, und was er erleben sollte, war eine politische Entwicklung, deren Kennwörter nur zu schnell *Wieder* aufbau, *Wieder* bewaffnung und »*Wieder* gutmachung« lauteten.

Dieses politische Klima hatte seine Entsprechung in der Reaktion auf die Exilanten selbst: »Ich hatte in sieben Ländern gelebt, die ganze Exilszeit dazu benutzt zu lernen, wußte sehr viel über Länder, Menschen, Geschehnisse, Zustände usw. und hoffte, in der Heimat etwas beitragen zu können«, schrieb Max Barth rückblickend am 23. April 1969 an Agathe Kunze, die Tochter Erich Schairers. »Was mir zuteil wurde, war hochnäsige Ablehnung auf fast allen Seiten: die Daheimgebliebenen wußten in ihrer Ignoranz, der Ignoranz derer, die über die Welt nichts wußten, alles besser und fuhren einem übers Maul. Es war ein Elend zu sehen, was da zusammengeschrieben wurde; Kenntnisse anzuwenden, zu verwerten, gabs keine Gelegenheit; selbst wenn man gedruckt wurde, wurden von ignoranter Hand Sprache, Aussage, Tatsachen gefälscht – eben nach dem kleinen Wissen, das dem deutschen Spießbürger, der hinter den finsteren Mauern des Nazismus gelebt hatte und weder Horizont noch Detailkenntnisse der Welt erwerben konnte [...] Bei jedem Artikel, jeder Geschichte nahm man sich angstvoll den Beleg vor – und wie oft war die Angst berechtigt: da stands schwarz auf weiß: Unsinn und Murks, und der Name stand darunter, und der Leser nahm an, man habe den Mist, der da stand, wirklich geschrieben. Versuche, etwas Größeres über Exil, Welt, politische Vorgänge der Jahre 1933-1945 von draußen gesehen zu schreiben, fanden keine Interessenten. Die Deutschen nahmen es [...] als selbstverständlich, daß sie mitgemacht hatten. Sie würden es auch heute tun: Die Beteuerung, man habe doch nicht seinen Gemüsegarten aufgeben können, ist absolute, tiefsittlich fundierte Rechtfertigung. Als ich diese Geschichte ein paar Jahre mitangesehen hatte, schrieb ich Hermann Hesse, daß er recht gehabt habe: Er hatte es die ganze Zeit gesagt, daß nichts anderes zu erwarten sei und hatte vorausgesehen, daß ich enttäuscht sein würde«.

Wiederum war die Verbitterung, die Enttäuschung Barths nicht nur seine eigene: es war die des Exils insgesamt, dessen Vertreter erleben mußten, wie unerheblich ihre Haltung für die geistige Fundierung eines demokratischen Deutschland blieb. Durften, mußten nicht aber die Exilanten an diesem Neubeginn zweifeln, der den Geist des anderen Deutschland draußen ließ? Wäre die Integration der Exilanten, das Verbindlichwerden ihrer Leistung nicht *ein* Lackmustest für die junge Demokratie gewesen? Stattdessen wurde die Unbequemheit der Exilanten, die die Frage der deutschen Schuld stellten, die für die so schmerzliche, aber notwendige Seelenarbeit plädierten, als schiere Unziemlichkeit und Zumutung abgetan; stattdessen feierte eine Politik der Illusionen Triumphe. »Das neue Deutschland«, so charakterisierte Max Barth den Mechanismus dieser Verdrängung in einem Brief an Helmut Müssener vom 17. April 1970, »schien historisch als normal und folgerichtig aus dem alten erwachsen zu sein, man war bedacht, besorgt und bemüht, dafür zu sorgen, [...] daß kein Knoten, keine Verwachsungs- und Vernarbungsstelle im schlank und gerade gewachsenen Stengel zu erkennen sei, darum durfte es zwischen 1933 und 1945 kein anderes Deutschland gegeben haben als das ihre, das der Mitmacher«. Wer einen Beweis dafür benötigte, daß Barth damit keineswegs bösartig urteilte, braucht sich nur an ihn selbst zu halten. Schon bald nach seiner Rückkehr nach Deutschland hatte Barth seine Erinnerungen ans Exil aufgeschrieben – in der dem Leser hier vorliegenden Fassung. Doch kein Verleger interessierte sich dafür, sie blieben ungedruckt. Bereits Jahre zuvor – 1949 – war der Lizenzzwang der Besatzungsmächte wieder aufgehoben worden; sofort hatten die sog. Altverleger, darunter mancher politisch Belastete, wieder auf den Markt gedrängt und eine Konjunktur des Ewiggestrigen heraufgeführt. Nicht zuletzt auf dem Gebiete der Biographien und Erinnerungen entdeckte Barth im neuen Deutschland einen »wunderbaren Boden«, sofern es sich um »lebende oder tote Fürstlichkeiten, Schilderungen des Lebens des Führers und seiner Komplizen, Ehefrauen und Generäle« handelte sowie der »großen Mitschuldigen, die immer mächtig antinazistisch waren die ganze Zeit hindurch, in der sie an hervorragender Stelle alles taten, Hitler und seiner Politik von Erfolg zu Erfolg zu verhelfen. Rechtfertigungsschriften wie die Bücher Schachts und Papens hätte wohl in keinem anderen Volk eine hochstehende Persönlichkeit und Stütze des verdammenswerten Systems vorlegen dürfen, ohne auf allgemeine Verachtung oder Empörung zu stoßen. Nur den Deutschen darf man sagen, man habe an hervorragender Stelle für das Naziregime gearbeitet, weil man Gegner des Nazismus gewesen sei, ohne ausgepfiffen zu werden. Überhaupt sinds die Deutschen garnicht gewesen: sie waren alle in der inneren Emigration, solange die Schweinerei währte, und als alles zusammenkrachte, waren sie die pursten Antinazis, die man sich denken kann. Gegen die Antinazis von 1945 sind wir Antinazis von 1933 nur ein kleiner Dreck«. Dieser bittere Sarkasmus Barths, geäußert in einem Aufsatz mit dem Titel »Exil kein Picknick«, ist bereits einer Zeit zuzurechnen, da das Exil nicht mehr nur einfach beiseitegeschoben und verdrängt war, sondern im Klima eines kruden Antikommunismus bereits wieder gefragt werden durfte, was denn eigentlich die Exilanten draußen im Feindesland getan hätten, als es der öffentlichen Meinung ausgemacht schien, daß Exil und Emigration Flucht vor der Verantwortung, Verrat und bequemerer Weg bedeuteten, im Lande zu bleiben jedoch tapferes Aushalten gewesen sei.

Was unter solchen Voraussetzungen allein möglich war, war die Reintegration bestimmter Autoren des Exils wie Thomas Mann und Stefan Zweig, Franz Werfel und Remarque, Vicki Baum und – mit Verspätung – Bert Brecht und einiger anderer; aber die Gesamterscheinung Exil wurde nicht anerkannt – vergessen schien, daß es, wie Barth schrieb, »draußen ein ganzes, anderes Deutschland gab, nicht nur ein paar Paradepferde, sondern eine geschlossene deutsche Welt, deren Mitglieder über alle Länder verstreut waren«. Das Exil als Gesamterscheinung ist auch von der Germanistik bis in die Siebziger Jahre hinein nur von einzelnen in seiner Herausforderung angenommen worden; gerade um dieses Gesamthafte aber war es Barth immer gegangen – es blieb für ihn bis zum Lebensende Bezugspunkt und geistige Heimat. Als Barth 1965 auf Veranlassung seines Freundes Sternfeld von der Deutschen Bibliothek Frankfurt ein Exemplar des Ausstellungskataloges »Exilliteratur 1933–1945« zugeschickt erhielt, verdankte er es mit den Worten: »Namen, Bilder, Titel und Fotos – man sich fühlt wieder daheim. In diesem Deutschland, in dem man mehr Fremder unter Fremden ist, als man in manchen unserer Zufluchtsländer war, versetzt einen Ihr Katalog für eine Weile wieder in eine Heimat – eine, die nicht durch Grenzpfähle abgesteckt ist und nicht auf dem Atlas durch eine geschlossene Linie umgrenzt werden kann, der man aber innig angehört hat – und, wie einem nun bewußt wird, immer noch angehört.«

Ein solches Bekenntnis wird wohl nur den erstaunen machen, der im Exil ausschließlich das Bedrohliche, das Existenzgefährdende, die Not sieht.

Das Exil aber hatte für Barth – man muß das, Mißverständnisse in Kauf nehmend, so sagen – in manchem Belang auch etwas ihm Gemäßes. In gewissem Sinn, so sagte Barth selbst, sei ihm das Exil »zum Ersatz für die Knabenträume von Urwaldfahrten und Südseeinseln« geworden; und ein Stück weit sah er im Exil – aber unter welchen Verhältnissen! – auch verwirklicht, was er die kosmopolitische Natur der Deutschen nannte: »Wie die Juden sind wir überall und nirgends zu Hause, haben wir die Liebe zum Standort und die unruhige Sehnsucht nach dem Fremden, den Drang, nach unserem eingeborenen Gesetz zu wachsen, und den Zwang, in fremde Formen hineinzuwachsen«. (Zitiert nach Will Schaber, Max Barth. In: Deutschsprachige Exilliteratur in den USA, Bern 1987). Wie jeder Abenteurer liebte auch Barth ein Stück weit die Gefahr und das Neue, Ungewißheit und Offenheit, um sich selbst deutlicher zu spüren; in seinem bereits zitierten Aufsatz »Exil kein Picknick« heißt es: »... was uns draußen am Leben hielt, war nicht nur die programmatische, politische, überzeugungsmäßige Entschlossenheit und die Hoffnung auf die Heimkehr, sondern auch die Freude am Abenteuer, die Freude am Fremden, am Neuen, ja, auch an der Unsicherheit, der stündlichen Gewagtheit des Daseins, des ewigen Hinschreitens am Abgrund«. Und weiter schreibt Barth: «Neugier auf Neues, Freude am Unbekannten, Reiz des Sichneueinlebens – das waren psychologische Stimulantien und Medikamente. In Prag erzählte man, daß in Manila Emigranten lebten, die »alles machen« konnten, und man überlegte, ob man ihnen schreiben sollte, um Einreisebewilligungen zu erhalten; es tats keiner, soviel ich weiß, aber das Gefühl, daß einem die Welt offenstand, war etwas Herrliches und Erfrischendes... Es gab nur noch den Einzelnen und die Welt«. Da mag Barth ganz so empfunden haben wie Stefan Zweig, der in seinem Erinnerungsbuch »Die Welt von gestern« schrieb, das ihm zur Gewohnheit gewordene »Ich weiß nicht wohin« habe nach und nach seinen gewohnten Schrekken verloren, denn »gerade der Heimatlose wird in einem neuen Sinne frei, und nur der mit nichts mehr Verbundene braucht auf nichts mehr Rücksicht zu nehmen.«

Solche Empfindungen mochten mitbestimmend gewesen sein, wenn der ehemalige Jugendbewegte und Wandervogel, der Naturverbundene und schon als Kind in den Wäldern seiner Heimat Herumstreunende vom Exil als seiner eigentlichen Heimat schrieb, der er sich nach wie vor zugehörig fühle. Doch nicht daß Barth diese Zugehörigkeit so herausstrich, muß nachdenklich machen, sondern daß er sich in seinem Denken und Fühlen so ausschließlich darauf bezog. Man muß das wohl als Reaktion darauf verstehen, daß Barth jede namhafte, seiner Begabung und seinem Können entsprechende Beteiligung an der Publizistik der Bundesrepublik versagt blieb. »Politisches« – das Barth ja besonders lag – »habe ich seit meiner Heimkehr nicht mehr schreiben können«, klagte er gegenüber Karl Gußmann am 11. Februar 1965, »das machen sie in der 'Stuttgarter Zeitung' alles selber, damit keiner, der von der Außenwelt einiges wußte, ihre Kreise und die Kreise ihres geistigen Höhenfluges stören könne«. In der für ihn so typischen Art hat Barth, was ihm zu veröffentlichen übrigblieb, »Feuilletons und Mätzchen« genannt – doch wenn es auch mehr war: das ihm Gemäße wars nicht. Hinzukam freilich auch die Unfähigkeit Barths, sich zu verkaufen, etwas aus sich zu machen. Jedenfalls ist heute kaum mehr zu entscheiden, was an Barths Entschluß, sich in seine Heimatstadt Waldkirch zurückzuziehen, schwerer wog: der unglücklich verlaufene Versuch, sich in Stuttgart gefühlsmäßig zu binden oder aber die zunehmende Gewißheit Barths, daß ihm der Wiedereinstieg in die Publizistik nicht glücken werde. Freilich ist auch Barths Rückzug in den Breisgau 1952 nicht nur negativ zu sehen; wiederum war er, wie schon das Exil, auch eine Entscheidung *für* etwas: die Landschaft seiner Herkunftsheimat. Immer wieder betonte Barth, was sie ihm bedeutete, wie er als Junge in ihr herumgestreift war und daß keine der vielen deutsche und ausländischen Städte , in denen er gelebt hatte, ihr Bild hatte auslöschen können. Nun wurde diese Heimat zu seinem Residuum im wörtlichen Sinne. »Mein Heimatgefühl«, schrieb Barth, »bezieht sich auf die Landschaft: Fluß, Wiesen und Felder, Wälder und Berge, die Talöffnung nach Südwesten mit dem Blick in die Rheinebene, und, jenseits, auf die Vogesen, das Zwillingsgebirg des Schwarzwalds«. Diese Gegend schien Barth das einzige, was er »aus diesem Deutschland noch an Werten beziehen« konnte: »der Umgang mit dem Einfachsten und Elementarsten [...], eben der Heimat, und auch da [...] nicht den Menschen sondern der Landschaft, der Natur, dem Mutterboden« (11. 2. 1965).

Doch weder entsprach diese Haltung irgendeiner Anlage Barths zum Misanthropischen – Barth *konnte* nur alleine sein und wars gerne, in Skandinavien hatte er es geradezu gepflegt – noch bedeutete sie den Rückzug in die unpolitische Idylle. Aus dem kämpferischen Sozialisten und Pazifisten, dem streitlustigen Publizisten, dem einstigen Mitglied der Kommunistischen Partei (das auf diese Partei trotz Vorbehalten als die am entschlossensten antifaschistische gesetzt hatte) wurde mitnichten ein Spießer und resignativer Kauz, der sich bedingungslos der Regression heimatlicher Sentimentalität anheimgab, aber Barths politischer Impetus war doch gebrochen, eine gewisse Resignation war unverkennbar. Bereits in seiner New Yorker Zeit hatte sich Barth als »bürgerlichen Sozialisten« bezeichnet, der den Marxismus allenfalls noch als Instrument der Analyse und Erkenntnis gelten ließ, nicht mehr aber als Handlungsanleitung zu gesellschaftlicher Veränderung; nun bedauerte er in einem Brief an Sternfeld vom 16. Juli 1958 angesichts des auf bloße materielle Besserstellung gerichteten Verhaltens breitester Arbeiterschichten, sein »Leben durch die Beteiligung an der Arbeiterbewegung unnütz fortgeworfen« zu haben – an der politischen Lernwilligkeit der Deutschen mochte Barth ohnehin verzweifelt gewesen sein. Diese Entwicklung Barths und die genau gegenläufige seines Freundes Peter Weiss waren es auch, die einer Wiederaufnahme der alten Beziehungen im Wege standen. Dies hinderte Barth aber nicht, befriedigt die Unruhe der studentischen Jugend zu notieren, obgleich er deren Parolen für Großväterlosungen hielt. Sie indes einer endlich rebellierenden Jugend vorzuwerfen, daran dachte Barth nicht, dazu war er viel zu selbstkritisch, dazu war er selbst zu oft von früheren Positionen wieder abgerückt. Als Walter Hammer einmal Harry Pross wegen dessen Sicht der bündischen Jugendbewegung angriff, sekundierte Barth diesem und forderte Hammer auf, doch um Himmels willen jene Sicht – zumal eines Jüngeren – zuzulassen, die die Erörterung der Dinge ja erst lebendig mache. »Einer Zeitschrift einen Vorwurf daraus zu machen«, schrieb er in seinem undatierten Offenen Brief an Hammer, »daß sie

Ansichten veröffentlicht, die nicht in allem meiner, des Lesers, Ansichten entsprechen, erscheint mir sehr abwegig. Schließlich sind wir doch keine Gleichschalter, die verlangen, daß nur das gedruckt werde, was wir selber denken: dann wäre es überhaupt nicht nötig, etwas zu drukken, weil wirs ja sowieso wüßten [...] Wir sollten immer jenes Wort beherzigen, das bald einem Franzosen, bald einem englischen Parlamentarier zugeschrieben wird: Ich hasse die Ansichten meines Gegners wie den Tod; aber ich werde bis zum Äußersten dafür kämpfen, daß er sie aussprechen darf«. Und gegen jene dogmatische Haltung gerichtet, die sich so gern an -ismen klammert, fragt er Hammer: »Fällt uns ein Stein aus der Krone, wenn wir heute sagen, es sei eine falsche Idee gewesen?« Barth vermochte diese Frage so rhetorisch gerade da zu stellen, wo es um seine eigenen früheren Positionen und Weltanschauungen ging; eine Sache war ihm nicht schon deshalb sakrosankt, weil er selbst früher einmal ihr überzeugter Anhänger gewesen war. Konformismus hatte Barth von jeher widerstrebt und er bemühte sich, ihm in keiner Richtung Konzessionen zu machen. Mit unverkennbarem Stolz auf seine frühe Gewitztheit erwähnte der Aufrührer Barth gegenüber Briefpartnern immer wieder einmal sein apodiktisches »Nein« zur Konfirmation, das er leise, aber bestimmt während des kirchlichen Rituals vor sich hinsprach und dem er später in Kellers »Der Grüne Heinrich« wiederbegegnete. »Das sacrificium intellectus ist von meiner Jugend an so ziemlich das einzige Opfer gewesen, das ich nicht bringen konnte«, schrieb Barth mit Bezug auf sein Berufsethos als Autor und Redakteur bei der »Sonntagszeitung«. »Was mich abhielt, von der 'Sonntagszeitung' wegzugehen und anderen Suggestionen und Angeboten zu folgen,war eben das: ich wußte, daß man anderswo die Politik der Redaktion machen und die Gedanken der Leser wiederzukauen hatte, daß ich also zum Redaktör an einer Normalzeitung untauglich sei [...] Die Idee, mitzuhelfen und auch mitzuleiden, um das Blatt hochzubringen, hatte keine Schrecken für mich, sondern eher einen Reiz.«

Und als Barth im Frühjahr 1946 von Hermann Hesse ein apodiktisches Telegramm erhielt (»Bin empört über Ihren Eingriff in Sachen Habe. Stop. Sofort aufhören. H. H.«), in dem sich dieser gegen das Tätigwerden Barths zu seinen Gunsten verwahrte, antwortete Barth aus New York am 30. März nicht minder entschieden: »Lieber Herr

Hesse! Ihr erstaunliches Telegramm kann nicht die Verehrung totschlagen, die ich für Sie und Ihr Werk hege, aber es endet natürlich auf schmerzliche Weise den direkten Kontakt, der für mich sehr viel war. Was Ihr kategorisches Verbot angeht, so habe ich dreierlei zu sagen: Erstens, daß niemand – *niemand* – einem Publizisten den Mund oder die Schreibmaschine verbieten kann [...] Was mich persönlich angeht, so ist ein schroffer Befehl das denkbar Ungeeignetste, mich zum Schweigen zu bringen; wenn ich hätte nach Befehl schreiben oder schweigen wollen, hätte ich ja Nazi werden können, statt ins Exil zu gehen. Zweitens, daß diese ganze Angelegenheit nicht Ihre persönliche und private ist. Das unverständige und diktatorische Vorgehen des Zensors Habe ist *seiner Natur nach* angreifenswert und muß *aus Prinzip* bekämpft werden, denn es handelt sich um das hohe Recht der freien Meinungsäußerung und um das hohe Gut der Geistesfreiheit. Die Attacke auf diese Güter ist in Ihrem Fall besonders verdammenswert, weil Sie ein Prototyp des nichtfascistischen Denkens sind. Drittens, daß die Angelegenheit Ihres Verbots durch Habe auch in der Schweiz bereits publizistisch aufgegriffen worden ist und daß die Freunde der geistigen Freiheit und die Freunde des Dichters Hesse *in Amerika* ein autochthones *Recht* haben, vielleicht sogar die Pflicht, gerade in diesem Lande, das der Zensor Hans Habe repräsentiert, öffentlich Stellung zu nehmen. Nebenbei, Sie selbst haben mir in Ihrem letzten Brief von dem ergangenen Verbot Mitteilung gemacht – konnten Sie,nach dem, was Sie über mich wissen, wirklich *nicht* erwarten, daß ich mich für Sie ins Zeug legen würde? Ihr Max Barth«.

Die Schlußfrage in Barths Brief ist rhetorisch und unterstreicht nur noch einmal die Haltung des rigorosen Moralisten, der – sich im Recht wissend – von seiner Haltung auch nicht um den Preis des Verlusts der ihm so teuren Freundschaft abwich.

In den 18 Jahren, die Barth noch blieben, ging seine alte Fixierung auf Heimat und Natur sowie auf die alte politische, soziale und solidarische Welt der Linken vor 1933 eine merkwürdige und (dies zumal vor dem Hintergrund der materiellen Verhältnisse Barths) anrührende Symbiose ein. Seine Mitarbeitsmöglichkeiten beschränkten sich auf einige wenige Organe: einen SPD–Pressedienst, »Form + Technik« (wo der sprachbewußte Barth gegen Sprachsünden zu Felde zog und eine ganz unprätentiöse Sprach»pflege« betrieb), das Gewerkschaftsorgan »Druck und Papier« seines Exilfreundes Fritz Rück, wo Barth gelegentlich auch zu Politischem Stellung nehmen konnte, und einige wenige Tageszeitungen, von denen ihm die wichtigste und einträglichste, die »Stuttgarter Zeitung«, 1962 wegen Kritik des Blattes auf Anweisung von oben gesperrt wurde – von Barth als »Ende der Versuche« gesehen, »in diesem Deutschland schließlich doch noch einen Anschluß zu finden«. Auskommen ließ sich mit dem Honorar für dieses wenige nicht; jahrelang wandelte Barth am Rande des Existenzminimums und überlebte nur dank der Hilfe von Zuwendungen aus der Künstlersozialhilfe des Bundespräsidialamtes, die ihm sein treuer Freund Wilhelm Sternfeld über Jahre hinweg unermüdlich zu verschaffen verstand. Aus Barths Briefen dieser Jahre geht hervor, daß ihm 1954 die Bestreitung eines Briefportos Probleme verursachte und er immer wieder Tage ohne Essen einschalten mußte, um auszukommen; und am 9. März 1957 klagte er gegenüber Sternfeld über »allgemeine Lethargie wegen mieser Lebensverhältnisse«. Hoffnung setzte Barth Mitte der Fünfziger Jahre auf die beantragte Wiedergutmachung, und er spann aus diesem Stoff sogar – ihm selbst als höchst irreal bewußte – Tagträume um ein kleines Häuschen am Waldrand. Am 8. August 1956 mutmaßte Barth seinem beständigsten Briefpartner Sternfeld gegenüber eine absichtliche Verzögerung seines Wiedergutmachungsbescheides in der unterstellten Hoffnung auf eine natürliche Lösung des Problems: »Woher soll auch schließlich alles das Geld für die Pensionen der Offiziere Hitlers, seiner Unteroffiziere, der Lehrer, Juristen, Professoren, Finanzbeamten, Gefängnisbeamten, Polizeibeamten, Zöllner und all der anderen trüben Gesellen kommen, die zwölf Jahre lang die Schamlosigkeit gehabt haben, Hitler zu dienen, statt den Krempel hinzuwerfen? Und für die Tausende, die den Heimkehrern, also Hitlers Soldaten, dafür hingeworfen werden, daß sie seine Schandtaten, die Unterwerfung anderer Völker und die zugehörigen Schauerlichkeiten, ausführten?« Es scheint für den ethischen Pazifisten Barth bezeichnend, daß er im Gegensatz zu anderen den einfachen Soldaten, das sogenannte Frontschwein, von der Schuldzuweisung der Militärs nicht ausnahm, waren doch, so Barths Argumentation, die Verbrechen hitlerscher Einsatzkommandos nur möglich aufgrund einer gerade durch den einfachen Soldaten gehaltenen Front, ganz abgesehen davon, daß die Aufgaben des einfachen Soldaten gerade im Osten durchaus nicht nur militärisch, sondern auch rasseideologisch bestimmt waren. Mit derselben ethischen Rigorosität auch hatte Barth die schwedischen Internierungslager als KZ bezeichnet, was sie natürlich nicht waren. Doch Barth hatte auf seine Art recht: die Zerstörung des Menschen beginnt nicht erst bei dessen physischer Vernichtung, und so verdeutlichte Barth mit seiner Kennzeichnung einen graduellen Zusammenhang, der deutlicht macht, daß das moralisch Verwerfliche bereits bei der »bloßen« Freiheitsberaubung beginnt.

Barth wurden schließlich nach jahrelangem Warten im März 1958 sechseinhalbtausend Mark Wiedergutmachung für Schaden im beruflichen Fortkommen zugesprochen – aufs Jahr gerechnet etwas mehr als 300 Mark (Barth: »Tant de bruit pour une omelette!«) – und das nicht, ohne Barths Anspruch moralisch dadurch zu diskreditieren, daß sein ehemaliger, als Berechnungsgrundlage dienender »Arbeitsplatz Sonntagszeitung« in bestem Spießerjargon als »linksradikal« (sprich: kommunistisch) verunglimpft wurde. Woher freilich sollte eine 131er-Beamtenmannschaft, die einfach dort weitergemacht hatte, wo sie 1945 aufgehört hatte, einen Schimmer davon haben, was Unabhängigkeit des Geistes und des Urteils bedeutet – ausgerechnet sie, der die Unabhängigkeit des eigenen Denkens vom erst wenige Jahre zurückliegenden Nationalsozialismus nie ernsthaft zum Problem geworden war? Schließlich erkannte diese Gesellschaft, nach einem Diktum Alexander Mitscherlichs, ihre Vergangenheit noch immer besser im Ritterkreuzträger als im Emigranten.

Merkwürdigerweise aber wurden die Exilanten auch nicht von der sich konstituierenden jungen westdeutschen Literatur wahrgenommen, die zum Exil ein durchaus ambivalentes Verhältnis hatte. Das Wort vom Kahlschlag scheint bezeichnend; man kappte die Verbindung nach *allen* Seiten: Das Anfangen bei Null schloß anscheinend das Ignorieren des Exils mit ein. Die Prozedur der Gruppe 47 habe eine Teilnahme der Emigranten nicht zugelassen, weil diese zu alt und zu arriviert gewesen seien, um sich der Kritik junger Kollegen und Kritiker zu stellen, auch habe man damals eine Literatur im Sinn gehabt, die nicht an die elaborierten Muster aus der Weimarer Republik anknüpfte, sagte Hans Werner Richter auf einer Podiumsdiskussion im Frühjahr 1985 auf die Frage Walter Fabians, weshalb man seinesgleichen damals nicht zu den Gruppensitzungen eingeladen habe – und wie ein komplementäres Gegenstück zu dieser Aussage liest sich, was Barth seinem Freund Sternfeld kurz vor seinem Tod schrieb: »Leute unseres Alters sind nun einmal vorbei: überall rücken mehr und mehr junge Leute in die entscheidenden Positionen, Leute, die 'nichts von Josef wissen', wie es in der Bibel heißt, und die ihre eigenen Freunde bevorzugen. Sie denken anders als wir, denn sie haben einen anderen Hintergrund«. Geradezu symptomatisch für diese Einschätzung ist der ohne Barths Zutun oder Veranlassung zustandegekommene Abdruck seines Artikels »Somerset Maugham und die 'Untertreibung'« in Heft 5/56 der Zeitschrift Akzente, in dem der Leser als Autorennotiz folgende Angabe fand: »Max Barth, Journalist, geb. 1933, lebt in Waldkirch«. Barth war gewissermaßen aus Versehen in die tonangebende und für die westdeutsche Literatur repräsentative Literaturzeitschrift gerutscht – und wurde durch die groteske Verdrehung seiner Daten prompt um die Erwähnung jener Lebensphase »geprellt«, deretwegen er gerade interessant gewesen wäre. Anlaß und Versehen mögen beliebig und nebensächlich erscheinen – die Tatsache selbst ist bezeichnend.

Wenig anders sahen Barths Erfahrungen mit Verlagen aus. Nicht nur, daß, wie erwähnt, Barths bald nach seiner Rückkehr geschriebene Erinnerungen ans Exil ohne Interessenten blieben, auch sein Manuskript der nach rund zwanzig französischen und englischen Vorlagen gearbeiteten Rubaijat-Übertragungen des Omar Khaijam blieben bis 1963 liegen, nachdem der Perser Barth sein ganzes Leben hindurch begleitet hatte. Mit Recht hatte Agathe Kunze in ihrem Nachruf auf Max Barth in der »Stuttgarter Zeitung« vom 25. August 1970 darauf hingewiesen, wie sehr Barth sich mit dem Zeltmacher zu identifizieren vermochte, ja wie sehr er sein eigenes (Wunsch-)Porträt zeichnete, wenn er über Omar schrieb: »Er war ein unfeierlicher Mensch, der zwar Beziehungen zu Prominenten hatte, aber keinen großen Gebrauch von ihnen machte, ein Narr also; im Sinne der Biederen das, was der erfolgreiche Spießer geringschätzig einen 'Idealisten' nennt – ein unheiliger, verurteilenswerter Narr und Idealist [...] Ihn interessierte sein Denken, seine Dichterei und vor allem sein Leben. Er war in Harmonie mit der Welt und sich selbst, wenn er nur unabhängig genug blieb, um auf die Welt und sich selber zu pfeifen, sich über sie und sich lustig machen zu können«.

Diese Unabhängigkeit, die »Harmonie mit der Welt und mit sich selbst« wurde mit zunehmendem Alter Barths immer mehr Wirklichkeit. Nicht, daß er Anlaß zu mehr Zufriedenheit gehabt hätte; aber Barth hatte sich mit seinem Vergessensein, seinem Abgeschriebensein abgefunden. »Innerlich treffen mich solche Dinge (keine ordentliche Rente zu haben, M. B.) allerdings nicht«, schrieb er am 11. Februar 1965, »ich lebe arm, aber das gehört mehr oder minder zu meiner Filosofie, und Manfred George, der Herausgeber des Aufbaus in New York, hatte wohl ganz recht, als er mir neulich schrieb, er habe das Gefühl, daß ich glücklich sei«. Und diesem selbst – Manfred George – antwortete Barth am 23. 2. 1965 auf dessen Vermutung hin: »Was mein Glücklichsein betrifft – Sie mögen recht haben. Es gibt natürlich zwei Möglichkeiten, zu einer gewissen Zufriedenheit zu gelangen: entweder man setzt sich so durch, daß es einträglich ist und man sich alles leisten kann, was man sich wünscht, oder man begnügt sich mit dem wenigen, das man bekommen kann. Letzteres ist mein Fall, da es mir, finanziell, recht schlecht geht«. Mir scheint, als müsse man diese Lebensphilosophie vor Mißverständnissen in Schutz nehmen. Mit einer Lebenshilfe, die da nach dem Schlagermotto funktioniert: »Glücklich ist, wer vergißt, was doch nicht zu ändern ist« – mit einer solch zynischen Stillhalteforderung hatte Barths Lebenshaltung schon deshalb nichts zu tun, weil es dem Ethiker Barth nie in den Sinn gekommen wäre, von anderen solche Opfer zu fordern; wohl nahm er sich selbst die Freiheit einer solchen Unabhängigkeit und Beschränkung, weil ihre Konsequenzen ihn alleine betrafen, weil er niemand gegenüber Verpflichtung und Verantwortung trug. Das Ungebundene und Einzelgängerische in Barths Wesen wird hier erneut greifbar.

Etwa fünf Jahre vor Barths Tod finden sich in Briefen an die Freunde die ersten ausführlichen gesundheitlichen Selbstdiagnosen, die Beschreibung des eigenen Verfalls. Man hat mitunter den Eindruck, als sei Barth aus sich herausgestiegen und sehe sich selbst zu, als ginge es um jemand anders. Über seinen Zustand machte er sich schon deshalb nichts vor, weil es eine Art inneren Einverständnisses mit dem langsam herannahenden Ende gab. »Gesundheitlich oder körperlich bin ich im

Verfall«, schrieb Barth an Gußmann am 11. Februar 1965, »vor einigen Jahren Infarkt und Myokarditis; Kreislaufstörungen; Kropf (nicht sehr, aber doch); Lunge erweitert zum flachen unelastischen Pfannkuchen; in den Knieen Arthrose, dazu, wie gesagt, Aussicht auf weitere Verschlechterung der Augen«.

In dieser Situation gedachte Barth Verfügungen über seinen Nachlaß zu treffen. Über einen alten Freund kam es zu Kontakten zum Scheffelbund Karlsruhe (heute: Literarische Gesellschaft e. V.) und dem ihm 1965 angegliederten Oberrheinischen Dichtermuseum. Marbach mit dem Schillermuseum schien Barth, der sich als Schriftsteller für »nicht bedeutend« hielt, nicht der rechte Ort; seinen eigenen Stellenwert sah er weniger im nationalen als im provinziell-südwestdeutschen Rahmen, und so entschied er sich für Karlsruhe. Hier, im Zusammenhang mit der literarischen Kultur seiner weiteren Heimat, mochte sich nach den Vorstellungen Barths vom 31. Januar 1965 in fernerer Zeit einmal ein »junger Filolog die Sporen verdienen mit einer Arbeit über 'Die drittrangigen Lyriker in der Untergangsperiode des deutschen Kapitalismus' oder 'Das Verröcheln der prähistorischen Idee von der gebundenen Rede in der Lyrik'«. Literarisch greifbar war Barth ohnehin erst seit 1941: was er an Veröffentlichungen von den Zwanziger Jahren an in mehr als 40 Hefte eingeklebt hatte, war ihm in Barcelona abhanden gekommen; und das zwischen 1933 und 1941 Gedruckte und ebenso Gesammelte war in Norwegen auf Anordnung des Schweizerischen Generalkonsuls, dem Barth es treuhänderisch zur Zustellung an die Adresse der Basler Nationalzeitung anvertraut hatte, verbrannt worden.

In diesem ungeordneten und bis dahin unbenützten Nachlaß Barths fand sich auch die erste Niederschrift der Exilerinnerungen, gegenüber der Barth anscheinend selbst Vorbehalte und Zweifel hatte; in einer Aufstellung seiner Arbeiten für die Nachlaßregelung vom 20. Februar 1966 erkannte Barth ihr lediglich den Rang von »Material über das Exil« zu, das »zum großen Teil episodisch und anekdotisch« sei und das Barth, wenn er lange genug lebte,um sein Exilbuch zu schreiben, natürlich einarbeiten werde.

Den bis dahin letzten ernsthaften Anlauf dazu scheint Barth 1965 genommen zu haben. Um sich den notwendigen Freiraum für diese

Aufgabe zu schaffen, gab Barth – aufgrund vorangegangener Querelen wohl nicht ohne inneres Aufatmen – die Redaktion des für einige Jahre inhaltlich von ihm bestimmten Waldkircher Heimatbriefes ab, dessen Natur- und Landschaftsskizzen aus der Feder Barths sogar von landfremden New Yorker Emigranten gern und nicht ohne Rührung gelesen worden waren. Nun aber sollten die Erinnerungen Vorrang vor Heimatlichem haben. »Du hast so viel erlebt, hast so viele Menschen kennengelernt, die später kulturell oder politisch sich einen Namen gemacht haben«, schrieb Wilhelm Sternfeld am 17. Juli 1965 enthusiastisch an Barth, »daß diese Memoiren einen wertvollen Beitrag zur Geschichte der Emigration bilden werden [...] Ein Buch, wie du es zu schreiben vorhast, gibt es leider bis heute überhaupt nicht, es sei denn, daß man Feuchtwangers 'Unholdes Frankreich' als solches betrachtet [...] Ich sehne den Tag herbei, wo du mir schreiben kannst: Die Erinnerungen sind fertig«. Für vergleichbar nützlich, wenn auch von ganz anderer Erwartung aus, hielt Peter Weiss, der enge Freund aus den Prager und Stockholmer Tagen, die Entstehung der barthschen Erinnerungen: »Du deutest an, daß Du von Deinem eigenen Weg schreiben wolltest. Das wäre sehr schön, darüber zu lesen. Ich glaube, Deine Erfahrungen als alter Sozialist könnten mir, der ich damals noch nichts davon verstand, heute viel geben, vielleicht auch die Erklärung, warum Du, der Du doch damals als radikaler Antifaschist vorne standest, Dich in den späteren Jahren in Schweigen hülltest. Was hältst Du von der Welt – Du warst ja mal mein Lehrmeister – glaubst Du, es kann noch etwas aus der Welt werden – oder bist Du schon daran verzweifelt? Warum hast Du Dich versteckt?« (Archiv Oberrheinisches Dichtermuseum; Abdruck des Briefes mit Kommentar in FAZ vom 26. November 1983).

Doch Barth scheint seine Exilerinnerungen nicht mehr ganz neu konzipiert, sondern – der ersten Anlage folgend – lediglich kapitelweise umgeschrieben zu haben. Als Dr. Bentmann, Geschäftsführer des Scheffelbundes in Karlsruhe, im Zuge der Übergabe abgeschriebener und letztgültig erstellter Fassungen von Arbeiten Barths auch Teile der überarbeiteten Erinnerungen ans Exil in die Hände gerieten, gab er sich nicht nur »sehr bewegt über Ihre 'Flucht in die Welt', die ein wirklich erschütterndes Bild von Ihren ersten Exilerlebnissen« darstelle, sondern auch »erstaunt und erfreut, wie frisch, wie unmittelbar Sie die Ereignisse aus der Erinnerungskiste herausgeholt haben«. Dr. Bentmann bedauerte den frühen Abbruch der Schilderung, regte eine ausführlichere Charakteristik mancher Personen, vor allem aber nähere Informationen über Schweden, die Begegnung mit Peter Weiss und die USA an, um zwei Wochen später in Abänderung früherer Veröffentlichungspläne ein eigenes Max Barth–Buch als Jahresgabe für die Mitglieder des Scheffelbundes vorzuschlagen, bestehend aus Teilen der Exilerinnerungen, Erzählungen und Gedichten. Doch auch dieses Vorhaben blieb unausgeführt und kam erst 1971 – als »Spur im Ufersand« – posthum zustande; damals freilich nicht mehr auf Betreiben des Scheffelbundes allein, sondern auf Initiative und auf Rechnung der Stadt Waldkirch. Die darin nur am Rande auf rund 40 Seiten berücksichtigten Exilerinnerungen belegen noch einmal den bis in die frühen Siebziger Jahre hinein geltenden geringen Stellenwert der Exilliteratur. Gescheitert war die Veröffentlichung der Exilerinnerungen zu Lebzeiten Barths letztlich aber an einem Mißverständnis: sowohl Sternfeld als auch Weiss hatten in ihren ermunternden Zuschriften an Barth Informationsreichtum und authentische Epochenschilderung in ihren Erwartungen ganz obenangestellt, wie es bei dem vorwiegend journalistischen Herangehen Barths an seine Stoffe füglich erwartet werden durfte, und Barth selbst hatte gegenüber Dr. Bentmann am 28. Mai 1967 von der Notwendigkeit der »Materialprüfung« und dem »sorgfältigen Bemühen« gesprochen, »die Stimmungen und Gedanken der einzelnen Epochen auszugraben«. In Karlsruhe dagegen monierte man den scheinbar unliterarischen Stil der Erinnerungen und drängte auf eine belletristische Gestaltung, ohne zu erkennen, daß die Stärke Barths gerade in der nüchtern–schmucklosen Prosa lag. Dabei entbehrt der authentische Exilbericht nicht »unterhaltender« Qualitäten und beeindruckt gerade in der Konzentration auf die Schilderung äußerer Ereignisse. Denn die Kunstlosigkeit Barths ist nur eine scheinbare, weil das Geschriebene so einfach und mühelos wirkt, weil die eingesetzten Mittel so unaufdringlich und unmerklich sind. So verwahrte sich Barth schließlich am 14. Oktober 1967 endgültig gegen das Ansinnen des Umschreibens: »Nun habe ich mich beinahe ein Jahr herumgequält [...] Das Normale ist: Man schreibt etwas und bietet es an; es wird genommen oder abgelehnt, und damit basta! Ich kann aber nicht etwas anderes schreiben, als ich es getan habe, und zwar nach fremden Angaben oder Wünschen. Aus der Exilszeit einen Roman oder ähnliches zu machen, hatte ich nie vor, auch nicht, als ich überhaupt vorhatte, über sie zu schreiben. Ich will nicht Faktisches, das zu sagen wäre wie es war, belletristisch verderben. Entweder Bericht oder nichts«.

Es gilt nicht nur für Barths Erinnerungen: Überall da, wo er seiner »Ästhetik des Understatement« folgt,ist er originär: in seinen Erzählungen und Parabeln, in der Publizistik der Weimarer Republik und des Exils, in seinen Omar-Übertragungen, in den Natur- und Landschaftsschilderungen für den Waldkircher Heimatbrief, in seiner 1930 als Bändchen unter dem Pseudonym Mufti Bufti herausgekommenen Groteskyrik. Wo Barth dagegen, wie in Teilen seiner Exillyrik, den Ausflug ins Hehre unternimmt, die sprachliche Preziose sucht, den gehobenen lyrischen Ton anschlägt, da wirkt dieser seltsam geliehen und plagiativ (ohne daß man diesen Gedichten, etwa den Städtegedichten aus dem Exil, den Respekt schuldig bleiben muß). Die genuine Schreibleistung Barths bleibt die gekonnte Einfachheit, die Unverstelltheit seines Tonfalls, die Geradheit seines Stils. »Weitläufige Schreiberei«, bemerkte Barth einmal mit Blick auf die Redaktionspraxis der »Sonntagszeitung«, »war mir sowieso ein Greuel und ist es noch immer. Bei den Arbeiten unserer Mitarbeiter wurde erbarmungslos kondensiert – wie ich heute noch glaube, zu deren Bestem. Wir selbst gingen mit unseren eigenen Artikeln ebenso gnadenlos um; noch heute lese ich Geschriebenes daraufhin durch, wie man es zusammenstreichen könne« (»Spur im Ufersand«, Seite 229). Unter dem Einfluß amerikanischer Schriftsteller hatte Barth sich vollends auf den »direkten, unumschweifigen« Stil eingestellt, »besonders da, wo es sich ums Erzählen faktischer Geschehnisse handelt«.

Was Barth diese letzte größere Aufmerksamkeit für seine Person und sein Werk gebracht hatte, war – neben der für ihn wichtigen Nachlaßregelung einschließlich der Überschreibung seiner Leiche an die Anatomie der Universität Freiburg – die Einsicht, daß das Exil über 20 Jahre nach Kriegsende noch immer nicht heimgekehrt, die Erinnerung daran noch immer ein Versuch zur Unzeit war. Es werde wohl, so Barth in einem Brief vom 12. August 1968, erst dann entdeckt werden können, wenn »Spätere, die unbefangen sind, kein Trauma mit sich herumschleppen, einmal Geschichte, Strömungen, Kräfte und Gegenkräfte forschend untersuchen und aufdecken«. Ein Interesse dieser vom Trauma nicht befallenen Generation von Forschern hat Barth in seinen letzten Monaten noch registrieren können, insbesondere in der Person des Germanisten Dr. Helmut Müssener, der Barth in seinem wissenschaftlichen Werk über das deutsche Exil in Schweden berücksichtigte, doch Barths Energie war bereits zu sehr gebrochen, als daß er den gegebenen Versprechungen nach Ausarbeitung weiterer Aufzeichnungen noch hätte nachkommen können. Auch hatte sich Barth mit seinem Vergessensein endgültig abgefunden. Bereits am 28. Mai 1967 hatte er in einem Brief mitgeteilt, ihm genüge die einfache Erwähnung, die ihm da und dort zuteil werde, die Aufnahme dieses oder jenes Stückes in eine Sammlung. Und ein Jahr vor seinem Tod notierte er: »Was ich noch schreibe, ist wenig und – abgesehen von der einen oder anderen Kleinigkeit – für mich und die Schublade. Ich habe mich in meine Rolle und meine Situation gefügt: Meine Welt ist beinahe ganz dahin. Es war die der – heute würde man großspurig sagen: engagierten – Intellektuellen und Schreiber, die in der Weimarer Republik der überall wuchernden Reaktion, dem Spießernationalismus, dem Militarismus, dem Nazismus, dem Kulturfascismus usw. entgegentraten, und der mit ihnen in der Hauptsache identischen Emigration, d.h. den Exilanten«. Und mit Blick auf seinen eigenen Verfall, für den er die schöne Formel fand: »ich verwittere so langsam«, schrieb er am 23. April 1968 über seine Arbeiten: »Der Wind ist darüber hinweggegangen, wie er bald über mich hingehen wird. Mir war in all den Jahren viel wichtiger, zu lernen und an mir zu arbeiten«. Agathe Kunze hat diese Feststellung zurecht in die Aussage zugespitzt, Barths eigentliches Lebenswerk sei sein Lebenslauf gewesen; was Barth dagegen an Literarischem hinterlassen hat, entbehrt der Abgeschlossenheit, der Vollendung, verdient den Namen Werk nicht. Barth hat zu keinem Zeitpunkt sein Leben dem Schreiben geopfert, sondern das Schreiben allenfalls als Form intensivierten Lebens betrachtet – auch das ein Aspekt jener Antiwelt, die Mufti Bufti alias Max Barth in Anlehnung an die Antimaterie der Astrophysiker im Vorwort zu seinen Groteskgedichten für sich reklamiert hat –: einer Welt, »in der die Dinge nicht im üblichen, hergebrachten Verhältnis zueinander stehen und anders aufeinander reagieren, in der die natürlichen Gesetze anders lauten und anders ablaufen«, in der auch »die Protuberanzen des sonnig-kindlichen Träumerherzens mehr Wirklichkeit haben als die ausgetiftelten wohlgeleimten grobschlächtigen Materialitäten bierernsten Verstandes«. Auch daraus ist zu ersehen, daß Barth viel zu intensiv und gern lebte, als daß man ihn als blinden Fatalisten bezeichnen dürfte; eher kennzeichnete ihn ein Stoizismus, die Einsicht und Einwilligung ins Unvermeidliche und Unabänderliche. Wen das Leben so Vergeblichkeit und Vergänglichkeit gelehrt hatte wie Barth, wer im Exil, wie er, zweimal alles verloren hatte und mehr als einmal drauf und dran war, seinem Leben ein Ende zu setzen, der wird letztlich auch Gelassenheit erwarten lassen, wenn er sein Ende kommen fühlt. Im Jahr seines Todes – den er übrigens vorausahnte – »ich denke, daß ich dieses Jahr sterben werde«, schrieb er ein halbes Jahr, bevor es soweit war – brachte er in einem Brief, wiederum an Agathe Kunze, seine Auffassung von Leben und Arbeit so in Einklang: »Für mich ist fast von jeher das Wesen des Lebens die Vergänglichkeit gewesen, daher wohl auch mein geringes Interesse an Buchveröffentlichungen. Ich habe meine Sachen in mindestens sechs fremden Sprachen und in mindestens zehn fremden Ländern gedruckt bekommen [...] Ich habe den Reiz der Vergänglichkeit immer stark empfunden, daher unter anderem auch Zeitung statt Buch, leicht sterbliches Zeitungspapier statt gutem Werkdruckpapier, Artikel, Feuilletons, Verschen auf leicht vergänglichem Material, so daß sie heute gedruckt und morgen verdorben sind, weil sie mit dem Material, das sie trägt, zerfallen«.

So zerfiel schließlich auch Barth selbst. Er sprach von einem »rein vegetativen Leben«, konstatierte »tierhaft dumpfes Herumliegen am Nachmittag«, nannte sich lethargisch und »untauglich aus Senilität« und wähnte schließlich, zwei Monate vor seinem Tod, den »Morbus auch schon im Hirn«. Am 15. Juli 1970 brach Barth in seiner Einzimmer-Souterrainwohnung zusammen und starb noch am selben Tag im Waldkircher Krankenhaus.

Im Urteil der Freunde starb mit Barth »eine der charaktervollsten und tapfersten Gestalten der deutschen Emigration« (Will Schaber im 'Aufbau' am 6. Oktober 1972); Eugen M. Brehm, der Exilfreund aus den Prager Jahren, nannte ihn in einem Brief an den Herausgeber einen »Hochfall von geistiger Ehrlichkeit – einer Ehrlichkeit, mit der er stets sich selber und häufig anderen das Leben schwer gemacht hat«. Kurt Hiller galt Barth als einer der wenigen »Köpfe *und* Charaktere unter den Exildeutschen« (18. 9. 1945 an Eugen M. Brehm); Oskar Maria Graf, der noch vor Barth gestorben war, sah in diesem einen jener Freunde, »die man zwar wenig gesehen und gesprochen, aber von denen man immer gewußt hat, sie stehen einem in jeder Hinsicht nahe« (am 14. 4. 1962 an Max Barth), und Peter Weiss schließlich erinnerte sich an den Freund in seinen »Notizbüchern 1960-1971« an Barth »mit dem schlechten Gewissen dessen, der es versäumt hat, ihn, der sich meiner angenommen hatte, als es mir in Prag am dreckigsten ging, noch einmal zu besuchen, noch einmal an die Gespräche anzuknüpfen, die sich vor drei Jahrzehnten über Nächte und Tage, Wochen und Monate erstreckt hatten. Ich hatte mich damit begnügt, an ihn zu denken, wenn ich in den Straßen und Vororten Stockholms auf Überreste von Bauwerken stieß, die wir einmal auf unseren Wanderungen wahrgenommen hatten. [...] Max, mein einziger Vertrauter aus jenen Jahren, war von mir im Stich gelassen worden, er erwähnte es noch einige Male mit Ironie in seinen Briefen, in denen er sich an jemanden wandte, der einmal mit ihm das Leben im Unscheinbaren, Abseitigen, im Untergrund geteilt hatte,und der dann, wie ihm schien, sich in einer Welt der Anerkennung und des Erfolgs verlor, und für ihn, den Unbedeutenden, kein Interesse mehr aufbrachte.« Als schönsten Nachruf aber könnte man verstehen, was Barth über Omar Khaijam (den die verständnisvolleren Kritiker stets als Wahlverwandtschaft und Spiegelbild erkannten) formulierte: dieser habe »durch das ganze Chaos hindurch die integre und liebenswerte geschlossene Individualität des Gewissensmenschen dem Tode entgegengetragen«.

Rheinfelden, im Sommer 1986 Manfred Bosch

EDITORISCHE NOTIZ

Die Germanistik hat es mit Max Barth bisher nicht besser gemeint als das Leben. Auch 15 Jahre nach seinem Tod befand sich sein Nachlaß in desolatem Zustand: ungeordnet, unverzeichnet, unbenützt. Als der Herausgeber 1985 – durch Gedichte Barths aufmerksam und durch biographische Hinweise in der Sekundärliteratur neugierig geworden – den Nachlaß Barths im Oberrheinischen Dichtermuseum Karlsruhe nach Material für eine Rundfunksendung über Barth durchsah, stieß er auch auf das Typoskript der vorliegenden Erinnerungen. Ursprünglich umfaßte es 227 Seiten; davon blieben die Seiten 1-4 (Kapitel 1), 57-60 (Kapitel 10), 82-87 (Kapitel 16) und 202-207 (Kapitel 38; Kapitelzählung im vorliegenden Band nicht beibehalten) unauffindbar.

Zwei der Kapitel – Nr. 10 (»Über die Pyrenäen«) und Nr. 38 (»Taiwan, leuchtendes Juwel«) – fanden sich jedoch in überarbeiteten, zumindest neu abgeschriebenen Versionen und konnten ohne erzählerische und chronologische Brüche eingefügt werden. Schwieriger war die Situation bei Kapitel 16 (Prager Zeit). Hier hatte Barth, wohl auf Wunsch seiner Karlsruher Erben, eine längere selbständige Exilerzählung unter dem Titel »Zlata Praha – Das goldene Prag« verfaßt, deren Seiten 13-20 sich thematisch überschneidungsfrei in den chronologischen Erzählablauf einfügen ließen (der Herausgeber hat sie lediglich auf zwei Kapitel verteilt und mit eigenen Überschriften versehen). Störend an dieser Lösung wirkt freilich der Bruch in der zeitlichen Berichtsperspektive: Barth erzählt nun plötzlich nicht mehr aus der Sicht der frühen 50er Jahre, sondern aus der von 1967. Der Leser wird diese unumgängliche Konsequenz entschuldigen; immerhin erhält er so Gelegenheit zu erfahren, wie Max Barth auf sein Bild in den beiden Peter Weiss-Romanen »Abschied von den Eltern« (1961) und »Fluchtpunkt« (1962) reagiert hat, in denen er als Max B. bzw. Max Bernsdorf figuriert (Vergleiche hierzu auch den Aufsatz von Helmut Müssener »Max Barth alias Max B. alias Max Bernsdorf. Miszellen zu 'Dichtung und Wirklichkeit' in 'Abschied von den Eltern' und 'Fluchtpunkt' von Peter Weiss«, in: Germanistische Beiträge. Gert Mellbourn zum 60. Geburtstag, Deutsches Institut der Universität Stockholm, Stockholm 1972).

Im Fall des ersten Kapitels mußte der Herausgeber auf einen Ersatz verzichten, weil eine Neubearbeitung nicht aufgefunden werden konnte. Vermutlich wurde die ursprüngliche Fassung jedoch in die Auszüge aus den Exil-Erinnerungen eingearbeitet, die sich in Barths »Spur im Ufersand« (Waldkirch 1971) finden. Der Leser sei insbesondere auf die Seiten 227-229 dieses Buches hingewiesen. Im übrigen erscheint uns diese »Lücke« insofern nicht so schwerwiegend, als durch sie keine Unterbrechung in der Chronologie eintritt und das Buch nun mit Basel als dem »Nullpunkt des Exils« einsetzt.

Nach Ansicht von Herausgeber und Verlag haben diese Erinnerungen, was Konzeption und Ausführung betrifft, Nachsicht nicht nötig. Sie verweisen dennoch darauf, daß diese Fassung der Exilerinnerungen von Max Barth nicht autorisiert ist und wohl auch nur als Ausgangsfassung für eine spätere Bearbeitung gedient hat. Die beeindruckende Fülle der geschilderten Situationen und Erlebnisse, die so erfreulich nüchterne und unfeierliche Darstellung eines 17jährigen Exils durch einen unprominenten Exilanten, die noch immer und immer wieder erneut der Vermittlung bedürftige Situation politischer Exilanten (und Asylanten heutzutage!), die bis heute nicht ausgeräumten Vorurteile im allgemeinen und die notwendige geistige Wiedergutmachung gegenüber Max Barth im besonderen sowie nicht zuletzt die Überzeugung, daß diese Erinnerungen innerhalb der Geschichte und Erforschung des Exils ihren Stellenwert haben: – all dies ließ uns Bedenken hintanstellen, ob es erlaubt sei, Erinnerungen zu veröffentlichen, die ihr Verfasser nicht ausdrücklich dazu bestimmt hat. Mit der Veröffentlichung dieser Erinnerungen wird Max Barth endlich nicht mehr nur da und dort in der Exilliteratur erwähnt, wie er in seinen letzten Jahren mit der bescheiden gewordenen Genugtuung des Fastvergessenen betonte, sondern in jenen Lebenskreis zurückversetzt, der ihm bis zuletzt Heimat und geistige Orientierung geblieben ist.

Die Wiedergabe des Textes respektiert die sprachreformerischen Eigentümlichkeiten der Schreibweise durchweg als einen Teil der Persönlichkeit Barths – und zwar auch dort, wo sie auf den ersten Blick befremdlich anmuten, aber gleichwohl schlüssig erscheinen (z. B. »giltig« statt »gültig«). Die Korrekturen und Einfügungen von Barths Hand wurden (bis auf zwei unleserliche Fälle) ohne näheren Nachweis eingearbeitet. Der Titel dieses Buches war bereits von Max Barth für die in »Spur im Ufersand« verwendeten Ausschnitte aus den Exilerinnerungen verwendet worden. Es schien Herausgeber und Verlag sinnvoll, ihn auch für die Gesamtausgabe der Exilerinnerungen beizubehalten.

Der Dank des Herausgebers gilt zunächst der Literarischen Gesellschaft e. V. (Scheffelbund) in Karlsruhe und ihrer Geschäftsführerin, Frau Dr. Beatrice Steiner. Sie erteilte dem Waldkircher Verlag das Recht zum Druck dieser Erinnerungen und ermöglichte dem Herausgeber eine sehr entgegenkommende und völlig unkomplizierte Arbeit am Nachlaß Barths. Für bereitwillig erteilte Auskünfte, wichtige briefliche Anregungen und eine interessiert-kritische Begleitung meiner ganzen Beschäftigung mit Barth danke ich Frau Agathe Kunze, Stuttgart, sowie Barths Exilfreund Eugen M. Brehm, Reading/GB, der sich freundlicherweise auch der Mühe unterzog, seine Korrespondenz nach Briefen Barths, aber auch nach Barth betreffenden Stellen in Briefen von Dritten durchzusehen und darüber hinaus ein Barth-Porträt anfertigte, das der Leser in Auszügen im Anmerkungsteil dieses Buches findet. Dr. Helmut Müssener, Uppsala, gestattete mir freundlicherweise Einblick in seine Korrespondenz mit Max Barth; Will Schaber sowie Prof. John M. Spalek, beide New York, stellten mir vorab den Fahnenabzug eines Beitrags von Will Schaber über Barths New Yorker Exilzeit zur Verfügung, der 1987 in einem wissenschaftlichen Sammelwerk zur deutschen Emigration in den USA im Verlag Peter Lang/Bern erscheinen soll, außerdem machte mir Prof. Spalek die Korrespondenz Barths mit Karl O. Paetel zugänglich, die das Paetel-Archiv auf Burg Ludwigstein verwahrt. Beides war umso wertvoller, als Barths USA-Passagen recht kursorisch ausgefallen sind. Das Bundesarchiv in Koblenz stellte mir aus dem Nachlaß von Prof. Ludwig Quidde freundlicherweise die Korrespondenz mit Max Barth zur Verfügung. Frau Dr. Brita Eckert vom Exil-Archiv in der Deutschen Bibliothek Frankfurt am Main danke ich für die Einsicht in den Nachlaß Wilhelm Sternfelds und der Hermann Hesse-Stiftung für die Erlaubnis zum Abdruck des Barth-Briefes an Hermann Hesse, die mir Dr. Werner Volke vom Deutschen Literaturarchiv/Schiller-Nationalmuseum in Marbach vermittelt hat.

Der Herausgeber

LEBENSDATEN MAX BARTH

22. Januar 1896	Max Barth geboren. Vater: Julius, Buchbinder und Mesner. Mutter: Maria, geb. Springweiler.
um 1906	Erste Gedichte. Besuch der Realschule Waldkirch.
Januar 1911	Erste Gedichtveröffentlichung in »Glaube und Tat«, Frankfurt.
1912 (?)	Austritt aus der Evangelischen Landeskirche.
ab 1913	Wandervogel, Abstinent, Vegetarier.
bis Sommer 1914	Lehrerseminar Karlsruhe.
Okt. 1914–Nov. 1918	Soldat in Belgien, Frankreich, Polen, Rumänien und wieder Belgien. EK II, auf das Barth sich nichts zugutehält und das er verschweigt.
1919–1922	Barth kehrt aus finanziellen Gründen in den Schuldienst zurück, jedoch ohne Absicht lange zu bleiben.
seit 1922	Barth wird freier Autor und Journalist. Noch von Waldkirch aus Mitarbeiter an Schairers »Sonntagszeitung«, Heilbronn, später Stuttgart.
um 1925	Barth redigiert die Monatszeitschrift »Freie Sozialistische Jugend«. Beginn einer lebenslänglichen Brieffreundschaft mit Hermann Hesse. Vagabundage-artige Wanderungen durch Süddeutschland, über die Barth in der »Sonntagszeitung« berichtet.
1924–1932	Feste Bindung an die »Sonntagszeitung«, teils als Redakteur, teils als fester freier Mitarbeiter.
?	Mitglied der »Gruppe Revolutionärer Pazifisten« und des Friedenskartells.
1930	Im Verlag der »Sonntagszeitung« erscheint unter dem Pseudonym Mufti Bufti eine Auswahl der besten Groteskgedichte Barths aus der »Sonntagszeitung«. Titel der Sammlung: »Kabif«.
ca. 1931	Heirat mit Charlotte (»Lotte«) Herz.
Ende 1931	Eintritt in die KPD.
August 1932	Entlassung aus der »Sonntagszeitung« durch Erich Schairer, der um den unabhängigen Kurs seines Blattes fürchtet.

Oktober 1932	Barth gibt eine eigene Wochenzeitung (»Die Richtung«) heraus. Umfang: 4 Seiten. Redaktion in der Wohnung Barths in Stuttgart, Ruhrstraße 1.
Anfang 1933	Anklage Barths wegen »literarischen Hochverrats«, weil er in der »Richtung« zum Generalstreik aufgerufen und dessen anschließende Umwandlung in »politische Aktion« gefordert hatte. Beschlagnahme des Blattes und erstes Verhör.
3./4. März 1933	Flucht über Freudenstadt und Waldkirch nach Basel. Nach drei Monaten Schweiz Verweigerung der Aufenthaltserlaubnis.
Juni 1933	Paris.
Ende 1933	Ausschluß aus der KPD.
Anfang August 1934	Spanien (San Feliú de Guixols und Barcelona). Er übersetzt Unamuno, García Lorca, Jiménez u. a. ins Deutsche.
August 1935	Abschiebung nach Frankreich nach längerer Untersuchungshaft. Barth kommt alles bisher Veröffentlichte abhanden. Übergang über die Pyrenäen. Toulouse.
1935	Max Barth wird von einem nationalsozialistischen Gericht in contumaciam zum Tod verurteilt. Mutmaßlicher Grund: Jemand, der einen Nazi erschlagen hat oder haben soll, schob die Schuld auf Barth.
September 1935	Über Paris, Straßburg, Mülhausen, Basel, Zürich, St. Gallen, Wien nach Prag. Barth überschreitet dabei drei Grenzen illegal.
Okt. 1935–Aug. 1938	Aufenthalt in Prag. Barth arbeitet für sozialdemokratische Zeitungen in der Tschechoslowakei und im Ausland. In der Sammlung »Verse der Emigration« (Graphia, Karlsbad) erscheint Barths Gedicht »Heimat im Herbst«. Erste Begegnung mit Peter Weiss.
1937	Scheidung der (kinderlosen) Ehe mit Lotte Barth.
August 1938	Über Warschau, Riga, Stockholm nach Oslo.
Mai–Oktober 1939	»Wunderbares Halbjahr« (Barth) auf der Skagerak-Insel Tromøy (»Ein Sommer voller Gedichte [. . .] Eine Insel voll rothaariger Mädchen«).
Oktober 1939	Rückkehr nach Oslo.
9. April 1940	Überfall der deutschen Truppen auf Oslo. Erneuter Verlust alles seit 1935 Geschriebenen.
11. April 1940	Weiterreise nach Schweden. Dort vier Monate Haft in den Lagern Loka brunn und Smedsbo.

29. Mai 1941	Abreise nach USA über Moskau, Wladiwostok, Manila, San Pedro (Los Angeles).
Ende Juli 1941	Ankunft USA; Weiterreise nach New York, wo Barths Schwester Friedl mit ihrem Mann lebt. Beteiligung Barths an den deutschlandpolitischen Diskussionen der Emigration. Neben Zeiten der Arbeitslosigkeit Beschäftigung als Lagerarbeiter bei Hearst, Mitarbeiter bei der British Political Warfare Mission und Verlagsangestellter.
Anfang 1945	Bemühung um Ausreise. Im Laufe der Jahre zerschlagen sich verschiedene Möglichkeiten: Korrespondentenstelle in Schweden für deutsche Zeitungen; Rückkehr auf Anregung des Parteivorstands der SPD; Redakteurstelle bei »Prisma« in München.
16. Februar 1950	Ankunft in Bremerhaven. Einige Wochen Karlsruhe, dann Stuttgart.
Frühjahr 1952	Rückkehr nach Waldkirch.
1951–1961	Mitarbeit bei »Druck und Papier« und »Form+ Technik«.
1960	In Manfred Schlössers Anthologie »An den Wind geschrieben« erscheint Barths Gedicht »Wir Vertriebenen«.
1961	Peter Weiss' Roman »Abschied von den Eltern« erscheint (Max Barth als Max B.).
1962	Peter Weiss' Roman »Fluchtpunkt« erscheint (Max Barth als Max Bernsdorf).
1959–1965	Max Barth redigiert den »Waldkircher Heimatbrief«.
1963	Max Barths Übertragung des Omar Khaijam erscheint bei der Europäischen Verlagsanstalt/Frankfurt.
1964	In »Leitartikel bewegen die Welt«, herausgegeben von Will Schaber und Walter Fabian, erscheint Barths »Matteotti« aus der »Sonntagszeitung« von 1926.
1964–1966	In der Waldkircher Verlagsgesellschaft erscheinen vier bibliophile Drucke mit Gedichten und Prosa von Max Barth: »Ein fremder Hund«; »Die Nacht des Kaisers. Der Herr des Reiches«; »Der rote Stein und andere Geschichten«; »Höllentorer Chronik«.
1969	Max Barth tritt der SPD bei, weil es »jetzt auf jede Stimme ankommt«.
15. Juli 1970	Max Barth stirbt.
1971	In der Waldkircher Verlagsgesellschaft erscheint Max Barths »Spur im Ufersand. Eine Auswahl aus seinem

Werk«, herausgegeben von Dr. Friedrich Bentmann und Dr. Willi Thoma.

1985 Rundfunksendung über Max Barth von Manfred Bosch. Südwestfunk, Landesstudio Freiburg (28. 11.).

1986 Mit Unterstützung der Stadt Waldkirch und des Landkreises Emmendingen erscheinen in der Waldkircher Verlagsgesellschaft unter dem Titel »Flucht in die Welt« Max Barths Exilerinnerungen. Gleichzeitig veröffentlicht die Waldkircher Verlagsgesellschaft unter dem Titel »Lob des Dialekts« Max Barths Kleines Waldkircher Wörterbuch mit 21 Kreidezeichnungen von Hans Hoch. Zusammen mit »Spur im Ufersand« liegt somit eine dreibändige Werkausgabe vor.

PERSONENREGISTER

(Kursiv gesetzte Seitenzahlen beziehen sich auf den Anhang)

Im Waldkircher Verlag sind erschienen

Max Barth: Lob des Dialekts. Waldkircher Redensarten. Kleines Wörterbuch. Texte und Gedichte. Mit 21 Kreidezeichnungen aus dem Elztal von Hans Hoch. 120 Seiten, engl. Broschur

Max Barth: Spur im Ufersand. Eine Auswahl aus seinem Werk. Herausgegeben von Dr. Friedrich Bentmann und Dr. Willi Thoma. Mit Zeichnungen von Alfred Ketterer, Dora Vetter, Rudolf Riester.
272 Seiten, Broschur

Hermann Hesses Alemannenbuch. Faksimile-Ausgabe mit 18 Holzschnitten. Texte von H. Hesse, R. Walser, René Schickele, Otto Flake, L. Finckh,Carl Seelig, Jakob Schaffner u. a. Holzschnitte von Hans Thoma, Ferdinand Hodler, Richard Ziegler u. a. Nachwort von Volker Michels.
160 Seiten. Pappband

Heinrich Hansjakob: Verlassene Wege. Reiseerinnerungen. Kommentierte Ausgabe in der Originalausstattung. Illustriert von Curt Liebich. Mit Anmerkungen von Dr. Helmut Bender, Präsident der Hansjakob-Gesellschaft.
456 Seiten, Efalinleinen

CIP-Kurztitelaufnahme der Deutschen Bibliothek

Barth, Max:
Flucht in die Welt : Exilerinnerungen 1933–1950 /
Max Barth. Hrsg. u. mit e. Nachw. von Manfred
Bosch. – Waldkirch : Waldkircher
Verlagsgesellschaft, 1986.
ISBN 3-87885-129-4

Max Barth: Flucht in die Welt · Exilerinnerungen 1933–1950

Herausgegeben von Manfred Bosch mit freundlicher Unterstützung der Stadt Waldkirch und des Landkreises Emmendingen. Satz und Druck erfolgten in den Werkstätten der Waldkircher Verlagsgesellschaft in Waldkirch. Umschlaggestaltung: Heinrich Lehmann. Printed in Germany. 1986. ISBN 3-87885-129-4

Waldkircher Verlagsgesellschaft mbH, Waldkirch